先秦儒家
教化哲学研究

——以「四书」为中心

于述胜　周少明　著

社会科学文献出版社
SOCIAL SCIENCES ACADEMIC PRESS (CHINA)

目　录

绪　论[*]

笔者业中国教育史学已近四十年。其间，学术思考的主要领域，经历了从传统教育哲学到现代教育学术史，又从现代教育学术史回归传统教育思想研究的转变。在实现了第二次转变的最近十余年，笔者对于以儒家为代表的传统教育思想特质的把握，已逐渐聚拢在"'意义—感通'的教化哲学"的总命题之下。此举并非刻意造作新词、借立异以自高。它根本于笔者在学术史反思中形成的问题意识，并深受先儒时贤学术智慧的启迪。

一　从"教育思想""教育哲学"
到"教化哲学"转变的问题意识

对于中国传统教育思想的研究，是随着清末现代教育与学术体制的建立，并依附于教育系科、主要以教科书为表达形式而出现的。从清末到民国，相关研究基本上是在"教育思想"范畴内进行的。民国时期（主要是"五四"以后），虽有"教育哲学"和"哲学史"

---

　　* 本绪论的前半部分，作为课题的前期研究成果，已发表于《教育学报》2016 年第 6 期，篇名《"意义—感通"的教化哲学——儒家教育思想要义新释》。此处略有修改、补充。

之类课程的出现和研究，但人们所讲习研究的"教育哲学"，还主要是以杜威为代表的西方思想，未见以"中国教育哲学史"或"中国教化哲学"命名的课程、教科书，以"中国教育哲学思想"命名的论文也十分罕见。中华人民共和国成立以来，教育系科中的"教育哲学"一度被取消，更谈不上"中国传统教育哲学"的教学与研究了。

"教育哲学"作为学科予以重建，在1980年代前期。山东师范大学的傅统先教授、华东师范大学的张文郁教授、北京师范大学的黄济教授，是重建时期的主要代表人物。最先在"教育哲学"范畴内研究中国传统教育思想，出现在1980年代后期，且主要是由华东师范大学和北京师范大学等高校的教育学博士学位论文来体现的。以"中国传统教育哲学"命名的学术专著，则出现于1990年代中后期。"中国传统教育哲学"这一范畴的出现和频繁使用，本身即体现了中国教育学界意欲突破教育哲学领域中的西方中心主义，以中国传统哲学资源来丰富和发展教育理论，并形成中国自己的教育理论。而张岱年先生的《儒家哲学是教育家的哲学》①一文，则成为从事此项研究者争相拥抱的旗帜。尽管有此学术追求，但是，从总体上看，此时的"中国传统教育哲学"，基本上还处在用西方哲学范畴、体系去拆分、组合中国传统思想之阶段。

至于以"教化哲学"命名儒家哲学，大致出现在1990年代，有所流行则在最近十余年，大致在2004年以后。据笔者目力所及，李景林教授是较早开启并持续从事此项研究的学术代表。他于1990年发表的《论儒家哲学精神的实质与文化使命》一文②，依据美国当代哲学家理查德·罗蒂关于"体系的哲学"与"教化的哲学"之分类，把儒家哲学界定为"教化的哲学"。其后，他又分别出版了学术专著《教化的哲

---

① 张岱年：《儒家哲学是教育家的哲学》，《华东师范大学学报》（教育科学版）1989年第1期。
② 该文发表于《齐鲁学刊》1990年第5期。

学——儒家思想的一种新诠释》[①] 和《教化视域中的儒学》[②]。

　　"教化"的概念古已有之，现代中国学术界此前亦不乏对传统教化思想和实践的研究，但相关研究大都运作于"政治教化""社会教化"的范畴中。1990 年代后出现的"教化哲学"，则是一个崭新的学术范畴，具有新的历史内涵。首先，它是中国哲学家在对中国哲学史研究进行学术史的反思中提出的，故其开创和实践的主体，是中国哲学研究者。后来教育学界亦有从事此类研究者，但为数不多，且都受到了哲学研究者的启发。其次，中国哲学家研究"教化哲学"，显然受到了西方的哲学解释学和后现代哲学思潮的启迪，特别是受到了罗蒂《哲学和自然之镜》的影响。此外，作为新范畴的"教化哲学"之"教化"，已超越了以往研究中把"教化"理解为道德灌输和政治驯化手段这一狭隘、远离儒家哲学本义的视野，而是把"教化"理解为寻求真理，以达到人性崇高之过程，其功能是培育人的共通感、判断力和审美趣味。[③] 也就是说，新"教化"乃植根于人的生命世界，以促进人的精神的全面成长，不断拓宽人的精神空间、提升人的精神境界为指归。这一新的"教化"观更接近轴心时代中外哲学之本义，即哲学是智慧之学、境界之学；也更接近原始儒学天人一体、物我感通、仁以生生、尽性成德、修己安人、成己成人之哲学理念。

　　所以，中国学者所研究的"教化哲学"，尽管受到了西方当代哲学思潮的启发，研究成果之学术水准亦参差不齐，但对于那些拥有高度学术自觉的哲学家来说，它已不再是对于西方思想的模仿与复制，而是关联着研究者对于中国哲学精神的内在而深刻的体认。细读相关研究成果，我们不难发现，中国哲学家那些具有典范性的"教化哲学"研究，已经开始实现从"借西方哲学来说中国哲学"到"接着自己的思想传统往下说"的转变。更重要的是，中国的教育学家与中国的哲学家也

---

①　该书由黑龙江人民出版社于 2006 年出版。
②　该书由中国社会科学出版社于 2013 年出版。
③　张玉美：《哲学解释学中的教化因素》，《学术交流》2014 年第 7 期。

在此基础上开始达成视域融合：越来越多的中国教育学家日益认识到教育问题说到究竟处都是哲学问题，而越来越多的中国哲学家也日益认识到哲学问题落到实际处都是教育问题。这才是从"教育哲学"到"教化哲学"的转变过程中，最深刻的历史意识、问题意识。它已让前卫研究者跨越了以往的狭隘学科边界，走向哲学家与教育学家的学术大合唱。

二　接着中国现代学术建立时期
那批学术通人的思想往下说

事实上，在中国现代学术史上，自觉接续中国思想传统，并不是今天才出现的。本着跨越学科边界的通人视野，我们会发现，早在 20 世纪二三十年代，即中国现代学术建立时期，曾经出现过一批学术通人，如马一浮、熊十力、刘咸炘、梁漱溟、柳诒徵、冯友兰等。他们以非凡的文化自信和文化定力、学贯古今中西的深厚学术涵养，以对中国传统思想的承接和开拓为根基，对涌入中国的各种现代哲学和教育思潮，进行过广泛而深入的理论回应。尽管现代学术界常常以哲学家定义其学术身份，但是，他们并非囿于狭隘学科边界的哲学家、教育学家或历史学家，而是名副其实的思想和学术通人：兼通古今中西之学，跨越文、史、哲、教科别。更重要的是，他们并非单纯的知识者，而是集深沉文化关怀、精密学理和广博知识于一身的学术大师、思想巨人。尽管在滚滚西化大潮面前，他们长期处于中国现代学术和思想的边缘，被贴上了"保守""落后"的思想标签，但以今天的眼光来看，他们那种基于通人视野的思想洞见，仍振聋发聩，焕发着强大的学术生命力。他们是我们重回古代思想传统的必经思想跳板。

在此，我们仅举两例。首先，是国人自撰的第一本中国教育史，即由黄绍箕发端、柳诒徵辑补，初版于 1920 年代末的《中国教育史》。

该书一上来就开示古代圣贤"教育三大义": 贵人、尽性、无类。此概括一下子就切中了中国教育思想传统特别是儒家思想之命脉 (即尽性成德之教)。其后的众多《中国教育史》或《中国教育思想史》著述,多囿于教育的目的、功能 (作用)、原理、原则和方法的分析概念,机械切割而未通其血脉,穷其枝叶而不识其大体,实在难以望黄、柳二先生之项背。

其次,是刘咸炘的长篇学术论文《一事论》①。该文首先针对现代教育思想和实践流弊,深入阐发了孔孟哲学与教育观之精义:人生千事万事,说到底即是一事,那便是学;人生千学万学,说到底即是学做人。紧接着,刘氏又简要提点了中国传统的"感应"观 (世界乃人与物相互感应而成)。再接着,对其时流行于中国的各种主要教育和哲学思潮进行了深入评判。文章最后回应的是"社会本位"与"个人本位"之争,作者画龙点睛地论定道:

> 西洋学说,个人、社会两义相倾。社会主义虽是,而社会本位则非;个人主义虽非,而个人本位则是……学者,学为人而已,非学为超人也。孔子曰:"鸟兽不可与同群,吾非斯人之徒与而谁与?"陈仲苟以异于人为高,孟子非之。若损人以利己,固尤不足道也。故曰个人主义非也。……学者,学为人而已,非学为群也。孔子曰:"古之学者为己,今之学者为人。"乡愿生斯世、为斯世,孟子斥之。夫舍己而言群,又焉有群哉?故曰社会本位非也。②

反观那些囿于"专家"视野的中国现代教育理论著述,其学术境界之高下一览无余。后者在此问题上常为骑墙之语,对"社会本位"与"个人本位"之论各打五十大板。

---

① 刘咸炘:《一事论》,《推十书》,成都:成都古籍书店,1996年影印本,第13—23页。
② 刘咸炘:《一事论》,《推十书》,第22页。

改革开放之初接受研究生教育成长起来、如今在中国学界声望颇高的优秀学人，如陈来（近年代表作《仁学本体论》）、张祥龙（代表作之一是《先秦儒家哲学九讲——从〈春秋〉到荀子》）、李景林（儒家教化哲学之研究）等，大致都是在自觉接续那一通人传统中自成一家之言的，都具有贯通哲学与教育之学的内在思致和学术气象。尤其值得一提的，是老而弥笃、学思更加深沉的张世英先生。张先生往年主要从事德国古典哲学研究，晚年又致力于会通中西的中国哲学研究，《境界与文化——成人之道》就是他晚年的代表作。该书虽未以"教化哲学"为核心范畴，但其主标题对于"境界"与"文化"的提点，以及用"成人之道"作副标题，已经浓缩着全面而深刻的"教化哲学"内涵。有关学者之精湛成果，与笔者近年来的学术思考产生了深刻共鸣，不断丰富和深化着笔者的问题意识。

三 "意义—感通"的教化哲学

笔者是用"意义—感通"来概括儒家教化哲学要义的。"意义"旨在概括其学术宗旨，"感通"旨在揭示其教化之道的运行机理。

1. "意义"之学即尽性成德之学

孔子曰："君子喻于义，小人喻于利。"（《论语·里仁》）是追求真纯的意义，还是为对象化的功利所左右，这是君子与小人的根本分野。孟子曰："万物皆备于我，反身而诚，乐莫大焉。"（《孟子·尽心上》）人之所以为人之道皆具足于人的性分之内，反身内求而自尽其性、实有其性，活得像个人的样子而俯仰无愧，乃人生的根本意义所在。得此人生意义所以必须反身内求，乃因"人者，其天地之德，阴阳之交，鬼神之会，五行之秀气也"（《礼记·礼运》），"天地之性人为贵"（《孝经》）。人作为人，若不尽其禀自天地父母、至贵至灵的天赋性能，而以物视己、逐物失性，必将沦为非人的存在。故《大学》以"明明德"——明而又明其天德良知——开其篇，《中庸》以率循天命之性、修行人生之道明其宗，《孟子》以"明人伦"总括庠序学校之旨，都在开示这一尽性成德的意义之学。

尽性成德之过程，即人成其为人之过程。人而成其为人，即是在实现人之本身价值、内在价值或绝对价值。人的寿命有长短，能力有高下，地位有高低，财富有多寡……但诸如此类之物，只具有外在而相对的价值，皆不足以构成评判人与非人的基本尺度。故孔子教人，必明于义、利之分。所谓义，即内在而绝对之价值；所谓利，即外在而相对之价值。孟子更以"天爵""人爵"之分明之："有天爵者，有人爵者。仁义忠信，乐善不倦，此天爵也；公卿大夫，此人爵也。古之人修其天爵，而人爵从之。"（《孟子·告子上》）《大学》则以本、末关系论之："德者，本也；财者，末也。"有无仁义之德关乎人与非人之别，故为本；财货利禄只是人生的工具，故为末。道理很简单：人吃饭是为了活着，而活着却并非为了吃饭；若只为吃饭而活着，则人与饭桶何别？

人生之"意义"，生成于人们尽性成德的过程中。而人性不同于物性，远非现成有形之物，不会一劳永逸，永远在路上，需要人们不断开发而实现之。故曾子曰："士不可以不弘毅，任重而道远。仁以为己任，不亦重乎？死而后已，不亦远乎？"（《论语·泰伯》）《中庸》曰："至诚无息。""无息"者，生而又生、进进不已也。儒者这一进进不已的意义人生，既非"生命意志"的盲目冲动，亦非依从外在规制、日复一日的机械复制。

尼采把人生的本质还原为意志，又把意志视为非理性的、盲目的生命冲动。他这样做，固然对人性的非现成性和创生性有所洞察，但也把人生置于漂浮不定的无根状态，把人抛入为了叛逆而叛逆的胡冲乱撞之中。其理论恰恰是现代社会那种意义匮乏、感通无力状态的真实写照。与之不同，儒者则把意义人生视为当下与未来、自然与当然、现实性与可能性之间充满张力的动态平衡。孔子曰："五十而知天命"（《论语·为政》），"不知命，无以为君子"（《论语·尧曰》）。孔子所谓"命"或"天命"，既是命运，也是使命。所谓命运，是说人生在世，以至于人生的每一步，都有不知其所以然而然的自然前提、既定条件。所谓使命，是说人要在承担命运的基础上，确定能为且当为之事，并自觉履行之。简言之，所谓"知命"，即是在承担命运的基础上确定使命、履行使命。孔子对于"知命"的另一表达，即是"志于道，据于德"（《论语·述而》）。《中庸》则把"知命"具体化为"素其位而行"："君子素其位而行，不愿乎其外。素富贵，行乎富贵；素贫贱，行乎贫贱；素夷狄，行乎夷狄；素患难，行乎患难。君子无入而不自得焉……故君子居易以俟命，小人行险以侥幸。"

展开于命运与使命张力关系中的现实人生，是在认同之中超越、在超越之中进一步认同的意义人生。一个人只有认同现实、承担命运，才能脚踏实地、全身心地投入当下生活之中，积极地面对挑战与困境，自主探索、自我超越、推陈出新，故其认同不会流于故步自封、机械复制。而不断地超越和创新，则把人进一步带入生命和生活的内在节奏之中，让人对生命和生活产生更深刻的认同——津津有味、乐此不疲，故其超越便不会陷入漂浮无根、盲目冲动之中。即此而言，所谓意义人生并非只是对于生活的静观与沉思，更不是因静观与沉思而获得静态知识，而是在知行互发并进中投入生活、切中生活内在节奏的积极状态：居间引发、自导自行、自我兴起。故《中庸》曰："诚者，自成也；而道，自道也。"作为中和之德，"诚"并非对象化的知识，而是人自身性能之完成与实现；而人生之道亦非外在于人的现成道路，它就内在于人生旅程之中，在人们的自导自行中不断生成。因此，对于儒者来说，意义人生说到底即是进入了致中蹈和的人生状态："喜怒哀乐之未发，谓之中；发而皆中节，谓之和。中也者，天下之大本也；和也者，天下之达道也。致中和，天地位焉，万物育焉。"（《中庸》）正因如此，孔子才会说："中庸其至矣乎！"（《中庸》）中和之境即是意义之境。宋

儒周敦颐深明此道，而曰："惟中也者，和也，中节也，天下之达道也。"（《通书·师》）

进入致中蹈和的中和之境、意义之境之人，其身心相守、情理相融、物我相协，其人生本身即充满了乐感韵律，如歌似舞。故孔子曰："兴于《诗》，立于礼，成于乐。"（《论语·泰伯》）这个"乐"既是音乐，也是快乐，是人在进入了生命、生活从而世界的内在节奏之后，所获得的充实、安定而满足的积极生命体验。此种生命体验，孔子也用"说"（所谓"学而时习之，不亦说乎"）、"乐"（所谓"乐天"、"乐在其中"或"不改其乐"）、"不愠"（所谓"人不知而不愠"）、"无闷"（所谓"遁世不见知而无闷"）、"无忧"（所谓"仁者无忧""无忧者其惟文王乎"）等表现之。李泽厚先生以"乐感文化"概括中国哲学之特质，张祥龙先生认为中国哲学之原型为音乐，皆为知道之言。这种生命体验之乐，既不同于感官快乐，也有异于审美快乐。感官快乐与审美快乐都会伴随满足其快乐之特定对象而起灭，那种生命体验之乐则不会因外在境遇之不同而迁流，无处不在、时时开显。用宋儒程颢的话来说，就是："所谓定者，动亦定，静亦定，无将迎，无内外。……夫天地之常，以其心普万物而无心。圣人之常，以其情顺万事而无情。"[①] 此乐非无忧患，只是忧其所当忧，故亦可用范仲淹之言表述之："居庙堂之高则忧其民，处江湖之远则忧其君。是进亦忧，退亦忧……"

2. 物我感通：人生意义的生成机制

"感应"和"感通"，是最富有中国哲学和文化特质的字眼。把世界理解为一大感应体，乃中华哲学之古老传统。作为群经之王的《易经》，所揭示和运用的根本原理就是感应、感通之道。感应之道，即阴阳对生迭运之道，所谓"一阴一阳之谓道"（《易传·系辞上》）。

"感应"一词，分而言之，主动者曰"感"，被动者曰"应"；合而

---

① 程颢：《定性书》，《二程集》，王孝鱼点校，北京：中华书局，1981，第460页。

言之,可总名为"感",亦可总名为"应"。感应有外感(如人感日出而觉、感日落而眠)与内感(如人倦极而眠、倦尽而觉)。而内感与外感,也是一体相连、互为其根的。故一个"学"字,既可释为"效"——"学,效也"(《尚书大传》卷二、《广雅·释诂三》)、"学之为言效也"(《论语集注》"学而时习之"注),亦可释为"觉"——"学,觉也"(《广雅·释诂四》《玉篇·子部》)、"学,觉也,悟也"(《论语》"学而时习之"皇侃疏)。效者,交之于外也;觉者,悟之于内也。合而言之,所谓"学",乃是通过人与外部世界相感应,而进入、呈现内在于人的生命节奏与节律。《大学》论"格物""致知"曰"致知在格物""物格而后知至":格物者,交感于外也;致知者,觉悟于内也。而《易传》本身,亦曾将进德修业之学与感应之理直接相连:"日往则月来,月往则日来,日月相推而明生焉。寒往则暑来,暑往则寒来,寒暑相推而岁成焉。……尺蠖之曲,以求信也;龙蛇之蛰,以存身也。精义入神,以致用也;利用安身,以崇德也。过此以往,未之或知也。穷神知化,德之盛也。"(《易传·系辞下》)朱子释之曰:"因言屈伸、往来之理,而又推以言学亦有自然之机也。精研其义,至于入神,屈之至也,然乃所以为出而致用之本;利其施用,无适不安,伸之极也,然乃所以为入而崇德之资。内外交相养,互相发也。下学之事,尽力于精义、利用,而交养互发之机自不能已。自是以上,则无所用其力矣。至于穷神知化,乃德盛仁熟而自致耳,然不知者往而屈也,自致者来而信也,是亦感应自然之理而已。"(《易本义·周易系辞下传》)①为学之道,不外乎知、行两端。"精义入神"者,物感我而我应之,精研其理,在思想上进入世界(也是生命)原发而内在的机制之中,知之学也;"利用安身"者,我感物而物应之,事尽其宜、身得所安,在行动中进入世界(也是生命)原发而内在的机制之中,行之学也。近儒刘

---

① 朱杰人、严佐之、刘永翔主编《朱子全书》第 1 册,上海:上海古籍出版社,合肥:安徽教育出版社,2002,第 140 页。

咸炘深明其义，故其论"学"之一事，先明学之要义在于"学做人"，继言学之原理、机制在于"感应"："世界者，人与万物相感应而成者也。万物感应人，而学之的乃在人之感应万物。然不明万物之感应人，则不能明人之感应万物。……万物之感应人，知之学也。人之感应万物，行之学也。知之的在于行。知主虚理，而必以实事明之，故不行不得知；行主实事，而必以虚理御之，故不知不能行。凡究人情事物之理，皆求知彼之感应我而备我之感应彼者也。"① 不明"感应"之理，其诠解儒者之学必窒碍难通，或遗"效"而言"觉"，或遗"觉"而言"效"，无以全面领受儒道之真。

在字面上，"感应"一词虽可译作"互动"、"相互作用"或"刺激—反应"，但此类翻译皆不足以尽其神韵，因而也无法取"感应"而代之。何以如此？

首先，感应是建立在阴阳对生迭运这一世界运化之原发而内生机制之上的一体联动。唯其为原发而内生之机制，故"一阴一阳"即是道，即是世界运化的主持者与调节者，而无须一个外在而超越的"上帝"、"主"或"绝对精神"君临天下。唯其一体联动，故独阳不生、孤阴不长，阴阳无始、动静无端，一动一静、互为其根，"其际无间，不可以游；其外无涯，不可以函"。② 明于阴阳对生迭运的一体联动之道，则"主体—客体""个人—社会""成己—成人"的二元对立之说可以休矣："夫人之行为固无一不与外界相感应，而所以感应之者我也，此固甚明，无待标个人与社会也"；"正心修身而齐家治国平天下，成己而后成人也。圣人视天下为一体，初无群己权界之分。万物与人，相互感应，亦无使而不受使者"。③ 说到底，强调一体联动，就是强调生命与生命之间的整体联动，故齐景公问礼，孔子以"君君臣臣，父父子子"

---

① 刘咸炘：《一事论》，《推十书》，第 13—14 页。
② 王夫之：《周易外传》卷五《系辞上传第五章》，李一忻点校，北京：九州出版社，2004，第 149 页。
③ 刘咸炘：《一事论》，《推十书》，第 23 页。

答之。

其次，感应的根基在于"气"。"气"是中国最重要的存在论概念，它被视为生命和世界之本原。至少从商周时代开始，中国思想已浸润在气动风生之世界中："气，才是商周时期最重要的存有学概念。当时人认为一切物类及整个宇宙，都充满着'气'，一切的生成变化与感应沟通也都是因气使然。"① 与其他刚性的存在论概念不同，"气"具有流变性、浑然性和渗透性。人所以能与万物相感应，就在于其一气相通。故中国先哲论物我感通，其最深一层在于气息相通（如《吕氏春秋·应同》篇所论）。"气动而生风，风动有声，声律感人，人又以气相应。"② 古典时代之中国，最重风化声教，视诗乐歌舞为根本教化手段。《诗大序》曰："风，风也，教也；风以动之，教以化之。诗者，志之所之也，在心为志，发言为诗。情动于中而形于言，言之不足故嗟叹之，嗟叹之不足故永歌之，永歌之不足，不知手之舞之足之蹈之也。情发于声，声成文谓之音。治世之音安以乐，其政和；乱世之音怨以怒，其政乖；亡国之音哀以思，其民困。故正得失，动天地，感鬼神，莫近于诗。先王以是经夫妇，成孝敬，厚人伦，美教化，移风俗。"声歌乐舞总名为乐，其所以感人深而化人速，成为人格高下、天下治乱的典型表征，以至于动天地、感鬼神，就在于它联动着生命的最深微之处，让人"情"通世界。而"情"亦气也，是人之生命气息感物而动的结果："感物而动谓之情也"（《易经·咸卦·象传》孔颖达疏），"情是气之发"。③ 明乎此，则能知孔子何以会把兴发人之积极情感置于为学与修身之首，所谓"兴于《诗》"也。兴，起也（《说文》）；起，启也，启一举体也（《释名·释言语》）。言情道志之诗能叩其一端而动其全体，故最能兴发其人。儒者力主"以修身为本"，是因为"其身正，不令而行"，和美之身最具感发积极情感之力。不仅如此，以气为本的感

---

① 龚鹏程：《中国传统文化十五讲》，北京：北京大学出版社，2006，第159页。
② 龚鹏程：《中国传统文化十五讲》，第161页。
③ 吴光主编《马一浮全集》第1册，杭州：浙江古籍出版社，2013，第16页。

应之道表现在为学修身之方上，就是强调从体证、体会等的情感投入入手，让自己的整个生命融入对象之中，去进行内在的体验、理解和把握，以情通情、以心通心。情通理得之"恕"道以及"絜矩之道"，朱子读书法中的"虚心涵泳""体己体察"等，莫不如此。这说明，儒者的感应之道是以情意为本的。故笔者解《大学》，以三语括其要义：亲亲为意义生成之根，修身为意义传达之根，"意义—感通"之学皆以情意为本。①

顺畅而充分之"感应"曰"感通"："化而裁之谓之变，推而行之谓之通"，"一阖一辟谓之变，往来不穷谓之通"，"易无思也，无为也，寂然不动，感而遂通天下之故"（《易传·系辞上》）；"诚者不思而得，不勉而中，从容中道"（《中庸》）。其中，"天下之故"，即世界之原发机制；"从容中道"，即顺畅地进入节律、切中节奏。故所谓"通"，深言之，即是阴阳对生迭运这一世界之原发内生机制的充分显现。物我交感、感而通之，则摆脱了身心、物我间相互外在、彼此隔膜的对象化状态，而进入了生命与生活的内在节律之中，故能继往开来，居间引发，生生不已，人生的意义即存在于此生生不已之境中。"古人为学戒悠悠，《说命》惟从务敏求。识此味时那可已？更从来处验吾修。（'厥修乃来'，'来'字有原源不已之意）"② 魏了翁之诗很好地表达了由感通而来的居间引发、生生不已之境，并让人以此境之有无来验证是否学成德修。"通"的反面，即是"塞"：自性不显，身心分裂，物我对立，感通无力，意义匮乏。由此可知，"意义"与"感应"密不可分。感应以生成意义为指归，而意义即生成于感而通之之中，意义与感通皆统一于中和之境。

从中国传统教化哲学到现代教育学，其学术演化的基本方向是：

---

① 于述胜：《"意义—感通"之学以情意为本——以〈礼记·大学〉为中心的义理阐释》，《北京大学教育评论》2014年第3期。
② 魏了翁：《重校鹤山先生大全文集》卷——《送从子令宪西归》，《四部丛刊初编》集部，上海：上海书店出版社，1989。

"尽性成德"之教为"成才"之教所笼罩,"意义—感通"之学为"知识—技术"之学所覆盖。通过"知识—技术"的现代教育学视野,今人回溯历史,很容易把所谓"中国第一部教育专著"锁定为《学记》,而忽略了同为《礼记》之篇章的《大学》《中庸》等。实际上,后者更能反映中国教育思想传统之要义。在教育过程中,知识授受及其技术当然是不可或缺的,但那不是教育的根本,更不是教育的全部。教育的根本是教化,是"传道"、"授业"与"解惑"。而所谓"解惑",首先不是知识之惑而是人生之惑,即诊治意义匮乏、感通无力。以"意义—感通"重释中国传统思想特别是儒家思想,既符合儒家思想本义,也有利于我们突破单一的工程技术思维,通过重新回溯和体认传统哲学,丰富和深化中国当代教育理论。

第一章

先秦儒、道两家的世界观

　　教育是人类的生存方式。离开了教育，人既无法正常成长，也无法拥有正常的生活。教育思想作为人类反思和规划教育活动的观念产物，其内容虽广大无边、歧解丛生，但无外乎"为何要教育"、"教育什么"和"如何教育"等基本问题。要回答这些问题，离不开人们对于人、人和社会以至人与世界关系的看法。深入而系统的教育思想，常常与思想者的世界观密不可分。而不同民族和文化的教育观所以呈现出明显的文化差异，其重要原因之一，即是世界观的差异。因此，透过丰富而具体的教育观点，去追溯支撑其教育思想的世界观，在哲理层面上把握特定民族的教育思想，是认识其教育思想之历史与文化特质的重要方面。

　　儒家和道家在塑造中华民族的世界观方面，产生了广泛而持久的影响。两家思想虽有明显分歧乃至对立，但它们毕竟生于同一文化土壤，自有其相通乃至相同之处。

　　"天人一体"、"物我感应"和"生生"等，就是儒、道世界观的共同组成部分。其中，"天人一体"揭示出人类的生存论前提，它确认了天、地、人乃一有机生命整体；"物我感应"揭示出世界运动变化的基本机制，它确认了世界在人与天地万物的相互感应中形成一生命整体；"生生"则揭示出世界运动变化的内在方向，它确认了"生"乃世的根本（或绝对）价值，人与人、人与万物的共生并育乃世界之理想状态。

只有明了上述世界观，我们才能在哲理层面上把握儒家思想，深刻领会儒家的教化哲学。

一 天人一体：人类的生存论前提

所谓"天人一体"，是说天、地、人乃一有机生命整体，这是世界的本来面目，也是人类生存发展的基本前提。"天人一体"要义有二：一是人在天中，即人是宇宙大生命的有机组成部分，人与天地万物之间，不是相互外在的对象化、工具性关系，而是相互依存、休戚相关、荣辱与共的生命共同体；二是天在人中，即人与天地万物拥有共同的存在基础，人与天地万物分有同一个宇宙大生命，故构成宇宙大生命的根本质性也同时存在于人与天地万物之中。

作为理论命题，"天人一体"在中国思想史上显系晚出。一般认为，庄子的"天地与我并生，而万物与我为一"（《庄子·齐物论》）、惠施的"泛爱万物，天地一体也"（《庄子·天下》）以及董仲舒的"天人之际，合而为一"（《春秋繁露·深察名号》），都与"天人一体"密切相关。直接就天人关系立论、明确提出这一命题的，当为程颢，他说："人与天地，一物也。"[1] 这是说人与天地万有乃一体相连之物，但并不意味着人与天地乃毫无差别的存在者，故又曰"天人无间"。[2] 程子还以"若夫至仁，则天地为一身，而天地之间，品物万形，为四肢百体"为说，并认为"天人本无二，不必言'合'"。[3]

然而，作为一种思想观念，天人一体早已出现在中国历史上。商汤

---

[1] 《明道学案上》，吴光主编《黄宗羲全集》第3册《宋元学案》（一），杭州：浙江古籍出版社，2012，第674页。
[2] 《明道学案上》，吴光主编《黄宗羲全集》第3册《宋元学案》（一），第682页。
[3] 《明道学案上》，吴光主编《黄宗羲全集》第3册《宋元学案》（一），第671—672、683页。

黜夏，复归于亳，以伐桀之大义诏告天下，乃作《汤诰》。《汤诰》曰："惟皇上帝降衷于下民，若有恒性。克绥厥猷惟后。"在传世文献中，这是很早论及天、人关系的文字。与之相关者，还有：《诗经·烝民》曰"天生烝民，有物有则。民之秉彝，好是懿德"；《左传》成公十三年载"刘子曰：吾闻之，民受天地之中以生，所谓命也。是以有动作礼义威仪之则，以定命也"。上述三段经文中的"上帝"、"天"或"天地"，皆指总体世界，[①] 只是"上帝"突出了天地的主宰者之义；而其中"衷""则""中"，皆为中正之义。仔细分析上述说法可以看出，天在人中——人性即是内在于人的天道——皆其题中隐含之义。

《易经·系辞上》曰："易有太极，是生两仪。两仪生四象，四象生八卦，八卦定吉凶，吉凶生大业。"此虽就《易》书立言，但"易"乃模拟天地万物及其变化之道的符号系统，故言"易"就是言道。既然大业本于吉凶、吉凶本于八卦、八卦本于四象、四象本于两仪、两仪本于太极，当然也可以说，天地万物莫非太极之体现（天在人中）、莫不统于太极（人在天中），而构成一有机整体。《周易·序卦》复曰：

　　有天地然后有万物，有万物然后有男女，有男女然后有夫妇，有夫妇然后有父子，有父子然后有君臣，有君臣然后有上下，有上下然后礼义有所错。

此论则在"天地—万物—人类—礼义"的彼此接续而非相互断裂之中，确认了人与天地万物之间的一体性关联。

与《易经》相似，《老子》也说：

---

① 蔡沈释《汤诰》之语曰："皇，大也。上帝，天也。"（真德秀：《大学衍义》卷五，朱人求校，上海：华东师范大学出版社，2010，第67页）

> 道生一，一生二，二生三，三生万物。万物负阴而抱阳，冲气以为和[①]。（第四十二章）

对于其中的"一""二""三"何所指，古今释者众说纷然。刘笑敢综合众说而通释之曰：

> "道生一，一生二，二生三，三生万物"的说法不是对宇宙万物产生的实际过程的现象的描述，而只是对宇宙生发过程的一个模式化表述。也就是说，这里的一、二、三都不必有确切的指代对象，一是气还是道，二是阴阳还是天地，都不影响这一模式所要演示的实质内容。……反映世界有一个共同的起始点，即共同的根源，这个共同的起始阶段或最初状态无法描述，也无法命名，只是勉强、姑且称之为道，这个道所指代的那个阶段或状态还逐步演化出宇宙最简单的存在形式，以后，从单一到繁多，从简朴到复杂，从浑沌到具体，逐步出现了我们所能看到的大千世界。[②]

总之，在《老子》看来，纷繁复杂的天地万物不仅同出一源，"万物负阴而抱阳，冲气以为和"还表明，它们拥有共同的存在基础和运行机制。因而，内在于世界中的人类，与天地万物显然为一生命共同体。与《老子》之说相通，《礼记·礼运》亦曰："夫礼，必本于大一，分而为天地，转而为阴阳，变而为四时，列而为鬼神。""大一"或"太极"、"道"或"元"，都是表示天地万物之共同根源的概念。

如果说万物一体在《周易》和《老子》中还是一个隐含的观念，那么，作为思想命题，它在《庄子》那里就比较明确了："天地与我并生，而万物与我为一。"（《庄子·齐物论》）庄子还以身体为喻，表达

[①] 帛书本曰"中气以为和"。

[②] 刘笑敢：《老子古今——五种对勘与析评引论》，北京：中国社会科学出版社，2006，第467页。

了人与天地万物的有机联系："百骸、九窍、六藏，赅而存焉，吾谁与为亲？汝皆说之乎？其有私焉？如是皆有为臣妾乎？其臣妾不足以相治乎？其递相为君臣乎？其有真君存焉！如求得其情与不得，无益损乎其真。"（《庄子·齐物论》）人体的各个器官、各种系统，虽形质不同、职司各异，却共同维系着人的生命。人对自己的各种器官不容有所是非好恶，而各个器官之间也不存在固化的主、客体关系；如果定要说有一整合身体各部分的主宰者（真君），那么，这个主宰者也并非身体的外来干预者，而是各器官在各成其能中的自然和合。个体生命如此，人与万物也莫不如此。庄子还说："通天下，一气耳"（《庄子·知北游》）；"天地者，万物之父母也。合则成体，散则成始"（《庄子·达生》）。成玄英疏云："夫二仪无心而生化万物……夫阴阳混合，则成体质；气息离散，则反于未生之始。"① 庄子显然是把阴阳二气看作人与万物的共同存在基础，而人与万物莫不分有之。故庄子之说，已兼备人在天中、天在人中之义。荀子曰："水火有气而无生，草木有生而无知，禽兽有知而无义，人有气有生有知亦且有义，故最为天下贵也。"（《荀子·王制》）其说显然确认了人与天地万物皆以"气"为共同存在基础。

表达有机一体思想的典型，当数《礼记·礼运》所引孔子之语："人者，天地之心也。"对此，孔颖达疏云：

> "故人者，天地之心也"者，天地高远在上，临下四方，人居其中央，动静应天地，天地有人，如人腹内有心，动静应人也，故云"天地之心也"。王肃云："人于天地之间，如五藏之有心矣。人乃生之最灵，其心五藏之最圣也。"（《礼记正义》卷二二）

由此可知，"心"字兼有中心（中央）、心灵二义。所谓"人者，天地

---

① 郭象注，成玄英疏《庄子注疏》，北京：中华书局，2011，第342页。

之心也"显为一隐喻，即以人的身、心喻指人与天、地间的关系：如果说人为天地之心，那么，天地便是人无限延展之身体。身心一体、血脉相连，故人与天地万物也一体相连。据研究，郭店楚简中"仁"字共出现70余次，大都写作上"身"下"心"的"仁"字。如果将它与《礼运》之说相联系，那么，"仁"字的基础含义，是否即在表达人与世界因其一体相连，而相通相亲呢？果真如此，则宋明理学家以物我一体释"仁"，便非空穴来风，它足以构成对于"仁"字古义的有效诠释。笔者甚至认为，从身心一体和物我一体出发，才是理解儒家"仁"道思想的关键。

其实，如果不拘泥于表面言辞，会发现，先秦诸子的众多论述，背后都有一个"天人一体"的观念作前提。《中庸》曰："天命之谓性，率性之谓道，修道之谓教。""天命之谓性"表明，人性本于天道，人性即是天道的特殊存在方式；反过来说，尽人性即是尽其在人之天。"率性之谓道"表明，人道即人性的充分实现。《中庸》又说："唯天下至诚，为能尽其性；能尽其性，则能尽人之性；能尽人之性，则能尽物之性；能尽物之性，则可以赞天地之化育；可以赞天地之化育，则可以与天地参矣。"其中就隐含着人在天中、人是宇宙大生命的有机组成部分的观念。若非如此，尽己性则能尽人、物之性，乃不可思议之事。孟子的"尽其心者，知其性也；知其性，则知天矣；存其心，养其性，所以事天也"（《孟子·尽心上》），亦当如是观。正因天在人中、人性即天道，故尽心即能知性，知性即能知天，而存心养性，说到底，即是"事天"、率循宇宙大道之举。

荀子既非思孟，以其为知人而不知天，又非庄子，以其为知天而不知人，而以"明于天人之分"相标榜。但荀子的分天分人，也只是强调人类异于其他存在物的独特性、处于整个生物链的顶端而已："水火有气而无生，草木有生而无知，禽兽有知而无义，人有气有生有知亦且有义，故最为天下贵也。"（《荀子·王制》）同时，荀子也承认，人与万物皆为阴阳大化之产物，人类的独特性恰恰也来自所得天赋的独特性：

　　列星随旋，日月递炤，四时代御，阴阳大化，风雨博施，万物各得其和以生，各得其养以成……天职既立，天功既成，形具而神生，好恶喜怒哀乐藏焉，夫是之谓天情。耳目鼻口形能，各有接而不相能也，夫是之谓天官。心居中虚以治五官，夫是之谓天君。财非其类以养其类，夫是之谓天养。顺其类者谓之福，逆其类者谓之祸，夫是之谓天政。暗其天君，乱其天官，弃其天养，逆其天政，背其天情，以丧天功，夫是之谓大凶。圣人清其天君，正其天官，备其天养，顺其天政，养其天情，以全其天功。如是，则知其所为，知其所不为矣，则天地官而万物役矣。（《荀子·天论》）

　　"天情""天官""天君"者，都是人类受于"天"而非外于"天"之情感、感官与心君。充分发挥"天官""天君"之作用，裁制万物以奉养人类谓之"天养"，顺应人类之需要而致福远祸谓之"天政"。故"清其天君，正其天官，备其天养，顺其天政，养其天情"，说到底，都是为了"全其天功"，即充分发挥天地自然之作用。这表明，荀子虽力主天人相分，但他仍不能不承认，人类是总体世界的一部分，并作为这样的一部分来进行文化创造、实现其独特生命价值。因此，他的"天、人相分"思想，仍然建立在人与天地万物乃一有机生命整体的基本观念之上。

　　总之，"天人一体"是原始儒学和道家的共同世界观。中国近代通儒刘咸炘说："凡道术皆言人生，而其所言人生之当然，莫不本于其所见宇宙之自然。世常患言道术者所见宇宙之不同，然其所见固皆宇宙之真，特有全与否之异耳，未有无所见而立说者也。人本居此宇宙中，自为宇宙则律之所囿，故非独所见不出乎此，其心思之势，亦不能出乎宇宙大理之外焉。华夏圣哲挺生，早见宇宙之大理"。[1] "天人一体"，就是圣哲所洞察到的宇宙大理。"亲亲而仁民，仁民而爱

----

　　① 刘咸炘：《天地》，《推十书》，第464页。

物"，这一由孟子所首倡、为后儒所不断阐扬的价值观，就衍自这一世界观；也只有基于此世界观，我们才能理解《论语》"君君臣臣"、《大学》"修""齐""治""平"、《中庸》"成己""成物"的一体联动之理。

从考古发现来看，"天人一体"观念起源可能很早，甚至早于夏朝文明。河南濮阳西水坡有一原始宗教遗存，距今约 6500 年。据考古学家研究，"它向人们展示了天圆地方的宇宙模式、寒暑季节的变化特点、昼夜长短的交替更迭、春秋分日的标准天象以及太阳周日和周年视运动特点等一整套古老的宇宙思想，表现了南天北地的空间观念和天地人三才的人文精神"。①

二　物我感应：世界运化与人间教化的根本机制②

所谓"感应"，浅言之即交感互动。在古老的中华思想传统中，整个世界乃以天、地、人交感互动为根本机制的有机体。感应既是世界的运化机制，也是人类教育和教化的根本机制。

1. 感应：世界运化的根本机制

"感应"和"感通"，是最富有中国哲学和文化特质的字眼。把世界理解为一大感应体，乃中华哲学之古老传统。据考古学研究，早在商周时代，中国人业已将天（上）与地（下）的交感互动，视为万物生长化育的根本机制。在殷墟的甲骨卜辞中，曾屡次出现作为祈祷对象的

① 冯时：《文明以止：上古的天文、思想与制度》，北京：中国社会科学出版社，2018，第 27 页。

② 本节主要内容发表于《教育学报》2014 年第 5 期，篇名《"学—教"之道以感应（通）为根本机制——儒家教育观的义理阐释》。

"下""上"概念。根据郭静云研究，"下上"是用来泛指"天地间一切有灵性者"，"囊括所有被认知或未被认知的一切上下神力"。[①] 而"下上"与"天地"概念是相通的："殷商语言只是没有用'天'字指出天界，而用'上'字形容天界……甲骨文的'天'字即是人头，是具象的人之上，而'上'字才是表达无限的天界。商文化中不仅有抽象的'天'观念，还有完整的'天地'概念，只是不用'地'字，而用'下'字指称下界。'上下''下上'即是商文化的关于'天地'宇宙的抽象观念，并且表达的用词，比'天地'意义更加宽泛，更加抽象。"[②] 值得注意的是，在殷商早期和中期的甲骨文中，"下上"常写作"⊜"，通过"下"在上、"上"在下的写法，构成一个互相交接闭合的图案。

作为群经之首，《易经》所揭示和运用的根本原理就是感应、感通之道。感应之道，即阴阳对生迭运之道，所谓"一阴一阳之谓道"（《易传·系辞上》）。对于"一阴一阳之谓道"，王夫之述之甚精：

> "一""一"云者，相合以成，主持而分剂之谓也。无有阴而无阳，无有阳而无阴，两相倚而不离也。随其隐见，一彼一此之互相往来，虽多寡之不齐，必交待以成也。一形之成，必起一事；一精之用，必载一气。浊以清而灵，清以浊而定。若经营之，若持挠之，不见其为，而巧无以逾，此则分剂之之密，主持之之定，合同之之和也。此太极之所以出生万物，成万物而起万事者也，资始资生之本体也，故谓之"道"。亘古今，统天人，摄人物，皆受成于此。其在人也，则自此而善，自此而性矣。夫一阴一阳，《易》之全体大用也。[③]

---

① 郭静云：《天神与天地之道：巫觋信仰与传统思想渊源》，上海：上海古籍出版社，2016，第605页。
② 郭静云：《天神与天地之道：巫觋信仰与传统思想渊源》，第606页。
③ 王夫之：《周易内传》卷五上《系辞上传第五章》，李一忻点校，北京：九州出版社，2004，第427页。

"道"或"太极",系指构成天地万物本原的有理之气。太极之道,其实体为气,其运行机制为理。其气内蕴阴、阳二态:"阴阳之生,一太极之动静也";① "动静者,阴阳交感之几也"。② 其动发者系于阳,其静敛者系于阴。"阴—阳""动—静"两端相反相成(横观之,结对而生)、相互转化(纵观之,交替迭运),既是万物化生的根本机制,也是天地万物的内在体性。王夫之说:"盖性即理也,即此气质之理。主持此气,以有其健顺;分剂此气,以品节斯而利其流行。"③ 阴阳对生迭运,使万事万物呈现出有节奏、合节律之状态:"合之则为太极,分之则谓之阴阳,不可强同而不相悖害谓之太和,皆以言乎阴阳静存之体,而动发亦不失也。"④

"感应"一词,分而言之,主动者曰"感",被动者曰"应";合而言之,可总名为"感",亦可总名为"应"。值得注意的是,先秦典籍中用来间接表达"感应"之义的语词极其丰富,如"交""合""法""效""承""顺""放""同""通"等,不胜枚举。"感应"亦可分为横感与纵感:阴阳对生、"在天成象,在地成形",横感也;阴阳迭运、日月代明、四时错行,纵感也。感应顺畅进行曰"感通",或简称"通",它其实就是天地万物在自成中互成的高度和谐状态。在此,道家曰"自然",儒家曰"中和",其义一也。正如朱子所说:"凡在天地间,无非感应之理,造化与人事皆是。……凡一死一生,一出一入,一往一来,一语一默,皆是感应。"(《朱子语类》卷七二)⑤

作为万物化生的内在机制和根本体性,正是阴阳对生迭运使整个世界焕发出生生不已的生机与活力。人生当然也以此为内在机制与体性。当然,人作为万物之灵,并非被动地遵从之,而是能自觉地认识和运用

---

① 王夫之:《周易外传》卷五《系辞上传第五章》,第222页。
② 王夫之:《周易内传》卷五上《系辞上传第五章》,第426页。
③ 王夫之:《读四书大全说》卷七《论语》,北京:中华书局,1975,第471页。
④ 王夫之:《周易内传》卷五上《系辞上传第五章》,第427页。
⑤ 朱杰人、严佐之、刘永翔主编《朱子全书》第16册,第2421页。

之，并通过认识和运用，进入世界的原发机制之中，达成"与天地合其德"的中和之境。因此，离开了感应机制和原理，便无从深入理解中国传统思想的深刻内涵。事实上，中华圣哲对教育、教化的理解，正建立在感应机制和原理基础之上。

2. "'学—教'以感应（通）为机制"的中国文字诠释学根据

"学""教"反义共字且以"学"论"教"，是中国传统教育思想的一个重要特点。从现有文献来看，"学—教"反义共字非仅见于反映战国时期文字的楚简中，在传世典籍中亦有记载。如《礼记·檀弓》的"叔仲皮学子柳"，注云"学，教也"；《礼记·学记》的"学不躐等"，注云"学，教也"；《礼记·文王世子》的"学之为父子焉"，注云"学，教也"。此现象亦见于更早的甲骨文中。甲骨文中由简而繁，有近 10 种不同写法。王贵民先生以岛邦男的《殷墟卜辞综类》为据，将其分为四式：爻（1 式），𡗒、𡗍（2 式），𦥑、𦥯、𦥔（3 式），𣇃、𣄼、𠂤（4 式）。其最简体即是"爻"，此或为"学—教"字的最早写法。对此，王贵民先生断之曰："爻，是算筹交错之形，所表示的是数这个概念。……爻之为学，就是因为儿童教育，从学数开始。"其文开篇即曰："教育，广义地说，是人们世代传授生产知识与社会生活经验的活动。"[①] 不难看出，他的推断是现代性的"教育"观念——教育即知识授受——先入为主的结果，可能并未契合中国"学"字构形的历史文化语境。

《说文》曰：爻者，"交也，象《易》六爻头交也"。本此，以"爻"为"交"，乃取占卜时蓍草交互之象，而寓人与天地精神交感互通之意。"爻"示"学—教"，乃"交神"的转化和引申，以喻人与人之间精神上的交感互通。在古代中国，"學（教）"不管有多少种不同写法，皆不离"爻"这一要素，实即以"感应""交通"为其根本寓

---

① 王贵民：《从殷墟甲骨文论古代学校教育》，《人文杂志》1982 年第 2 期，第 21 页。

意所在。①

熟稔《说文》者或疑吾说而难之：《说文》明以"教，上所施，下所效也"、"学，觉悟也"以及"斆，觉悟也"②为释，那么"爻"与"效（觉）"是什么关系？此自有其说。王念孙的《广雅疏证》卷三下把"爻·象·放·视·教·学·效"系于同一义类，认为它们皆通于"效"：

> 爻者，《系辞传》云："爻也者，效此者也。"又云："爻也者，效天下之动者也。"又，"效法之谓坤"，古本皆作"爻"，是"爻""效"同声同义。③

以"爻"为"交"，乃取蓍草等交互之形，而寓以人之作为感天应地之意。以"爻"为"效"，要义有二：其一，系指圣人作《易》，以六爻来模拟天、地、人三才变化之道（其结构与过程）；其二，系指圣人承天而起、顺天而行、效天而动。一言以蔽之，以"爻"为"效"，重在强调在天与人的一体感应中，人（圣人亦人也）对于天地之道的顺成性。推而广之，则人类之一切作为，不过是顺应天地之道而成就之。正是在此意义上，"爻""教""学"皆通于"效"。《太平御览》引《春秋元命苞》云："天人同度，正法相授。天垂文象，人行其事，谓之教。教之为言，效也。上为下效，道之始也。"所谓"上为下效"，即处上位者如何作为，处下位者即感而应之、仿而效之。《说文》解"教"字云："教，上所施，下所效也。从攴从孝。"今人或以为"教"乃"斆"篆化之讹。其实未必如此。"教"和"斆"可能皆为先秦时

---

① 今人将"學"字简化为"学"，确实"简易"了不少，却失其"交易"之根。
② 《说文》把"学"看作古"斆"字之省，而孔安国的《尚书大传》释《古文尚书》"斆学半"时说："斆，教也。"后释近之。
③ 王念孙：《广雅疏证》卷三下，《续修四库全书》第191册，上海：上海古籍出版社，2002，第104页。

"学一教"字的不同写法。《说文》解"孝"云:"善事父母者。从老省,从子,子承老也。""承"者,继也,奉也;故"孝"亦有后继前、下效上之义。古文中尚有一从爻从子之"孝"字,《说文》径以"放也"即"放效"解之。王力先生也认为,"教·学·孝·效"为同源字,[①]即它们最初本为一词、完全同音,后来才分化为两个以上的读音,才产生细微的差别。

综上所述,"学一教"字以"爻"(即交感)为根,以"效"为要义。所谓"效",主要表达下之于上、后之于先、小之于大之间的承应、法效关系,其与《易传》所呈现的先秦思想世界密不可分。《老子》曰:"人法地,地法天,天法道,道法自然。"(第二十五章)对于中华圣哲而言,法象莫大乎天地,故《易传》曰:"在天成象,在地成形","成象之谓乾,效法之谓坤"(《易传·系辞上》)。日移于北,则地上万物应之以生、长、成;日移于南,则地上万物应之以收、敛、藏。如此,则坤之于乾、地之于天,亦成一法效关系,且成为一切教化关系之原型、典范。故《孔子家语·问玉》引孔子之言曰:

> 天有四时者,春夏秋冬,风雨霜露,无非教也。地载神气,吐纳雷霆,流形庶物,无非教也。清明在躬,气志如神,有物将至,其兆必先。是故,天地之教与圣人相参。

《礼记·孔子闲居》有一节文字与之相似而略显错乱,郑注孔疏皆释"无非教也"为圣人奉天地之行以为政教。《孔子家语》明以"天地之教"相示,如此,则天地亦有其"教"、其"学"也。这个"教"不是别的,就是天、地交感而万物应之以生生,恰如孔子所谓"四时行、百物生",亦如《易经·咸卦·象传》所谓"天地感而万物化生"。上文中的"兆",就是感应之"几"——盖自然之感应,其初甚微而

---

①　王力:《同源字典》,北京:商务印书馆,1982,第300页。

幽，其后渐显而著。天地之变，无思无为，而万物欣然以生、森然以备，生生不穷。天地以自然之变成其化育万物之功，其功至伟、其用至神。自其无思无为而言，谓之变化；自其生成、长养万物而言，谓之化育。故《中庸》有"天地之化育"之说。"天地之化育"即"天地之教"。这是宇宙间一切生命的源泉，也是一切教化的典范。其中的思维逻辑并不难解。按照下法上、后承先、小法大的原则，其自下而上之层层效法路线是：常人法圣人、圣人法地、地法天（或已法父、父法祖、人类法天地）。"在天成象"即天之"教"，"在地成形"即地之"学"，如斯而已。

清儒章学诚深明此理，故其在《文史通义·原学》中将"学"原之于"效法之谓坤"：

> 《易》曰："成象之谓乾，效法之谓坤。"学也者，效法之谓也。道也者，成象之谓也。……盖天之生人，莫不赋之以仁义礼智之性，天德也。莫不纳之于君臣父子夫妇兄弟朋友之伦，天位也。以天德而修天位，虽事物未交隐微之地，已有适当其可，而无过与不及之准焉，所谓成象也。平日体其象，事至物交，一如其准以赴之，所谓效法也。此圣人之希天也，此圣人之下学上达也。①

按照《易》理，乾与坤不仅是六十四卦中独立的两卦，也是表征阴阳相对、交合、迭运之道的根本体相，故《易传》分别以"乾元""坤元"称之，而后来的学《易》者称其为"《易》之蕴"、"《易》之门"及"天地之根"等。其中，乾代表着阳动、创生、主导的力量，故曰"大哉乾元，万物资始，乃统天"，其属性为"健"；坤代表着阴静、顺应、辅成的力量，故曰"至哉坤元，万物资生，乃顺承天"，其属性为"顺"。从根本上讲，"效法之谓坤"之"效法"实"乃顺承天"之

---

① 章学诚著，叶瑛校注《文史通义校注》，北京：中华书局，1985，第147页。

"顺承"，是坤元在对乾元的顺应、承续中成就变化之道、生生之德。以"学"为"效法"，突出的是"学"如坤元一样所具有的顺承而非创生特性。孔子的"学而时习之"之"学"，无论人们把它理解为"学问""学说"还是"修身""学做人"，它在本质上都具有顺承性：如果是"学问"，那它不过是圣人将自己所感通了的世界呈现出来而已；如果是"修身"，那它不过是把人之所以为人之道展现出来而已。圣人所以伟大，端在其生命（"气志"）与天地之化同其神妙（"如神"），在事至物交之际，能一如其准、恰如其分地与世界相感通，所谓"此圣人之希天也，此圣人之下学上达也"。

当然，常人非皆能如圣人般恰如其分地与世界相感通，因而有"教"——"使先知觉后知，使先觉觉后觉"——之必要。故《文史通义·原学》接着说：

> 伊尹曰："天之生斯民也，使先知觉后知，使先觉觉后觉也。"人生禀气不齐，固有不能自知适当其可之准者，则先知先觉之人，从而指示之，所谓教也。教也者，教人自知适当其可之准，非教之舍己而从我也。故士希贤，贤希圣，希其效法于成象，而非舍己之固有而希之也。然则何以使知适当其可之准欤？何以使知成象而效法之欤？则必观于生民以来，备天德之纯，而造天位之极者，求其前言往行，所以处夫穷变通久者而多识之，而后有以自得所谓成象者，而善其效法也。故效法者，必见于行事。[1]

从"使先知觉后知，使先觉觉后觉"（《孟子·万章上》）以及古字书的诸多训释来看，"学"也好，"教"也好，似乎均可训作"效"，亦均可训为"觉"。只是"教"用在使动的意义上，即"使之效""使之觉"；而"学"则表示主动地"效"与"觉"。"觉"与"晓"可以互

---

① 章学诚著，叶瑛校注《文史通义校注》，第147页。

训："觉"本义为从梦中觉醒，引申为"晓"即知晓；"晓"字本义为日出天明，引申为知晓、觉知。二者的互训本身即表明："觉"的原始意象即有感应（通）在，即人应天之明而醒来；人本能眠亦能觉，但正常的眠、觉是与日夜交替的节奏相一致的。"教"和"学"并不是相互外在的对象化关系，而是一体两面的感应关系："教"者之指示"学"者，其行为具有施动性，但其施动并非强使"学"者成为单一的、对象化的"教"者，而是"学"者应教者之所感而起，进入其自身的生命、生活节奏，此所谓"自知适当其可之准"而"善其效法者也"，亦所谓"士希贤，贤希圣"之道也。在《文史通义·原道》篇中，章学诚又说："学于圣人，斯为贤人；学于贤人，斯为君子；学于众人，斯为圣人。非众可学也，求道必于一阴一阳之迹也。"① 如此，则非唯众人学于圣人，圣人亦学于众人。学于众人即是学于天、效之于天。所谓"求道必于一阴一阳之迹"，既意味着"道"即在"阴—阳"的交感迭运之中，也意味着"学—教"即是"阴—阳"交感迭运的感应关系。

总之，中国传统的"学—教"概念无论在文字构形还是意义赋予上，都与《易传》所呈现的思想世界密切相关。此世界乃一"天人一体""物我感应""生生不已"之生命世界。纵向观之，即"天地—万物—父祖—己身—子孙"，世界乃以己身为中枢、承前启后之连续体。横向观之，即"己身—家—国—天下"，世界乃以己身为原点、层层外推的同心圆。近世通儒刘咸炘曰："万物相感，即成万事。人为本身，纵之感者父母，历史为遗传；横之感者物质，社会为环境。"② 物（人）感我而我应之，即是学；我感物而物应之，即是教。在物我感应之中，"学—教"乃一体两面之事，正如"见"之一字兼指"看见"与"显现"一样。"学—教"之反义共字，即基于此"阴—阳"交感迭运的感

---

① 章学诚著，叶瑛校注《文史通义校注》，第 120 页。
② 刘咸炘：《一事论》，《推十书》，第 14 页。

应原理，岂是所谓"辩证思维"所能尽之？《尚书》"敩学半"一语，表达的就是"学"与"教"乃一分为二、合二为一之事也；《学记》引之，欲证其"教学相长"之意，而以"学然后知不足，教然后知困。知不足，然后能自反也；知困，然后能自强也"为言，已非"敩学半"本旨。

有学者指出："'教育'概念只有在民族的文化传统中才能得到恰当而充分的理解。离开了民族文化的语言背景，我们也许只能在逻辑或技术的层面上理解另一种'教育'概念，决不会把握它的精髓、它的质。"[1] 诚哉斯言！

3. 呈现"感应（通）"机制之学术史与思想史意义

近世以降，以科玄论战和"整理国故"为标志，现代中国的文、史、哲、教育之学义无反顾地步入用"科学方法"整理传统思想之路。所谓"科学方法"，说到底就是生成于西方历史文化传统的现代学术理论。这些理论，对于中国现代学人具有建构世界观与方法论之双重作用。它们固然让我们获得了新的问题意识，却也让我们丧失了自己的问题意识，甚至丧失了理解和进入自己的思想传统、意义世界之能力。本该在"接着说"和"借来说"的张力关系中展开的中国学术生长之路，变成了比较单一的"借来说"。百余年来，以"中国教育思想史"为名之著述，大致不出这一樊篱。

就笔者目力所及，在众多教育史著述中，对中国教育思想传统有深入把握者，首推黄绍箕与柳诒徵合著、据说是国人自撰的第一部《中国教育史》。处在新旧交替之际，作为本土与外来思想相错杂的产物，书中亦不乏"中话西说"之处，但对古圣贤"教育大义"之把握堪称精当。该书开篇即以"中国古圣人教育大义"立题，其中说：

---

[1]　石中英：《"教育"概念演化的跨文化分析》，《高等师范教育研究》1997 年第 4 期，第 22、17 页。

> 凡治一科之学，必先明其学说之统系；统系不明，则散殊之事理，无由考见其指归。中国古无教育专书，而圣哲相传微言大义之散见经籍者，固自有科条纲目之可寻。学者先明其义，则古代教育之制度、方法，罔不可溯其原理，而知吾国文化卓越之所由，此固治史者所宜揭橥也。古圣人教育大义有三：一曰贵人，二曰尽性，三曰无类。虽帝王迭兴，文质相代，周衰礼废，庠序不修，而此三义未之或湮也。①

在黄、柳二先生看来，治中国教育史须先明其思想"统系"。这个"统系"，用古人之言表达即是"义理"：义者，意义也；理者，条理也。况之今日，"统系"即思想范式，"意义"即一种学说所追求的核心价值，而"条理"即证成此价值的根本思维方式。在对统系的把握上，作者突出的是古圣人"教育大义"。况之今日，"教育大义"即所谓"教育理念"或"教育精神"，是作者之情思与历史文本共振共鸣的产物——它兼摄已然与当然，乃古人之所本有与今人之所当为的统一体。其所标"贵人""尽性""无类"三大义，非对传统思想有深入体会与贯通者不能为。所谓"贵人"，即贵人之所以为人者以及人之所以异于物者，引而申之即是贵生、贵生生之仁；所谓"尽性"即尽其人之所以为人者，亦即"成己—成物"之"学"、之"教"；所谓"无类"，由孔子的"有教无类"发其嚆矢，乃以尽性之学为人之通学，即孔子所谓"君子学道则爱人，小人学道则易使"（《论语·阳货》）。比较而言，黄、柳二先生之作，于"意义"之把握比较充分，于"条理"的呈现则有所未备。

笔者不揣谫陋，亦以"明其学说之统系"自任。以"感应（通）"呈现古人之"学—教"关系原理，即此种努力之一部分。刘咸炘先生在《一事论》中说："世界者，人与万物相感应而成者也。万物

---

① 黄绍箕、柳诒徵：《中国教育史》，福州：福建教育出版社，2011，第1页。

感应人，而学之的乃在人之感应万物。然不明乎万物之感应人，则不能明人之感应万物。"为明此理，他进一步解释道：

> 感应即心理学家所谓刺激反应，言影响嫌太不用力，言支配、对付则太用力，故言感应。《易传》曰："观其所感，而天地万物之情可见矣。"万物相感，即成万事。①

刘咸炘先生特别过人之处，在于明统知类，能呈现传统思想的内在理路。他指出"感应"异于"影响"，亦不同于"支配"，很有见地。当然，说"感应"不同于"影响"，要看从什么角度去理解。《庄子·在宥》："大人之教，若形之于影，声之于响。有问而应之，尽其所怀，为天下配。"庄子本意，乃在将"大人之教"与百姓之学比作形与影、声与响相互亲和的一体联动关系。这正是"感应（通）"之道的要义所在。当然，任何譬喻都有其蹩脚的一面。刘咸炘嫌其"太不用力"，盖因在形与影、声与响的比附中，"学"过于影子化而失其能动性。不过，庄子继申之以对话或应答关系，似对"太不用力"之偏有所补足。至于刘咸炘把"感应"等同于"刺激—反应"，虽前缀以"心理学"之限定，仍不足以充分表达"感应（通）"之道的独特之处。因为所谓"刺激—反应"，可以是机械的，也可以是有机的，传统的"感应（通）"之道则是有机的。

这一有机论的"感应（通）"原理，要义有二。其一，它以"天人一体"为人的生存论前提。所谓"天人一体"，系指天、地、万物（含人类）乃一有机生命体。人与天地万物，从而相遇于生活中的人与人之关系，首先不是相互外在的对象性关系，而是有机生命体之同体异位关系。唯其一体，故相感应。即此而言，所谓"感应（通）"，亦可谓之"一体联动"。充分而顺畅之"感应"即是"感通"，或简言之曰

---

① 刘咸炘：《一事论》，《推十书》，第13—14页。

"通"："往来不穷谓之通"，"推而行之谓之通"（《易传·系辞上》）。其二，"感应（通）"乃教者（感之者）与学者（应之者）间的生命整体互动，遵循同声相应、同气相求之理则，且依教者之不同生命境界，而生出不同的感应层次："类固相召：气同则合，声比则应……同气贤于同义，同义贤于同力，同力贤于同居，同居贤于同名。帝者同气，王者同义，霸者同力，勤者同居则薄矣，亡者同名则粗矣。其智弥粗者，其所同弥粗；其智弥精者，其所同弥精。"（《吕氏春秋·有始览·应同》）"同"亦"通"也。"同名""同居""同力""同义""同气"，标志着"感通"由浅而深、由表及里的不同层次。处于最高层次的"同气"，实即"气志"相通，即帝王之于其民，是身（气质）、心（神志）高度凝聚、和谐的生命整体间的互通；而处于最末端的亡国之君之于其民，只具有名分上的关联，其感应亦仅发生在单一而外在的"耳"的层面上。

近世以降，尽性成德之教为成才之教所涵盖，生命意义之学为知识技术之学所笼罩，"意义—感通"之道隐而不彰，公民道德教育日趋"公理"化而迷失了修身之本。则以学论教之"劝学"为以教论学的"教授法""教学法"所取代，良有以也。中国现代教育家论"学—教"之道最近古人精义者，莫过于陶行知先生的"教学做合一"之说。陶先生曰："教学做是一件事，不是三件事。我们要在做上教，在做上学。在做上教的是先生，在做上学的是学生。从先生对学生的关系说，做便是教；从学生对先生的关系说，做便是学。先生拿做来教，乃是真教；学生拿做来学，乃是实学。"[1] 若易其"做"字为"修身"，正合儒家思想本义。只是陶先生所说，毕竟偏于经验主义之知识论，而与尽性成德之教相去甚远。

1980年代以来，以"主体—客体"论"学—教"关系之风渐盛，

---

[1] 顾明远、边守正主编《陶行知选集》第1卷，北京：教育科学出版社，2011，第347页。

继之以"主体性教育"及"教育的主体性",又进之以"主体间性"。此类话语于救正其时之教育流弊或不无小补,于深化人们之教育识见却难睹其功,遂同归于昙花一现。以一体联动的感应之眼观之,学者之于教者,究竟谁为主体、谁为客体?此似为一无解且虚假之教育理论问题。早在两千多年前,庄子即对此类提问方式深予质疑:"百骸、九窍、六藏,赅而存焉,吾谁与为亲?汝皆说之乎?其有私焉?如是皆有为臣妾乎?其臣妾不足以相治乎?其递相为君臣乎?其有真君存焉!"(《庄子·齐物论》)而所谓"主体间性",说白了不就是"人—人"间性吗?可更有至道妙理?我们与其借来无根之说热闹一番,不如接着古人的"感通"之道往下说。倘如此,虽未有独知新见,亦不失"继人之志""述人之事"之令名。

三　生生：中华圣哲的根本价值观[①]

《易传·系辞下》曰:"天地之大德曰生。"它确认了"生"乃世界运动变化的根本方向,因而也是基础价值,即一切价值得以确立的根基。离开了"生",人类的价值大厦就失去了根基,必然倾覆崩塌。一个"生"字还不足以尽其义,《系辞上》又以"生生"为言:"生生之谓易。""生生"之语,言简意丰,妙不可言!若用现代汉语做语法分析,它既可以被当作主语结构,即"生命成其为生命",这是特定生命不断自我展开、实现的过程,用《中庸》的话来说就是"成己""尽其性",用《大学》的话来说就是"明明德";也可以被看作动宾结构,即"使生命成其为生命",这是特定生命成就其他生命、让其他生命不断实现的过程,用《中庸》的话来说就是"成物""尽人之性""尽物

[①]　本节的主体部分,已发表于《教育学报》2015年第6期,篇名《"生生":天地之德,人生之的——先秦儒、道思想中的意义世界通诠》。

之性",用《大学》的话来说就是"明明德于天下";还可以被视为两个动词,即"生命与生命的并育互成",这是此生命与彼生命既自成且互成的过程,用《中庸》的话来说就是"万物并育而不相害,道并行而不相悖"或"致中和,天地位焉,万物育焉",用庄子的话来说就是"天地与我并生,而万物与我为一"。不仅如此,作为同一动词之叠用,"生生"还有变化不穷、生生不息之义,相关思想在先秦典籍中反复出现,如"维天之命,於穆不已""至诚无息""长生久视之道""生物不测""乘天地之正,御六气之变,以游无穷"……由此可见,"生生"二字充分表达了中华圣哲的根本价值观。现分述如下。

1. "生生":天地之德,人生之的

《易经》言"生生之谓易",乃继"一阴一阳之谓道。继之善,成之者性……显诸仁,藏诸用。鼓万物而不与圣人同忧,盛德大业至矣哉!富有之谓大业,日新之谓盛德"而来。"仁"言阴阳造化之心,"用"言阴阳造化之功,它们分别对应其下的"盛德"与"大业"。朱子释"显诸仁,藏诸用"时说:

> "显诸仁,藏诸用",二句只是一事。"显诸仁"是可见底,便是"继之者善也"。"藏诸用"是不可见底,便是"成之者性也"。……"显诸仁",德之所以盛;"藏诸用",业之所以成。譬如一树,一根生许多枝叶花实,此是"显诸仁"处,及至结实,一核成一个种子,此是"藏诸用"处。(《朱子语类》卷七四)[1]

归根结底,"生生"乃"一阴一阳"、阴阳变化的另一种表达。但以"生生"言变化,既体现了中华圣哲视天地万物为一有机生命体之世界观,也意味着阴阳之变本身即蕴含着生命,具有朝向生命展开的内在趋

---

① 朱杰人、严佐之、刘永翔主编《朱子全书》第16册,第2525页。

向。《说文》曰："生，进也。象草木出土上。凡生之属皆从生。""生"是一个象形字，取象于草木初生、破土而出。从此意象出发，"生"可以引申出众多含义，如"始""起""出""造"等"由无出有"之义，以及"活""养""生育"等义。① 但是，作为同一个意义家族，"生之族"无论如何引申，都关联着"草木出土上"的初始意象，以"生命"为主要关注对象。故蒙培元先生说："这个'生'字是全部《周易》的精髓，也是全部儒学的精髓。人们都说，'易'有三义，即变易、不易、简易。但'易'之三义不是一般地讲自然界的变化之道，而是以生命为其核心内容的，因此才有《易传》的'天人合一'之学。阴阳变化错综复杂，但阴阳从本质上说蕴含着生命。所谓'不易'，正说明生生之道是一切变化中之不变者。所谓'简易'，正说明乾坤所蕴含的生命意义是最简易明白的。《易传》说：'易简而天下之理得。'这个'理'就是'生理'。'生'的哲学是中国哲学发展的一条主线……"②

朱子以树木生长喻指阴阳变化的生生之道，实际上是把一气相通的根、干、枝、叶、花、实比作天地万物，而把种子比作"太极"，比作那颗含藏着无穷生气、生意、生机、生理的宇宙大种子、总基因。太极之道依其阴阳对生迭运之内在机制化生万物："阴阳"言其气，"道"言其行，"德"言其性能，"业"言其功用。"德"外发而形于业，"业"内敛而藏于"德"。天地无心而成化，其心即其理、其道即其德、其德即其业，本无德与业之可名，尤不可歧"心—性""道—德""德—业""功—能"而离析之。《中庸》曰："天地之道，可一言而尽也。其为物不贰，则其生物不测。""不贰"即一，心与性一，道与德一，德与业一，终与始一。既如此，《易》为何极赞天地之有"德"有"业"，且业极其大而德尽其盛？盖圣人以人观天，以有分者明本合者

---

① 阮元等撰集《经籍籑诂》，北京：中华书局，1982 年影印本，第 706 页。

② 蒙培元：《"所以然"与"所当然"如何统一——从朱子对存在与价值问题的解决看中西哲学之异同》，《泉州师范学院学报》2005 年第 1 期，第 5—6 页。

而立其名，以有限者仰无限者而叹其大与盛也。

老子曰："道生之，德畜之，物形之，势成之。是以万物莫不尊道而贵德。道之尊，德之贵，夫莫之命而常自然。故道生之，德畜之，长之育之，成之孰之，养之覆之。生而不有，为而不恃，长而不宰，是谓玄德。"（《老子》第五十一章，河上公本）老子此章文字，在各传世文本中略有不同，释之者纷纷不一其说。然通观上下文，其主旨显然是赞天地之德，与《易传》之说相通，皆有天地无心而成化之义。

人们或许会说，万物有生即有死，且一物之生，常意味着另一物之死，故庄子曰："道通为一。其分也，成也；其成也，毁也。"（《庄子·齐物论》）既如此，作《易》者何不谓"死死之谓易"，却单言"生生之谓易"，此自有其说。《易经·系辞上》曰："仰以观于天文，俯以察于地理，是故知幽明之故。原始反终，故知死生之说。精气为物，游魂为变，是故知鬼神之情状。""知死生之说"，即明死生之理。特定物类、每一物类之特定个体，以至于一切有形有象之物，确实有成有毁、有始有终、有生有死。但就世界总体而言，一物之成毁、始终乃至生死，不过是一气之聚散变化而已，所谓"精气为物，游魂为变"，即庄子所谓"人之生也，气之聚也。聚则为生，散则为死"（《庄子·知北游》）。因此，个别物种及其个体有成与毁，但整个世界却在阴阳对生迭运中变化不穷、永无止息：一岁之中有四时之变，冬天既是一个四时之变之终结，也预示着另一个四时之变的到来；一颗树种植入土中，春生、夏长、秋实，至冬季虽枝枯叶落，其生意却未丧失，而是敛藏于新生果实之中，预备着参与到新的四时之变中。故"生生"乃天地万物之变的大趋势、大方向。《易经》首卦即以"乾，元亨利贞"相示，所明即此变易、简易而不易的生生之理。庄子亦曰："杀生者不死，生生者不生。"（《庄子·大宗师》）其"生生者"与"杀生者"，即可被理解为阴阳对生迭运之道。《文子·守真》的"生生者不生，化化者不化"亦同此理。明乎此，则知天地以"生"为道、为德、为业，可以无疑矣！

　　人之生死同万物之始终、成毁一样，亦为一气之变。然而，若据此便认定人之生与死全无分别，甚而以为人无论如何生、如何死皆无可置喙，则大谬！何哉？人有人的生死之道、德、理与性，行其道、成其德、全其理、尽其性则为人，否则不过冥顽不化之一物耳。《大学》以"明明德、亲民、止于至善"明其宗，《中庸》以"天命之谓性，率性之谓道，修道之谓教"开其篇，皆欲人生其所以为人之生、尽其所以为人之性。不明于此而以粪土视人，人一出生或埋于林木之下，或置于虎狼之口，所成也只是粪土之用、虎狼之食，怎能以之为生人之道？

　　那么，何者为人之所以为人之性？曰：仁义而已。何以知仁义为人之性？曰：人能为仁义，故仁义为人之性能。人亦能为不仁不义，何不谓不仁不义为人之性？曰：因不仁不义非天所赋予人而异于禽兽的生生之理；譬如人会生病，而曰人本病，可乎？[1] 故孟子道性善，必以"天生蒸民，有物有则"、"人心之所同然"及"人之所以异禽兽者"为言；而其证成性善之说，则广泛回应了其时各种人性论：

　　　　公都子曰："告子曰：'性无善无不善也。'或曰：'性可以为善，可以为不善。是故文武兴，则民好善；幽厉兴，则民好暴。'或曰：'有性善，有性不善。是故以尧为君而有象，以瞽瞍为父而有舜；以纣为兄之子，且以为君，而有微子启、王子比干。'今曰性善，然则彼皆非与？"

　　　　孟子曰："乃若其情，则可以为善矣，乃所谓善也。若夫为不善，非才之罪也。恻隐之心，人皆有之；羞恶之心，人皆有之；恭敬之心，人皆有之；是非之心，人皆有之。恻隐之心，仁也；羞恶之心，义也；恭敬之心，礼也；是非之心，智也。仁义礼智，非由外铄我也，我固有之也，弗思耳矣。故曰：'求则得之，舍则失之。'或相倍蓰而无算者，不能尽其才者也。《诗》曰：'天生蒸

---

① 刘咸炘：《善恶》，《推十书》，第449页。

　　民，有物有则。民之秉彝，好是懿德。'孔子曰：'为此诗者，其
　　知道乎！故有物必有则，民之秉彝也，故好是懿德。'"（《孟子·
　　告子上》）

孟子引《诗》与孔子之言，以明人性本天道而来，乃天然本有之善。
此善性即人所同具之四心可见。至于人之为不善，非其性能（"才"）
不具、不足，乃因其不反身内求、舍而失之。"性无善无不善""性可
以为善，可以为不善""有性善，有性不善"诸说，既无视人异于禽兽
之善良潜能，又以人性为一现成有形之物，遂不明"求则得之，舍则
失之"之精义。故朱子解《中庸》首章，括其主旨曰："人之所以为
人，道之所以为道，圣人之所以为教，原其所自，无一不本于天而备于
我。"① 所谓"备"，既有具足义，人类天生具此性能；也有成就义，其
性能又有待人自觉地去成就、去实现，并非一现成有形之物。今人论人
性善恶，持性恶之说者少，持性善之说者更少。论者多受科技思维影
响，以人性为对象化的现成有形之物，更不明天人相继之理，遂群趋
"无善无恶""可善可恶""有善有恶"之说。告子、荀子之谬，正在
于此。其高者，亦止谓"性善为道德教育必要的人性假定"。果真如
此，则人已为假人矣！
　　老子曰："天地不仁，以万物为刍狗；圣人不仁，以百姓为刍狗。
天地之间，其犹橐籥乎？虚而不屈，动而愈出。"（《老子》第五章，王
弼本）"天地不仁……以百姓为刍狗"，连同"失道而后德，失德而后
仁"等，曾被不少人视作道家反对儒家仁义之道的证据，进而把儒、
道思想对立起来。其实，"橐籥"之喻，正所以明《易》之阴阳对生迭
运的生生之道。"天地不仁"之"仁"，系指有心之爱；而天地无心，
故以"不仁"说之；"天地不仁"，实即天地无心而成化之义。圣人爱
人而有心，但其心皆合乎生生之理，非有所偏私，故曰"圣人不仁"。

---

　　① 朱杰人、严佐之、刘永翔主编《朱子全书》第 6 册，第 32 页。

而老子的"尊道""贵德"之说，即蕴含尊仁贵义之意；或者说，"尊道""贵德"本身即是大仁大义："上德无为而无以为也，上仁为之而无以为也，上义为之而有以为也。"（《老子》第三十八章，帛书本）"无为"是无强制性、压迫感之作为，"无以为"是无偏私目的和动机之作为。故老子所谓"不仁"，正是"生而不有，为而不恃，功成而弗居"之大仁。否则，其"三宝"以"慈"居首，乃不可思议之事。"慈"者何也？爱也，仁也，乃长辈对于晚辈的仁爱之情。其以"慈"立仁爱，正欲彰显大仁所具有的兼容并包之品格。庄子所谓"有亲，非仁也"（《庄子·大宗师》），以及"至仁无亲"（《庄子·天运》），亦当如是观。其所谓"亲"，即有心而偏私之爱。

总之，对于儒、道两家来说，"生生"既是天地运化之根本趋向，也是人生在世的意义之源：阴阳对生迭运、生生不穷，即是天地造化之根本功能；人继天地之化而成其所以为人之理，即是人生的价值方向。人的仁爱之性、仁爱之情，既是人类高于世界其他存在物之根本特性，也是天地生生之德的集中体现。"生生"乃一切价值得以确立之根基；去此根、隳此基，将天倒地悬，价值大厦亦将因之崩塌！

2. "生生"：当然本于自然，自然成就于当然

《易传》言"天地之大德曰生"，又曰"生生之谓易"。"生生"有因其生（或应其生）而生之之义。若置于"自然—当然"的思想框架中，则"生"者自然也，"生生"者当然也。以"生生"为天地之德、人生之的，本身即已蕴含着"自然—当然"一体而内在之关联。"自然"作为哲学范畴，乃老子首创，且为道家之核心范畴、最高价值。"自然"由"自"与"然"合成。段玉裁《说文解字注》曰："鼻也。象鼻形。……今俗以作始生子为鼻子是。……今义'从'也、'己'也、'自然'也，皆引申之义。""自"本指鼻子。因人于胎中鼻先成形，故"自"亦有"始"义；而"己"等义，乃其引申义。"然"，《说文解字注》曰："烧也。通假为语词，训为如此。"故《老子》中

"自然"一词共出现五次，皆不外乎"自己如此""本来如此"之义。所谓"法自然"，即"在方而法方，在圆而法圆，于自然无所违也"（王弼《老子道德经注》），亦即因其本然而然之、因其本是而是之。即此而言，"法自然"与"生生"皆有自、当不二之义。故刘咸炘曰："道家虽主自然，实以自然贯乎当然，为以天贯人。天亦当然也，人亦自然也。"①

所谓自、当不二，意味着自然与当然一体相连、密不可分：自然是当然的出发点与根基，不自然必不当然；当然是自然的完成与实现，无当然则无以成其自然。简书《性自命出》为战国儒家类文献，其中说：

> 性自命出，命自天降。道始于情，情生于性。始者近情，终者近义。知情 [者能] 出之，知义者能入之。②

对于中华圣哲来说，"道"并不是外在于人生的静态法则，而是展开于人生、渐显渐著的动态过程："其始近情，其终近义。""情"为人依其天赋性能感物而动时的当下显现，属自然之事。"义"者宜也，即情发而得其宜，属当然之事。故道含情、义两端，即是合自然与当然为一体：从自然的角度来看，当然即自然之成；从当然的角度来看，自然即当然之始。引而申之，此种关系亦可及于天、人之间：天者，人之始也；人者，天之成也。《中庸》的"天命之谓性，率性之谓道，修道之谓教"即含此义：天命之性即天或自然，率性、修道即人或当然；率性、修道，是在应天、顺天中起人为而成其为当然的。其理与《易传》"和顺于道德而理于义"同。

与儒者论自然、当然关系相似，庄子亦曰："物固有所然，物固有所可。"（《庄子·齐物论》）。"然"即"自然"，"可"即"当然"。

---

① 刘咸炘：《诵老私记》，《推十书》，第 1079 页。
② 李零：《郭店楚简校读记》（增订本），北京：中国人民大学出版社，2007，第 136 页。

其言盖曰：物皆有其自然之性，因而皆有其当然之则。这也是当然本于自然、不离自然之义。《庄子·秋水》于此义申之尤详：

[河伯] 曰："何谓天？何谓人？"

北海若曰："牛马四足，是谓天；落马首，穿牛鼻，是谓人。

故曰：无以人灭天，无以故灭命，无以得殉名。谨守而勿失，是谓反其真。"

"天"者，自然之性能；"人"者，外且异于"天"之人为。故牛马四足属于"天"，络马首、穿牛鼻属于"人"。"命"者，自然之分际。《庄子·人间世》曰："天下有大戒二：其一命也，其一义也。子之爱亲，命也，不可解于心；臣之事君，义也，无适而非君也，无所逃于天地之间。是之谓大戒。"《庄子》书中对很多概念的使用比较灵活。这里的"命""义"分别相当于上文所说的"天""命"。"天""命"皆属自然，但两者对言，前者较倾向于积极的"性能"义，后者较倾向于消极的"限定"义；然性能中有制限，制限中亦有性能。"德"者，应于"天"与"命"之德能。穿牛络马非皆不当为，关键在于不逆天、不灭命而用之；名、利非皆不当得，要在不以德殉名。故其所强调的，仍是以人顺承天、以当然成就自然。这与儒家的"裁成""辅相"之道也是一致的："天地交，泰。后以财成天地之道，辅相天地之宜，以左右民。"（《易经·泰卦》）"财成""辅相"实即孟子的"顺杞柳之性以为栝楼"（《孟子·告子上》）之义。

自表面观之，荀子倡导的"性伪合"与老庄及先秦儒家主流颇相似："性者，本始材朴也；伪者，文理隆盛也。无性，则伪之无所加；无伪，则性不能自美。性伪合，然后成圣人之名，一天下之功于是就也。"（《荀子·礼论》）其实，"性伪合"只是性与伪的结合。在荀子这里，性与伪从而自然与当然、天与人，处于相互外在甚至对立（至少荀子本人倾向于强调这种对立）状态。而老庄及先秦儒家主流的自、当不二之论，恰恰建立在天人一体、物我感应的基础之上。故荀子的"人定胜天"之论，固可引申出现代中国人那种"与天斗、与地斗、与人斗"的斗争哲学、主体性哲学，却很少有蕴含于"继之者善，成之者性"（《易传·系辞上》）及"与天地参"、"天地位焉，万物育焉"（《中庸》）之中，而为张载"为天地立心，为生民立命"所发挥，那样一种充满高度认同和生命担当的意识。

3. "生生"：修其天爵，学以为己

自、当不二的"生生"之道，凸显的正是内在价值之实现——唯其自、当不二，故为内在价值。孔子曰："仁远乎哉？我欲仁，斯仁至矣"（《论语·里仁》）；"为仁由己，而由人乎哉"（《论语·颜渊》）。仁义是自然而当然的。唯其自然、为天然本有之性能，故其得失只与拥有者是否求之、守之有关，而与外在环境和条件无涉，遂成为内在价值。孟子对此体会至深、发明至详，且兼及内在与外在价值的清晰分疏："求则得之，舍则失之，是求有益于得也，求在我者也；求之有道，得之有命，是求无益于得也，求在外者也。"（《孟子·尽心上》）仁义礼智作为价值，求之者之所求即在求者身内，即求即得；如同目而能明、开目即明，故为内在价值。富贵长寿作为价值，虽为常人所欲，然其所求在求者身外，求之有其道，得之有其缘，求而不必得。如"欲穷千里目"须"更上一层楼"；虽登层楼高山，若云雾遮蔽，亦难目穷千里，故为外在价值。至于"死生有命，富贵在天"（《论语·颜渊》），人或视之为宿命论；其实，其"命"、其"天"皆指限制其价值实现之外部条件，以表明富贵与长寿可求而不可必得，属于相对价值。孟子必以仁义礼智为人之"良知""良能"，"良能"即指"性能"，并非无关于内在价值实现的"才能"或"能力"。

儒者的义利之辨，即是内外价值之辨。孔子曰："君子喻于义，小人喻于利。"（《论语·里仁》）"义"，即内在价值；"利"，即外在价值。君子与小人的根本区别，就在于追求何种价值。孔子复曰："古之学者为己，今之学者为人。"（《论语·宪问》）为己之学追求和实现的是内在价值，为人之学追求和实现的是外在价值。这并非意味着义与利势如水火、势不两立。"物有本末，事有终始，知所先后，则近道矣"（《大学》）；"君子务本，本立而道生"（《论语·学而》）。循此本末之理，则内在价值是本，外在价值是末。有本方有末，本立而道生。故孟子曰："有天爵者，有人爵者。仁义忠信，乐善不倦，此天爵也；公卿大夫，此人爵也。古之人修其天爵，而人爵从之。今之人修其天爵，以要人爵；既得人爵，而弃其天爵，则惑之甚者也，终亦必亡而已矣。"（《孟子·告子上》）"天爵"者，内在价值也；"人爵"者，外在价值也。"修其天爵，而人爵从之"："从之"既有随之而来之义，亦有听之任之之义。孟子之言包含三重重要意蕴：其一，修德本身即是目的，德即福、福即德，不能外德而求福，故修德虽无外在价值，亦当听之；其二，正常状态下，修其天爵则人爵从之，利乃从义而行之自然结果，行义而不利乃非常之事；其三，人爵只是手段，不是目的，得人爵而弃天爵，乃取败之道。《易经》本为言吉凶、利害、得失之书。孔子作传，以明其"德义"为指归：以德为福，从义得利，故以"利者，义之和也"（《易经·乾卦》）为言。"和"者，"相应"也（《说文》）；利与义相应则吉，与义相悖则凶。故"君子义以为上"（《论语·阳货》），"不义而富且贵，于我如浮云"（《论语·里仁》）。《大学》深明其道，故曰"国不以利为利，以义为利"，且以"货悖而入者，亦悖而出"相戒。

以内外价值为本末关系，亦为老、庄思想之要旨。老子曰："天下有始，以为天下母。既得其母，以知其子；既知其子，复守其母，没身不殆。"（《老子》第五十二章，帛书本）"知"者，识也。其所识非仅认识问题，更为价值问题，故以"没身不殆"作结。母者，本也；子者，末也。有其本，始能有其末；欲守其末，复修其本，故"没身不殆"。

庄子曰："可乎可，不可乎不可。道，行之而成；物，谓之而然。

恶乎然？然于然；恶乎不然？不然于不然。物固有所然，物固有所可。无物不然，无物不可。"（《庄子·齐物论》）"可乎可，不可乎不可"置于"道，行之而成"前，语显突兀。其《寓言》篇有一段条理分明且意义相近的文字："恶乎然？然于然；恶乎不然？不然于不然。物固有所然，物固有所可。无物不然，无物不可。"古来注之者多有主张将《齐物论》之"可乎可，不可乎不可"，扩展为"恶乎可？可于可；恶乎不可？不可于不可"，且移于"不然于不然"与"物固有所然"之间者。其说可从。本此，庄子"然""可"合一之说的完整面貌应为：

> 道，行之而成；物，谓之而然。恶乎然？然于然；恶乎不然？不然于不然。恶乎可？可于可；恶乎不可？不可于不可。物固有所然，物固有所可。无物不然，无物不可。

"道，行之而成"，表明了"道"（价值）的内在性与过程性，与儒同。"物，谓之而然"，物通过分析与命名被确定置于人的意识之中。刘咸炘以"可"为"本身之善""绝对而有定"，而非"相对之价值""相对而无定"，即为至论。[1] 用如今的价值论来说，就是所谓"本体价值"与"工具价值"之异。但他又说"'然'也者，事实之词也，即自然也；'可'也者，意义价值之词也，即当然也"，[2] 却有易于混淆之处。唯有修正为"'然'也者，事实之词也，即物所本有者；'可'也者，意义价值之词也，即成物之所本有、是物之所本是者"，方无语病。

譬而喻之，鸟生而有飞翔之性，为"然"；鸟而尽其飞翔之性，即是"可"。鱼生而有游潜之性，为"然"；鱼而尽其游潜之性，即是"可"。……其"可"本于其"然"，亦所以成就其"然"。此即所谓"物固有所然，物固有所可"。反之，必使鸟为鱼之游、鱼为鸟之飞，

---

① 刘咸炘：《庄子释滞》，《推十书》，第 1103—1104 页。
② 刘咸炘：《自当》，《推十书》，第 454 页。

则"不可"。故庄子又说："彼至正者,不失其性命之情。……是故凫胫虽短,续之则忧;鹤胫虽长,断之则悲。故性长非所断,性短非所续,无所去忧也。"(《庄子·骈拇》)"至正"即最公正的价值尺度,即物得而尽其性命之情者,亦即可其自身所本有者。这一尺度,也是评判事物价值之根本尺度。依此内在价值尺度进行评价,即是"以道观之":"以道观之,物无贵贱。"(《庄子·秋水》) 物自足其性、自成其性,何所贵贱于其间哉! 此即"无物不然,无物不可"。外此以观,则皆为相对而无定之价值:"以物观之,自贵而相贱;以俗观之,贵贱不在己。以差观之,因其所大而大之,则万物莫不大;因其所小而小之,则万物莫不小……"(《庄子·秋水》) 今人常以"相对主义"标定庄子,实不知庄子所主张之价值,乃内在而绝对之价值;其所竭力反对的,则是以相对无定者为绝对价值。

总之,无论儒家还是道家,其主流思想皆以为:内在价值是本,绝对而有定;外在价值是末,相对而无定;内在价值能否实现,取决于人的自主选择;外在价值能否实现,尚受制于各种机缘和情势。当然,两家立说,同中亦有异:儒重在发内在、绝对价值之本,道重在破反末为本、以相对为绝对、以外在代内在之偏蔽。在自然与当然关系问题上,两家学说大同小异。

4. "生生":成己成物,中和位育

在字面上,"生生"一词,既有"生命生成""生命成其为生命""生命不断生成"之义,亦有"让生命生成""让生命成其为生命""让生命不断生成"之义。前者是成己,后者是成物。"生生"以一阴一阳、同字叠用这一最常见也最中国化的表达方式,呈现了中国人和而不同、共生并育之价值追求。

《中庸》曰:"诚者,自成也。而道,自道也。诚者,物之终始,不诚无物。是故君子诚之为贵。诚者非自成己而已也,所以成物也。成己,仁也;成物,知也。性之德也,合内外之道也,故时措之宜也。"

"诚"为《中庸》及儒学之重要范畴，字书及先儒解为"实""信""真""敬"等，不一而足。其实，"诚"之要义在"如其所是""是其所是"。故终如其始、行如其言、言如其心、心如其性，皆谓之"诚"。归根结底，如其所是、是其所是，只是如其性之所是、是其性之所是。终始不贰，皆如其性，故曰："诚者，物之终始，不诚无物。""诚"是本身价值、内在价值之实现，是成己之所本是、成己之所当是，故曰"诚者，自成也"。本诚而行之，即为"道"，与"率性之谓道"同旨；此道自导而自行之，故曰"而道，自道也"。己与物一体联动，尽己之性即是尽物之性；如血脉与官体，自成即互成，故曰"非自成己而已也，所以成物也"。"仁"以尽己，亦以及物；知周万物，亦以成己。仁、知一理，内、外一原，皆性中自有之德，故曰"性之德也"。逆而言之，则为得其性也。物我两尽、内外相协，随所施措，无不得其宜。正因为成己、成物建立于内在价值之实现上，故成己、成物乃一体两面之事：成己自能成物，成物亦所以成己。物我两尽、内外相协，则能生而又生、生生不息。故《中庸》继"时措之宜"而言"至诚无息"。

《中庸》又说："喜怒哀乐之未发，谓之中；发而皆中节，谓之和。中也者，天下之大本也；和也者，天下之达道也。致中和，天地位焉，万物育焉。""中"者，天所赋性，理之浑含在中，全粹中正，万里咸备，故为"天下之大本"。"和"者，性发为情，各得其宜，故为"天下之达道"。"致中和"即内尽其性、外极其宜。极于中，而天心合；极于和，而物情顺（《中庸恒解》）。[1]"天地位焉，万物育焉"，当然不是说：桀纣出，天地为之错位；尧舜生，江山为之改色。它意味着：致中蹈和，则人心合天心，人进入了自己生命的内在节奏，也进入了整个世界变化的节奏之中，而与万物共生并育、共鸣共舞，亦即孔子"成于乐"（《论语·泰伯》）之境。中和位育的别种表达之一，即是与天地合德："夫大人者，与天地合其德，与日月合其明，与四时合其

---

[1] 刘沅：《槐轩全书》，成都：巴蜀书社，2006年影印本，第53页。

序，与鬼神合其吉凶。先天而天弗违，后天而奉天时。"（《易经·乾卦》）"合"即人与世界运化节奏的和谐与一致。中和位育还可表达为"与天地参"："唯天下至诚，为能尽其性；能尽其性，则能尽人之性；能尽人之性，则能尽物之性；能尽物之性，则可以赞天地之化育；可以赞天地之化育，则可以与天地参矣。"（《中庸》）所不同的是，"与天地参"进一步表达了人若能自尽其性，便超越了特定物类的限制，而成为宇宙大生命的能动承担者与实现者。

5. "生生"：素位而行，乐天知命

将"自然"推进一步，即是"已然"。"君子素其位而行，不愿乎其外。素富贵，行乎富贵；素贫贱，行乎贫贱；素夷狄，行乎夷狄；素患难，行乎患难。君子无入而不自得焉。……故君子居易以俟命，小人行险以徼幸。子曰：'射有似乎君子：失诸正鹄，反求诸其身。'"（《中庸》）"素位"者，当下已然之位也。当下已然之位，固非赋性之初。可是，作为已然，它与赋性之初一样，无论人们是否自觉其所以如是之故，皆无法推倒重来，而只能由此出发，顺之而生。人生随时随处皆有其已然之位，已然之位皆有其当然之事；即其已然而立其当然、成就其当然，此即素位而行。如此，则成己、成物皆有实地，非空空而为、泛泛而行。

素位而行既非消极顺应、不思进取，亦非慕外忽内、不安其位，而是在认同中承担、在承担中开拓。其与"志于道，据于德"（《论语·述而》）辞异而理同。道者，应然之理；德者，已然之位。志于道，人生即向可能性展开，故能据而不拘；据于德，则可能性、理想性以已然为根据地，故能志而不虚。孔子"知天命"（《论语·为政》）、"不知命，无以为君子"（《论语·尧曰》）的"知命"之说，所论亦在素位而行。所谓"命"，既是命运（运会至此，即为已然之位），也是使命（为其位之所当为）。"知命"是在承担命运中履行使命，又在履行使命中尽其性命。正是在承担与开拓的交互引发中，君子始步入生命与

世界的内在节奏之中，故曰"君子无入而不自得"。"自得"，即得其性而定其心。孟子曰："君子深造之以道，欲其自得之也。自得之，则居之安……"（《孟子·离娄下》）其"自得"即自求而自得其性，"安"即随遇而安、心无不定。今人常以求知识之法解之，理虽相通，却瞠乎浅矣！

素位而行的反面，是"愿乎其外"：不修当下已有之位，慕己所未有，为己所不当为，"若富贵而无忧勤之心，贫贱而无贞固之守，患难而无冰渊之戒，夷狄而无羞恶之志，小有补救，贪生持禄，忻然自得，则逐流丧己，小人而无忌惮矣"。① "小人行险以侥幸"："行险"者，不安其位而盲动、躁动；"侥幸"者，不从其义而以侥幸得利为志也。"君子居易以俟命"："居易"即"素其位而行"，"俟命"即"不愿乎其外"。孟子的"存其心，养其性，所以事天也。夭寿不贰，修身以俟之，所以立命也"（《孟子·尽心上》），虽从本源处讲起，但亦含素位而行之义："夭寿不贰"，即"不愿乎其外"；"修身以俟之"，即"素其位而行"。人能如此，即可从容淡定地挺立于生命之途、命运之途。

如此从容淡定、心安理得，即为人生至乐。故孟子曰："万物皆备于我。反身而诚，乐莫大焉。强恕而行，求仁莫近焉。"（《孟子·尽心上》）今人解之，或有以"万物皆备于我"为主观唯心主义者，荒谬莫甚！其文末一句是说：力行恕道，是求仁得仁最切近的入手处。由此可知，整段话在讲尽性成德之事。"反身而诚"的前提是"万物皆备于我"，其结果是"乐莫大焉"。"万物"即万事，非指与人的道德性命无关之物。进而言之，即万事之理皆备于我、皆具足于我之性分，又是靠我自己去探求、去实现的。所谓"求则得之，舍则失之。求在我者也"。故"成"有具足、成就之义。"反身"不是一般意义上的反省，而是反身内求。"诚"，所思、所言、所行皆如其性，皆在道上。"反身而诚"乃学成德立、性尽德全之时。有许多功夫在，非始学之可比。

---

① 王夫之：《礼记章句》，长沙：岳麓书社，2011，第 1268 页。

"乐"，理得而心安、心广而体胖；是人尽其性时所拥有的一种恒常遍在、自足无待的生命状态，亦即宋儒标揭之"孔颜乐处"之"乐"也。诚身之乐非口耳之娱，亦非审美愉悦——后两者皆依对象之有无而起灭。尽性诚身之乐则遍在常有，无处不安，无在不乐。《易经·系辞上》曰："旁行而不流，乐天知命，故不忧。""不忧"即是安，即是乐。《易经·乾卦》曰"不成乎名，遁世无闷"，《论语·学而》曰"人不知而不愠"。"无闷""不愠"即是安乐；君子尽性，本不求人知，何"闷"与"愠"之有？即便欲人知之，亦在与人为善、尽物之性，何事乎名？

　　庄子亦曰："天下有大戒二：其一命也，其一义也。子之爱亲，命也，不可解于心；臣之事君，义也，无适而非君也，无所逃于天地之间。是之谓大戒。是以夫事其亲者，不择地而安之，孝之至也；夫事其君者，不择事而安之，忠之盛也；自事其心者，哀乐不易施乎前，知其不可奈何而安之若命，德之至也。……行事之情而忘其身，何暇至于悦生而恶死！"（《庄子·人间世》）亲子之爱乃人情自然之固结，故无法解除也不该解除。君臣上下，乃天下必有之事，逃无可逃。"不择事""不择地"，即因其自然与已然而承担之；"安之"，即随遇而安，而行其所当为。如此，则能摆脱各种暂时的、对象化情感之干扰，而获得自足无待之精神自由。至德有至乐，至乐无可乐。故《庄子·至乐》曰："至乐无乐，至誉无誉。"素位而行之，随遇而安之；人生有此乐，死亦何所惧？

　　孔子曰："未知生，焉知死？"（《论语·先进》）人或以夫子甚至儒者不关心生死之事。实则生死事大，何可率尔为说？若能素位而行、乐天知命，全而受者全而归，生而尽其性，死而得其正，则生固欣然，死亦安然。人间至乐，莫过于此。故夫子又曰："朝闻道，夕死可矣。"（《论语·先进》）周敦颐《太极图说》以"原始返终，故知死生之说。大哉《易》也！斯其至矣！"终其篇，而张载《西铭》以"存吾顺事，没吾宁焉"归其要，可谓深得儒道思想正脉。

　　总之，"生生"以最具中华文化特色的表达方式，凝聚了中华圣哲广大深邃的意义世界：天人不二，故"生生"既是天地之德，也是人生之的；唯其天人不二，故自然与当然亦为一体——当然本于自然，自然成就于当然；唯其自当不二，故内在而绝对之价值立焉，反身内求，学以为己；唯其价值内在，故成己、成物一体相连，成己即能成物，成物亦所以成己，致中蹈和，而天地位焉、万物育焉；自然之推，即是已然，素位而行，乐天知命。人生之道，尽乎此矣！

第二章

《大学》之道：以修身为本
而明明德于天下

《大学》一书，为《礼记》第四十二篇。宋代以前，《大学》同《礼记》中的其他篇章一样，并没有受到人们的特别重视。宋儒推尊"四书"，论其为学次第，以《大学》为首。宋代以后，"四书"传布日广，《大学》亦逐渐成为读书人的文化常识。科举取士以之为本，庠序学校传而习之，道德、文章依为指归，论学论治罕能外之。《大学》所以能拥有如此崇高之地位，因其于儒家修己安人之道提纲挈领、纲举目张，本末有序、终始若环，堪为初学入德之门，可奠修齐治平之基。

一 《大学》之名义、作者及其他相关问题

《大学》日受尊崇的过程，也是学术、思想分歧不断涌现的过程。这些分歧，首先表现在关于《大学》命篇之义、作者及其成书年代，以及《大学》文本之原貌及其分章等问题上。

1. 《大学》之名义

先秦早出典籍常以篇首之字命名，如《论语》。到了战国晚期，则

多有以篇中要义命名者，如《庄子》和《荀子》。《大学》之篇名，则既为篇首二字，又为全篇主旨。阐明其命篇之义遂为历代学者所重。

在《三礼目录》中，郑玄说："名曰《大学》者，以其记博学可以为政也。"这显然是以"大学"为大学问，即通过养成广博之学问以治国理政。然而，《大学》虽论及治国平天下之事，但所重则在于阐明"以修身为本"，基本上未涉及治国理政的技术类问题。故郑玄之说难以成立。

在《大学章句序》中，朱子通过描述《大学》成书之背景，比较详细地说明了《大学》命篇之义：

> 《大学》之书，古之大学所以教人之法也。……
>
> 三代之隆，其法浸备，然后王宫、国都以及闾巷，莫不有学。人生八岁，则自王公以下，至于庶人之子弟，皆入小学，而教之以洒扫、应对、进退之节，礼乐、射御、书数之文。及其十有五年，则自天子之元子、众子，以至公、卿、大夫、士之适子，与凡民之俊秀，皆入大学，而教之以穷理、正心、修己、治人之道。此又学校之教，大小之节所以分也。
>
> ……
>
> 及周之衰，贤圣之君不作，学校之政不修，教化陵夷，风俗颓败，时则有若孔子之圣，而不得君师之位以行其政教，于是独取先王之法，诵而传之，以诏后世。若《曲礼》《少仪》《内则》《弟子职》诸篇，固小学之支流余裔，而此篇者，则因小学之成功以著大学之明法，外有以极其规模之大，而内有以尽其节目之详者也。三千之徒，盖莫不闻其说，而曾氏之传独得其宗，于是作为传义，以发其意。[1]

---

① 朱杰人、严佐之、刘永翔主编《朱子全书》第 6 册，第 13—14 页。

在朱子看来，"大学"乃与小学校相对应之大学校；而《大学》一书，乃儒家圣贤面对礼乐崩坏之乱局，所自觉总结和传承的三代盛世之大学教人之法。在《大学章句》中，朱子虽以"大人之学"注"大学"，但在《大学或问》中他说得很清楚："此对小子之学而言之也。"

王阳明则反对朱子的大学校之说，力主以"大学"为大人之学，亦即君子之学。其《大学问》载：

> "《大学》者，昔儒以为大人之学矣。敢问大人之学何以在于'明明德'乎？"
>
> 阳明子曰："大人者，以天地万物为一体者也。其视天下犹一家，中国犹一人焉。若夫间形骸而分尔我者，小人矣。"①

高拱则对大人之学做出进一步说明：

> 夫大人者，正己而物正者也。所谓大学者，学为斯人而已矣。盖谓是世间一种大学问，非若小道可观，君子不由者也，固非成均教法之谓矣。②

在高拱看来，《大学》是学为大人之学；所谓大人，即是能"正己而物正者"，亦即能修己安人之人。其"固非成均教法之谓矣"一语，明显是针对朱子"古之大学所以教人之法"而来：

> 问："晦翁云：'《大学》之书，古之大学，所以教人之法也。'然欤？"曰：若然，则所谓大学者，是天子之成均也，而成均何可

---

① 吴光等编校《王阳明全集》（新编本）第3册，杭州：浙江古籍出版社，2010，第1015页。

② 高拱：《问辨录·大学改本》，《高拱论著四种》，流水点校，北京：中华书局，1993，第94页。

以名书？且云"大学所以教人之法"，是成均之训规也，而又何以为孔氏之书？夫司徒敷五教，"典乐教胄子，直温，宽栗，刚无虐，简无傲。《诗》言志，歌永言，声依永，律和声"，虞廷之教法也。司徒"以乡三物教万民"，"乐正顺诗书礼乐以造士"，成周之教法也。与兹皆不类，故知其非然也。①

高拱强调"大学之道"并非训规意义上的教法或技术，而是君子之学所应该明确的根本道理或精神。

在上述诸多说法中，高拱之说比较确切妥当。儒者之学，说到根本处就是君子之学，亦即修己安人之学。《论语·宪问》载：

> 子路问君子。子曰："修己以敬。"曰："如斯而已乎？"曰："修己以安人。"曰："如斯而已乎？"曰："修己以安百姓。修己以安百姓，尧舜其犹病诸？"

不难看出，"修己以敬""修己以安人""修己以安百姓"，显然是《大学》"修身""齐家""治国""平天下"之道的重要理论原型：孔子视君子为"修己以敬"之人，就是《大学》所谓"以修身为本"；而用"修己"来"安人""安百姓"，就是《大学》所强调的"身修而后家齐""家齐而后国治""国治而后天下平"。

孟子曰："人有恒言，皆曰：'天下国家。'天下之本在国，国之本在家，家之本在身。"（《孟子·离娄上》）此论与《大学》所确定的本末先后之序，是完全一致的。而"人有恒言""皆曰"等语词则表明，这一思想乃当时士人的文化常识、习惯用语。当然，孔、孟相关思想并非无源之水，它们甚至可以上溯至古老的尧舜时代。《尚书·尧典》曰："克明俊德，以亲九族，九族既睦。平章百姓，百姓昭明。协

---

① 高拱：《问辨录·大学改本》，《高拱论著四种》，第93页。

和万邦；黎民於变时雍。"《大学》以"古之欲明明德于天下者"为言，是自觉继承此一古老思想传统之表现。

当然，在身、家、国与天下的密切关联中思考道德治化问题，并非儒家所独有。《吕氏春秋》卷一七《执一》篇中，就有一段与《大学》"以修身为本"而治国、平天下理念极其相似的文字：

> 楚王问为国于詹子，詹子对曰："何闻为身，不闻为国。"詹子岂以国可无为哉？以为为国之本在于为身，身为而家为，家为而国为，国为而天下为。故曰：以身为家，以家为国，以国为天下。此四者，异位同本。故圣人之事，广之则极宇宙，穷日月，约之则无出乎身者也。

《老子》亦曰：

> 善建者不拔，善抱者不脱，子孙以祭祀不辍。修之于身，其德乃真；修之于家，其德乃余；修之于乡，其德乃长；修之于国，其德乃丰；修之于天下，其德乃普。故以身观身，以家观家，以乡观乡，以国观国，以天下观天下。吾何以知天下然哉？以此。（《老子》第五十四章，王弼注本）

虽然《老子》这里并不是要从修身直接推演出齐家、治国、平天下之道，而是强调身、家、乡、国、天下皆须修道、皆须建德抱道，并通过"以身观身，以家观家……"之方式，来明察其修与不修的不同结果，但它将数者进行关联性思考，却是与《大学》相通的。关键在于，《老子》此章见于从竹简、帛书到各传世版本。与《老子》相似，《管子·牧民》亦曰：

> 以家为乡，乡不可为也。以乡为国，国不可为也。以国为天

下，天下不可为也。以家为家，以乡为乡，以国为国，以天下为天下……御民之辔，在上之所贵。道民之门，在上之所先。召民之路，在上之所好恶。

《管子·权修》又曰：

> 有身不治，奚待于人？有人不治，奚待于家？有家不治，奚待于乡？有乡不治，奚待于国？有国不治，奚待于天下？天下者，国之本也。国者，乡之本也。乡者，家之本也。家者，人之本也。人者，身之本也。身者，治之本也。

上述材料表明，《大学》所言修齐治平之道，在先秦时期拥有广泛而深厚之思想根基，绝非一家一人之私言。

不过，《大学》所论修齐治平之道，又有自己的特点。卫湜引邵甲[①]曰："他书言平天下本于治国、治国本于齐家、齐家本于修身者，有矣；言修身本于正心者，亦有矣。若夫推正心之本于诚意、诚意之本于致知、致知之在于格物，则他书未之言也，六籍之中，惟此章而已。"[②] 其实，在先秦典籍中，不仅言"诚意"本于"致知""格物"为《大学》首倡，就连"格物""致知"的学术话语，也为《大学》所独有。

2.《大学》之作者与成书年代

郑玄注《大学》，并未明言其作者与成书年代。朱子结集《大学章句》，目之为圣经贤传，对《大学》的作者与成书年代进行了推断：

> 及周之衰，贤圣之君不作，学校之政不修，教化陵夷，风俗颓

---

① 邵甲，南宋学者，生卒年不详，为杨简（1141—1226）弟子。
② 卫湜：《礼记集说》卷一五〇，《景印文渊阁四库全书》第 120 册，台北：台湾商务印书馆，1986，第 600 页。

败，时则有若孔子之圣，而不得君师之位以行其政教，于是独取先
王之法，诵而传之，以诏后世。……三千之徒，盖莫不闻其说，而
曾氏之传独得其宗，于是作为传义，以发其意。（《中庸章句序》）

在《大学章句》正文中，朱子把全篇分为十一章，认为首章为"经"，
其余十章为"传"，是对"经"的阐释。在注解完首章后，朱子总结
道："右经一章，盖孔子之言，而曾子述之。其传十章，则曾子之意而
门人记之也。""盖"之一字，乃推测之语，表示"大致可以断定"。
"孔子之言，而曾子述之"，说明的是第一章与孔、曾之关系，即孔子
面授曾子、口耳相传，其中隐含着并未笔之于书之意。"其传十章，则
曾子之意而门人记之"，表达了"传"乃曾子发挥孔子思想的产物，而
由曾子弟子"记之"。此"记"字有分别整理、按曾子本意录制成书之
意。总之，朱子的推测是：《大学》是曾子传述和发挥孔子有关思想的
篇章，而成书于曾子门人之手。果如其说，则《大学》大致成书于战
国初期。①

朱子此说影响深远，基本上为后世学者所认可。李学勤还结合传世
文献与出土文物，多方论证朱子之说，见于其《重写学术史》《简帛佚
籍与学术史》等著作中。当然，也有一些学者认为《大学》成书较晚。
例如，徐复观就认为《大学》"是秦统一天下以后，西汉政权成立以前
的作品"。他还通过文本分析，对《大学》之特色及其思想倾向概括
如下：

> 《大学》最大的特色，是思想的系统性，此即荀子之所谓"统
> 类"。然荀子之所谓统类，系以客观之礼为中心。而《大学》之统
> 类，则以心为主。心主宰乎一身，以通于家、国、天下。孟、荀同

---

① 于述胜编著《中华传统文化经典教师读本〈大学〉》，济南：济南出版社，2015，第
4—5页。

言礼义，但孟子多就心上言，而荀子则多就法数上言。《大学》乃属于孟子以心为主宰的系统，而非属于荀子以法数为主的系统。知乎此，则《大学》虽亦受有荀子的影响，但这是副次的、枝节的。其主要的立足点，当在孟学而不在荀学。所以对《大学》的解释，主要也应当以孟学为背景。孟学出于孔子、曾子、子思，亦即是应当以先秦整个儒家思想，为了解《大学》的背景。①

笔者认为，即便按保守估计，将其成书年代定在秦汉之际（最迟至汉武帝时），似乎也应该承认，《大学》乃原始儒家教育、教化理念的系统总结，即郑玄在《三礼目录》中所谓的"此于别录属通论"。作者希望以此批判现实、展望未来，为新兴王朝之治化提供理论指导。作为以孔、曾、思、孟一系为主体的儒家教化思想的系统总结，《大学》即便晚出，也为我们把握儒家教化思想要义，提供了简洁而有效的思想框架。

3.《大学》文本之古本、改本与分章

《大学》文本，有古本与改本之分。现存最早的《大学》文本，载于西汉宣帝时戴圣所编《礼记》。东汉时，郑玄据之作注；唐代官修《五经正义》中《礼记正义》乃孔颖达据郑注以为之疏，故其中的《大学》被后人称作注疏本《大学》。北宋的二程推尊《大学》，认为其颇有错简，遂对旧本有所调整，开《大学》改本之先河。至朱子结集《大学章句》，认为旧本《大学》既有错简也有阙文，并对文本进行了大幅度调整和改动：改"亲民"二字为"新民"；把旧本"所谓诚其意"后的部分内容调整到前面，构成了《大学》传文的前三章，让其分别对应于三纲之传释；把"听讼"节单列为传文第四章；又承程子之说，视旧本"此为知本，此谓知之至"中的前一句为衍文而删之，

---

① 徐复观：《中国人性论史·先秦篇》，北京：九州出版社，2014，第251页。

视后一句前有阙文而补之，另撰"格物致知"补传，是为改本传文第五章。朱子以后，《大学》改本层出不穷。宋有董槐、王柏之改本，明有蔡清、高攀龙、葛寅亮、季彭山之改本以及丰氏政和石经本，清有李光地、王站柱等改本。但所有改本之中，以朱子《大学章句》影响最大，其书元代以后更风行天下。

早在宋末元初，黎立武已不满程、朱改本而尊信旧本，并据旧本作《大学本旨》《大学指归》等书。至明代，阳明心学兴起。以王阳明为代表的一批学者反对程朱理学，他们"不仅否定了程、朱对《大学》的义理解释，而且完全推翻了《大学》文本的改动，要求回到《大学》的古本"。① 以注疏本为"古本"的说法，就是王阳明先提出来的。迄于清代，宗主汉学之考据学派中人，自然亦尊古本而非改本。关于改本之流衍，可详参毛奇龄之《大学证文》，以及翟灏所撰《四书考异》中之《大学原本》、《诸家改定大学》和《伪石经大学》。

晚清、民国以后，学者不再纠缠于古本与今本，且解说《大学》者大都采信朱子之改本。前有唐文治、钱穆、蒋伯潜诸大师，后有钱逊、陈来等知名学者，莫不如此。尤其是陈来，还详细论证了朱子改本的合理性。他说：

> 以前明道的改本、伊川的改本没有明确提出经传之分，所以两部分内容的关系就说得没有那么清楚……朱熹的经传之分是对于文献理解的一种新的自觉，有了经传之分，对《大学》内容结构的关系就可以有一种更自觉的理解。把主题分为纲领和条目，也是有意义的。因为条目可以说就是工夫条目，理学的工夫论主要是通过条目来建立的，"三纲领"不是工夫，这是朱熹宏观上的区分。
>
> 回到二程到朱熹改本的合理性。……明道的改本把"《康诰》

---

① 陈来：《〈大学〉的文本地位与思想诠释》，陈来、王志民主编《大学解读》，济南：齐鲁书社，2019，第9页。

曰""汤之《盘铭》曰""《诗》云'於戏'"这三句都当作是解释"三纲领"的内容,这个观点合不合理呢?朱熹应该说继承了这两点,因为《康诰》里面讲了"克明德",当然它跟"在明明德"是对应的。"汤之《盘铭》"是讲"苟日新,日日新",如果是"亲民",这个"亲"字跟后面"汤之《盘铭》"里面讲的就不能对应;如果把"亲"解释为"新",就跟"汤之《盘铭》"中的"苟日新,日日新"讲的"新"字对应上了。"《诗》云'於戏'"后面有关于"止"的问题,所以它对应"止于至善"。这样看来,把"《康诰》曰""汤之《盘铭》曰""《诗》云'於戏'"这三句作为"三纲领"的解释是合理的,因为《康诰》里面讲的是明德,汤之《盘铭》里面讲的是新,《诗》里面讲的是止,这就全部能对应上了。所以,二程有关于"三纲领"的解释,以及由于把汤之《盘铭》对应于"三纲领"的第二条解释,就必须明确说出"亲民"的"亲"字应当作"新"来解释,以便与汤之《盘铭》对应,从文献上来讲应该是合理的。不能说道学家只是为了迁就他们自己的义理而做这样的解释,即使从文献学上来讲,它也是有合理性的。

朱子不仅对《大学》文本区别经传⋯⋯就是他不认为在《大学》古本里有明道先生所讲的对格致的解释。把"自天子以至于庶人"到"此谓知本""此谓知之至也"作为对格致的解释,朱子不认同,他认为这里有阙文。从文献学上来讲,朱子跟二程的理解有一个不同:二程认为只有错简,没有阙文;但是朱子认为既有错简又有阙文,错简就是解释"三纲领"的部分文字错置到后面去了,阙文就是缺了对格物致知的解释。既然《大学》文本的前面有"所谓诚其意者""所谓修身""所谓齐其家",那就应该有"所谓致知"或者"所谓格物"。但现在文本里没有,怎么办呢?朱熹就从传播《大学》的义理、从道学的角度出发,自己补了一个格物致知传,即"所谓致知在格物者"。补传是解释什么是格物致知。《大学》里这段文本没有了，缺失了，靠什么来补呢？朱熹说自己主要是依据二程先生对格物致知的解释，作了一段补传。当然，朱熹的目的是便于大家学习、掌握格物致知的义理，不是冒充古本。朱熹认为《大学》里面最重要的就是格物，所以他必须要补这个格物致知传。但这也是他后来受到人们攻击最大的一点，很多人说他不应该作这个补传，没有就没有，这不能补。不过朱熹自己也讲了，他不是为了冒充古本，是因为这个地方最重要的环节缺失了，所以他依据二程的思想在义理上补足对格物的说明，也是不得已。这可以说是朱熹改本里最大的一个特点。

最后一点就是朱熹把他所作的改本《大学》编入"四书"，将《大学章句》《中庸章句》《论语集注》《孟子集注》合编为《四书章句集注》，这在南宋以后的经典史和儒家思想史上起了很大的作用。应该说这个做法从根本上提高了《大学》的地位，奠定了《大学》八百多年来深远的影响。如果没有朱熹把"四书"编在一起，把《大学》和《中庸》提高到与《论语》《孟子》相同的经典地位，《大学》不可能在这八百多年里产生如此深远的影响。①

陈来本着同情之理解，展示了朱子补传以传承经典之道的良苦用心，阐明了朱子《大学章句》在宣扬《大学》方面无与伦比的历史贡献。我们可以肯定，以朱子卓然超迈的学术境界和思想品格，他断然不会有冒乱经典之念。不过，朱子的改、补古本，确实是从他自己的理学思想视野出发的。须知，就解经之道而言，改补经文乃不得已之举，必须在原文本确谬乱不通且有确凿无疑之证据时方可用之。因此，解经之时，解经者最好先放下自己的先入之见，尽量依循原文本之思路，看其是否词

---

① 陈来：《〈大学〉的文本地位与思想诠释》，陈来、王志民主编《大学解读》，第14—16页。

顺理通。或许，比起后人之改经补传，《大学》旧本自有其义理脉络，且其义理或许更加通达而深刻。

例如，程子、朱子鉴于文中"此谓知本"句重出，遂认为前出者为衍文。不知前一"知本"指知修身为本，乃呼应"物有本末……"之立论前提而来；后一"知本"乃即讼事以言，指诚为修身安人之本。言各有所当，何必一律视之？朱子又谓"此谓知之至也"之"知之至"为"物格而后知至"之"知至"，不知"知之至"乃呼应"知所先后，见近道矣"之立论前提而来，谓知修身为本方称得上是"知所先后"而"近道"矣。且"知之至"与"知至"文义有所不同，不应混为一谈。

古本传文起于"所谓诚其意者"，或有深意存焉。若依章太炎之说，其文或承"物格而后知至"而来。起首的"物格而后知至"，即物感我而我应之，好恶之情自然生成。此好恶之情即"知"，此情来源于本性，无须修行，并非工夫，故《大学》论明明德之工夫必自诚意始。[①] 而古本传文首章起于"所谓诚其意者"、终于"大畏民志，此谓知本"，前后紧相照应，是以诚为始终的，怎能加以割裂？其中间两节，亦以诚贯穿：先起以《淇澳》之诗，言君子诚以修身，盛德至善，亲民而民亦亲之，故能使民没世不忘，这明显是在以《诗》言兴发人们诚于修身而明明德于天下之情志；继引《书》、《盘铭》及《诗》言，阐明先王先圣明明德之诚，"克""顾""自""作""缉熙敬止"等词皆含诚义。其中，正如朱子所言，"作新民"乃"振起自新之民"（《大学章句》）之义，而"自新"即"自明"，"苟日新，日日新，又日新"不过是新而又新、明而又明之义。故"作新民"不过是君子以己之明明德之行兴起民之明明德之情而已。何必机械对应，而以"新民"为"亲民"之解呢？如果朱子的"振起自新之民"之解是准确的，则必不能改"亲民"为"新民"；如果要改"亲民"为"新民"，则必不能以"振起自新之民"解"作新民"。由此可见，陈来所谓朱子改

---

① 其中道理，笔者将于下文详论之。

"亲民"为"新民"有文献学上之依据，其实是有待商榷的。

总之，朱子改经补传之举以至于整个《大学章句》，在中国学术思想史上虽有其重大作用和不可磨灭之意义，以之为据来诠释《大学》本义却并不恰当。故笔者论述《大学》之教化哲学，不采各种改本，仅以古本为依据。然注疏本没有明确分章，不便于把握《大学》论说之条理性。朱子分经分传，其意可取；毛奇龄非议之，实无必要。① 当然，在具体分章上，我们采用明清时代多数学者之主张，在注疏本基础上把《大学》分为六章："古之欲明明德于天下者"至"此谓知本，此谓知之至也"，为第一章；"所谓诚其意者"至"大畏民志，此谓知本"，为第二章；"所谓修身在正心者"至"此谓修身在正其心"，为第三章；"所谓齐其家在修其身者"至"此谓身不修不可以齐其家"，为第四章；"所谓治国必先齐其家者"至"此谓治国在齐其家"，为第五章；"所谓平天下在治其国者"至篇末，为第六章。

二 《大学》之根本义理：以修身为本 而明明德于天下

《大学》首章乃全书总纲，十分清晰地呈现了全书的义理结构。古今诠释者对《大学》首章多有误解，而今人尤甚。其突出表现是：视"三纲"为三事，视"八目"为八个线性阶段。例如，《中国教育通史·先秦卷》（下）说：

> 《礼记》主要规定了大学教育的培养目标，就是《大学》所总

---

① 毛氏在《四书改错》卷一三"《大学》曾子"条下云："古经文是经，经注是传，皆是两书，无有一书而分割作经、传者。……朱氏并不晓是两书，于《大学》《孝经》则并以一书而分作经、传。是'经'、'传'二字尚不解，而可凿然曰谁记之、谁述之乎？"（胡春丽点校，上海：华东师范大学出版社，2015，第282页）

结的："大学之道，在明明德，在亲民，在止于至善。"这一总结，被历代公认为是古代教育培养目标的三大纲领……

为了实现大学教育的三大目标，《大学》还明确提出了具体的八个条目，即八个基本步骤环节：格物、致知、诚意、正心、修身、齐家、治国、平天下。其中前五条在修己，后三条在治人。①

朱子以"三纲领""八条目"概括《大学》主旨，本欲通过以数系物而便于论说及学者识记。后人不明其意，遂为"三""八"之数所惑，不可不辨。

《大学》首章曰：

大学之道，在明明德，在亲民，在止于至善。知止而后有定，定而后能静，静而后能安，安而后能虑，虑而后能得。

物有本末，事有终始，知所先后，则近道矣。古之欲明明德于天下者，先治其国；欲治其国者，先齐其家；欲齐其家者，先修其身；欲修其身者，先正其心；欲正其心者，先诚其意；欲诚其意者，先致其知；致知在格物。物格而后知至，知至而后意诚，意诚而后心正，心正而后身修，身修而后家齐，家齐而后国治，国治而后天下平。自天子以至于庶人，壹是皆以修身为本。其本乱而末治者否矣，其所厚者薄，而其所薄者厚，未之有也。

首章可分前后两部分：第一部分阐明了大学之宗旨及此宗旨之意义，第二部分阐明了实现大学宗旨的根本原则与途径。现分释如下。

1. "三纲领"之核心在"明明德"

《大学》陈述"三纲领"，连用三个"在"字，重在强调"大学之

---

① 梅汝莉等主编《中国教育通史·先秦卷》（下），北京：北京师范大学出版社，2013，第128页。

道"必在于此而非他也。

关于"明明德"，朱子以"明'明德'"读之，并解释说："明，明之也。明德者，人之所得乎天，而虚灵不昧，以具众理而应万事者也。但为气禀所拘，人欲所蔽，则有时而昏；然其本体之明，则有未尝息者。故学者当因其所发而遂明之，以得其初也。"（《大学章句》）朱子此释，大致是以"明德"为人之善良本心或本性，故以"虚灵不昧"为说。毛奇龄则力主"明明"连读，并进行了细致考证：

> 惟"明明"二字，朱氏分解，则必不可分。本言明明其德，不言明其明德。既称"明德"，则不必再"明"。若曰"有时而昏"，则昏德可称明德乎？从来"明德"皆着力字。《康诰》"克明德慎罚"，言能明其德、慎其罚也。《多士》"罔不明德恤祀"，言无不明其德、恤其祀也。即《文侯之命》"丕显文武，克惟明德"，亦言能敬明其德。与《鲁颂》"穆穆鲁侯，克敬其德""明明鲁侯，克明其德"文义并同。是以本文引经，皆以"明"字作着力字，不与"德"属。观其自释《诗》，但曰"道盛德至善"，言"盛德"不言"明德"可见。若"明"与"德"相属，则"明德"为已成之德，如《梓材》曰"先王既勤用明德"，又曰"亦既用明德"，但当用之，不当又加明字矣。至若"明明"二字，古多连文，皆明而又明，为极明之意。《尧典》"明明扬侧陋"，言扬举明明于侧陋之中也。《胤征》"百官修辅，厥后惟明明"，言明之至也。《吕刑》"穆穆在上，明明在下"，言在下者不一明也。若《诗》，则《江汉》曰"明明天子"，《小明》曰"明明上天"，《常武》曰"赫赫明明"，《有駜》曰"在公明明"，皆两字连出，然皆连解之，无分属者。①

---

① 毛奇龄：《大学问》，庞晓敏主编《毛奇龄全集》第 18 册，北京：学苑出版社，2015，第 309—310 页。

毛氏认为，朱子既然主"明德"连读、以"明"字修饰"德"字，又说"明德"可"有时而昏"，其读与其释是自相矛盾的；《尚书》《诗经》等古经中"明德"连用时，"明"字常作动词；《诗》《书》虽也有以"明"修饰"德"字者，但此时的"明德"非指本心本性，而是指修养的至高境界；且"明明"二字作为动词连用，也是相当普遍的。主张"明明"作为动词连读的刘沅则进一步指出，"'德'即性也，俗言曰天理良心"（《古本大学质言》），在《诗》《书》等古老典籍中，一个"德"字即足以表示人的善良本性，不必画蛇添足为"明德"；"'明明'，明而又明，不息其功也"（《大学恒解》）。毛、刘二氏之说，在文献考证上皆有实据。不仅如此，就《大学》文本而言，"诚其意"章之传文中多有传达明而又明之义者，如"如切如磋，如琢如磨""苟日新，日日新，又日新""君子无所不用其极"等。总而言之，"德"者，天命之性也，而性无不良；"明明德"者，即"明而又明其德"，也就是要把人的本性不断地、充分地展现出来。

"亲民"，或即《孟子》"亲亲而仁民，仁民而爱物"之简缩表达，而以亲亲为根本。就句法而言，"亲民"既有君子亲爱其民之义，如传文"亲其亲""孝""弟""慈""如保赤子""民之父母""民之所好好之，民之所恶恶之"等所示，整篇《大学》自始至终都洋溢着亲亲之情，又有君子使民相亲相爱之义。但说到底，君子是以其亲亲仁民之行，而使民相亲相爱的，故曰："君子贤其贤而亲其亲，小人乐其乐而利其利"，"作新民"，"一家仁，一国兴仁；一家让，一国兴让；一人贪戾，一国作乱，其机如此"。明乎此义，则知《大学》经文自不必改"亲"为"新"，言"亲民"则"新民"之义自在其中。故王阳明曰："'亲民'犹孟子'亲亲仁民'之谓，亲之即仁之也。百姓不亲，舜使契为司徒，敬敷五教，所以亲之也。《尧典》'克明峻德'便是'明明德'，'以亲九族'至'平章''协和'，便是'亲民'，便是'明明德于天下'。又如孔子言'修己以安百姓'，'修己'便是'明明德'，'安百姓'便是'亲民'。说'亲民'便是兼教养意。说'新民'便觉偏了。"（《语录一·传习录上》）① 由于舍修身之本而言教民之末，朱子改"亲"为"新"，显然使"亲民"所蕴含的全面而深刻的思想片面化、肤浅化了。

由于"亲民"的首要含义是君子自身亲爱其民（亲亲仁民），且其教民、治民说到底也是亲爱其民之表现，故"明明德"与"亲民"并非二事，"明明德必在于亲民，而亲民乃所以明其明德也"（《大学问》）。② 《大学》以"明明德于天下"言"平天下"，就是要提醒人们不可歧视"明明德"与"亲民"而二之也。《大学》紧承"在明明德"后而言"在亲民"，正是为了强调"明明德"不能离世独行，必然展开于亲亲、仁民、爱物的人际互动、社会实践之中。

所谓"止于至善"，即传文所引《诗》言"缉熙敬止"之义。"缉熙"者，不息其明而又明其德之功也；"敬止"者，敬而止之，知行并进，充分落实于一切人伦物事之中也。"止于至善"重在强调"明明德"必须不息其功、充分展开、做到极致，其义已含于"明明德"之中。

由此可见，"明明德""亲民""止于至善"虽为三语，却并非三件事。其核心在"明明德"一语，后二语不过是对"明明德"的补充与强调而已。三语的基本内涵是：大学的根本宗旨在于"明明德"，并要把它充分落实到亲亲、仁民的社会实践之中，且不已其功。至于"知止而后有定……虑而后能得"，前人多有钻坚凿深之解。笔者以为，它们乃是对实践"三纲"之作用、功效或意义之说明。"知止"者，知止于至善也，亦即"能切实做到'明明德，亲民，止于至善'"之简略表达。至于"定""静""安""虑""得"五字之解，以明儒郝敬之说最为简明："初念不移曰'有定'，寂感如一曰'静'，心境圆融曰'安'，沉几照物曰'虑'，与道合真曰'得'。"③

---

① 吴光等编校《王阳明全集》（新编本）第 1 册，第 2 页。
② 吴光等编校《王阳明全集》（新编本）第 3 册，第 1015—1016 页。
③ 郝敬：《礼记通解》卷二一，《续修四库全书》第 97 册，上海：上海古籍出版社，2002，第 568 页。

2."八条目"系以"修身"为原点的涡旋式结构

首章第二部分可分三节:"物有本末,事有终始,知所先后,则近道矣"为第一节,旨在确立一个论说的一般性前提,以便引出做"明明德"工夫的本末、先后之序来;"古之欲明明德于天下者"至"国治而后天下平"为第二节,先由末而逆溯其本,再由本顺推出末来,用以具体说明"明明德于天下"的本末先后之序;余者为第三节,总结八目,点出了《大学》全书的主题,即"自天子以至于庶人,壹是皆以修身为本"。"此谓知本,此谓知之至也",是对那个一般性前提的进一步呼应。

对于八目之间的关系,今人多理解为大学教育的八个阶段,此乃天大的误会。八目之所以不能被理解为线性阶段结构,理由如下。

首先,《大学》开列八目,旨在让人明于本末之分,能由末返本、统本举末,从根本处用力。即要目虽有八,功夫却要下在根本上。如"古之欲明明德于天下者,先治其国",是说治国就是在平天下,就是平天下之本,而不是说治国乃外于平天下的另一事项;"欲治其国者,先齐其家",是说齐家就是在治国,就是治国之根本,而不是说齐家乃外在于治国的另一事项……如果八目之间为泾渭分明的八个阶段,那么,在传文中,《大学》绝不会采用"所谓修身在正其心者""所谓齐其家在修其身者""所谓治国必先齐其家者""所谓平天下在治其国者"之类的表述,而会采用"所谓格其物者""所谓致其知者"之类的表述。至于传文一上来就表述为"所谓诚其意者",则另有他因,容笔者后文述之。

其次,《大学》在追本溯源、论述"致知"与"格物"关系时,不言"欲致其知者,先格其物",而言"致知在格物",意味着"致知"就在"格物"之中,两者乃同一过程的两个方面,并非一先一后的两个阶段。不仅如此,如果"平天下"是被作为独立阶段处理的,那么,《大学》不当置之不论、有头无尾。

再次,"修身"离不开人际互动,必然展开于家、国、天下的社会生活之中。如果认为一个人可以在家、国、天下之外修身，修好了身再去过家庭、社会和政治生活，就违背了修身的生活逻辑，因而也是荒谬的。同样，作为"修身"手段的"格物""致知""诚意""正心"，也无法脱离社会生活而在"齐家""治国""平天下"之外单独进行。

最后，也最重要的是，《大学》在总结八目时明确指出："自天子以至于庶人，壹是皆以修身为本。"这意味着，"明明德"有八目，而八目之根本只有一个，那就是"修身"。"壹是"者，专此也，即专在于修身，不在其他条目。① 故郑晓曰："格、致、诚、正，修、齐、治、平，都本修身。格、致、诚、正而不本诸身，即二氏玄虚之学；修、齐、治、平而不本诸身，即五伯功利之学。"② 知、意、心皆为身内所有之物，而格物、致知、诚意、正心，乃修身之要点，都为修身而设立，自然要以修身为本；而家、国、天下则为己身的不断延展，是修身的实际场域，故齐家、治国、平天下从根本上说都是修身，都从修身获得运转的根本动力。故黄汝亨曰："修身为本一语，结证最妙。心、意、知为内身，家、国、天下为外身。"③

如此说来，我们与其将八目当作线性阶段结构，不如视为同心圆结构，即它们是以修身为原点、层层外展的同心圆。同心圆与线性阶段结构具有根本区别。在线性阶段结构中，前后环节是彼此独立的，只需循序逐一推进即可。但在同心圆结构中，所有外圈都出自同一圆心，都围绕着这个圆心转动。因此，每生成一更大的圆圈，都须保持圆心不动，并能包容所有更小的圆圈。就八目而言，修身就是圆心，格、致、诚、正等就是正定圆心的工夫，齐家、治国、平天下皆为由修身带动起来

---

① 郑玄注曰："壹是，专行是也。"（《礼记正义》卷六〇）毛奇龄曰："壹，专一也。见《说文》。言专皆以修身为本。"（《四书剩言》卷二）毛氏又曰："壹是，专一在是。"（《四书改错》卷一八）朱子解以"壹是，一切也"（《大学章句》），指一切人，与"皆"义相重，误也。
② 参见张振渊《四书说统》卷一，明石镜山房刻印，日本国立公文书馆藏。
③ 参见张振渊《四书说统》卷一。

的、越来越大的外圈。① 不仅齐家需要格、致、诚、正，治国、平天下亦莫不需格、致、诚、正。故《大学》在论证"所谓平天下在治其国"时，先提"絜矩之道"，絜矩难道与格物致知无关吗？接着又讲"慎德"，慎德不就是诚意、正心以修身吗？又讲"君子有大道，必忠信以得之"，忠信不就是诚意、正心而修身吗？最后以"不以利为利，以义为利"作结，不就是要求治国者明于义利之辨而修正其身吗？

如此，我们方能真正领悟"自天子以至于庶人，壹是皆以修身为本"一语在全书中的分量。它意味着，整篇《大学》主题全在"修身为本"上。所以，从"所谓诚其意"以下，所论都以修身为主，旨在确立齐家、治国、平天下的道德根基，完全不涉及齐家、治国、平天下的技术类问题。一言以蔽之，所谓大学之道，不过是修身以明明德于天下之道而已：身修，则己身即成为一家活的道德尺度而使家齐；家齐，则己家即成为一国活的道德尺度而使国治；国治，则一国即成为天下活的道德尺度而使天下平。如此说来，与其将八目视为同心圆结构，不如视作以修身为原点的涡旋式结构。这是因为，修、齐、治、平一体相连，没有丝毫间断：任何修身的举动都会连带起家、国、天下；一个人自身修行越好，其社会地位越关键，其作用于家、国、天下的积极效应就越大。此即所谓"一家仁，一国兴仁；一家让，一国兴让；一人贪戾，一国作乱。其机如此"。"机"者，牵一发而动全身、一体联动的感应机制也。

———————

① 这种同心圆结构之思想，实具有中华传统世界观的深刻内涵。钱穆先生说："中国思想，则认为天地中有万物，万物中有人类，人类中有我。由我而言，我不啻为人类之中心，人类不啻为天地万物之中心。而我之与人群与物与天，则寻本而言，浑然一体，既非相对，亦非绝对。最大者在最外圈，最小者占最中心。天地虽大，中心在我。然此绝非个人主义。个人主义乃由分离个人与天、物、人群相对立而产生。然亦决非抹杀个人，因每一个人，皆各自成为天、物、人群之中心。个人乃包裹于天、物、人群之中，而为其运转之枢纽。中心虽小，却能运转得此大全体。再深入一层言之，则所谓中心者，实不能成一体，因其不能无四围而单有一中心之独立存在。故就体言，四围是实，中心是虚。就用言，四围运转，中心可以依然静定。中心运转，四围必随之而全体运转。此为中国思想之大道观。此所谓'道'，亦可说是中国人之宗教观，亦可说是中国人之自然科学观，亦即中国人之人生哲学。"（钱穆：《中国思想史》，北京：九州出版社，2012，自序，第4—5页）

总之，《大学》的要义，就在于修身而"明明德于天下"。作为"明明德"于天下的功夫或手段，八目并非八个线性阶段，而是由修身所带动着的由近及远、由小到大的涡旋式结构。相反，若视八目为八个阶段，缘木求鱼般去求取格物、致知、诚意、正心、修身、齐家、治国、平天下之技法，不仅不能领会《大学》之要义，反而会觉得《大学》传文文不对题、杂乱无章。

三 "格物致知"之本义①

在中国学术思想史上，《大学》诠释中最大的分歧，集中在"格物致知"问题上。明末理学殿军刘宗周曰："格物之说，古今聚讼有七十二家。"（《大学杂言》）② 所谓"七十二家"，当为刘氏就自己所见而言，或许并未网罗无遗。且清初以来，穷经之人续有新说。直至今日，其说当在百种上下。程、朱赞扬《大学》，本欲明示学者以为学之方，无奈作为入手处的"格物致知"业已纷争滋惑，就连天资特出的清初大儒毛奇龄（1623—1716），年轻时也曾苦于无从下手而"夜半涕泣"。③

歧说如此众多，表明该问题既重要又复杂。如今，《四书》又成为普及传统文化教育的基本经典。教之者"不知其义，谨守其数"，固属不当，可是，乱花已迷游人眼，欲知其义，谈何容易！于是，今之解经与教经者，多取便捷之途，沿袭史上影响最大的朱子之说。然而，此乃无奈之举，终非上策。须知，影响最大的朱子之说，在明、清两代曾广

---

① 笔者曾撰写《通情以达理——〈大学〉"格物致知"本义及其理论价值》，发表于《教育研究》2020 年第 3 期。本节所述，为该文之主干部分。
② 吴光主编《刘宗周全集》第 2 册，杭州：浙江古籍出版社，2012，第 618 页。
③ 毛氏在《大学知本图说》中回忆自己年少为学之困惑苦恼时说："至于《大学》一出，则'格物'二字至今未解，尚何入圣之功之有与？是以出游十年，道路伥伥，自伤年长大而学不得立，嗟乎已矣！尝坐嵩山土室中，夜半涕泣。"见庞晓敏主编《毛奇龄全集》第 15 册，第 126 页。

受诟病，其改经补传之举，更是令人咋舌。任斯教之责者，若不欲苟且其事，必当认真清理这一文化遗产，涤除旧闻，以来新见，给出理据充分、清楚明确的学术结论。

大凡解经，必贵证据。证据所在，有本证与旁证。所谓本证，就是以经释经，尤贵以本经释本经；以他经他书解此经，则为旁证。有本证，其说最牢靠；能辅以旁证，其说更为周备。无本证而仅有旁证，解释力已明显减弱。连旁证亦付阙如，则只能算作理论猜想，无从成为一家之说。

真相只有一个，说法越多，便意味着臆说越多。导致臆说的主要病因有二。其一，混淆了解经与借题发挥的界限，以己意附会经意，甚至为把己意输入经解之中而不惜改经补传。在这方面，朱子之举最为典型，王阳明或多或少也有此病。其二，没有深入、准确把握《大学》的义理结构、思想脉络，不能循此结构脉络去确定"格物致知"之阐释方向与范围。于是，解说愈多、引证愈繁，离经义愈远。须知，《大学》的义理结构才是最重要的本证。

1. 在《大学》的思想脉络中把握"格物致知"

如上所述，《大学》的主题在于"以修身为本"：格、致、诚、正都是修身的手段，家、国、天下都是修身的场域，而齐、治、平则为修身所联动。"格物致知"的内涵，也必须在"以修身为本"的思想脉络中加以确定。

要准确理解"格物致知"，首先须确定"知"的内涵。作为修身之要目，"致知"之"知"到底指什么？对此，古今异解主要有三种：朱子以"知识"为说，王阳明以"良知"为说，章太炎以"好恶"为说。三说相较，太炎之说为近。就《大学》文本而言，其内在理据（即本证）如下。

首先，《大学》曰："古之欲明明德于天下者，先治其国；欲治其国者，先齐其家；欲齐其家者，先修其身；欲修其身者，先正其心；欲正其心者，先诚其意；欲诚其意者，先致其知……"从这一表述逻辑可以推断出："意"从属于"心"，"心"从属于"身"，"身"从属于"家"，"家"从属于"国"，"国"从属于"天下"……那么，作为其中链条之一的"知"与"意"，也一定是"知"从属于"意"的。也就是说，"知"乃从属于情感意向之范畴，而非从属于对象化知识之范畴。

其次，《大学》传文一上来就论"诚其意"："所谓诚其意者，毋自欺也。如恶恶臭，如好好色，此之谓自谦。""如恶恶臭，如好好色"，乃理解"知"字及"知—意"关系之关键，"如"字尤为关键。"如"字本义为顺从，故《说文》曰："如，从随也。"这句话的逻辑非常清楚：以"毋自欺"解说"诚其意"，又以"如恶恶臭，如好好色"解说"毋自欺"，末以"自谦"表达由诚意所带来的内心的充实感和安定感。其中，"好好色""恶恶臭"指自然的好恶之情，即好色来感自然好之，恶臭来感自然恶之。此情不可预期，无须修行，感于物就会自然生成。这意味着，所谓"诚其意""毋自欺"就是顺从好恶之情。这是"致知"之"知"字首先指向好恶之情的直接证据。古今释者，多未达此意，或略而不释，或以作为引申义的"犹如""好像"释之。一旦用其引申义，则必增字解经，致使传文语气不畅。[1]

再次，细读《大学》传文可知，好恶之情贯穿了《大学》第二至六章始终。对此，清代礼学大师凌廷堪（约1755—1809）曾综合分析道：

> 《大学》云："所谓诚其意者，毋自欺也。如恶恶臭，如好好

---

[1] 如朱子曰："自欺云者，知为善以去恶，而心之所发有未实也……言欲自修者知为善以去恶，则当实用其力，而禁止其自欺。使其恶恶则如恶恶臭，好善则如好好色，皆务决去，而求必得之。"（《大学章句》）其解把简洁明快的经义搞得异常繁复难懂。古今诠释者中，唯有郝敬最近其义："'毋自欺'，释诚意；'如恶恶臭，如好好色'，释'毋自欺'。如之而已，非定以好善恶恶尽意也……'如恶恶臭'，言志气常奋也；'如好好色'，言精神常新也。"（《礼记通解》卷二一）

色。"此言诚意在好恶也。又云:"所谓修身在正其心者,身有所
忿懥则不得其正,有所恐惧则不得其正,有所好乐则不得其正,有
所忧患则不得其正。心不在焉,视而不见,听而不闻,食而不知其
味。"忿懥,恶也;好乐,好也。此言正心在于好恶,不离乎视听
与食也。又云:"所谓齐其家在修其身者,人之其所亲爱而辟焉,
之其所贱恶而辟焉,之其所畏敬而辟焉,之其所哀矜而辟焉,之其
所敖惰而辟焉。故好而知其恶,恶而知其美者,天下鲜矣。"此言修
身齐家在好恶也。又"所谓治国必先齐其家者"下云"其所令反其
所好而民不从",此专言好也。又"所谓平天下在治其国者"下云
"所恶于上毋以使下,所恶于下毋以事上,所恶于前毋以先后,所恶
于后毋以从前,所恶于右毋以交于左,所恶于左毋以交于右",此专
言恶也。下又云:"《诗》云:'乐只君子,民之父母。'民之所好好
之,民之所恶恶之,此之谓民之父母。"又云:"唯仁人放流之,迸
诸四夷,不与同中国。此谓唯仁人为能爱人,能恶人。"又曰:"好
人之所恶,恶人之所好,是谓拂人之性,菑必逮夫身。"此言治国平
天下亦在于好恶也,终于拂人之性。然则人性初不外乎好恶也。爱
亦好也。故正心之忿懥、恐惧、好乐、忧患,齐家之亲爱、贱恶、
畏敬、哀矜、敖惰,皆不离乎人情也。(《好恶说上》)①

凌廷堪十分准确地说明了三个问题:其一,人的一切情感,最终都可以
被还原为好恶之情,都是好恶之情的引申与变化;其二,好恶乃人性在
物我互动过程中的自然情感表现;其三,《大学》传文确实是以好恶之
情贯穿始终的。

据此,我们可否如此推断"格物致知"的大致解释方向与范围:
所谓"格物致知",说到底乃修养论问题,亦即如何正确对待和处理人
的好恶之情的问题。当然,古本《大学》传文是从"所谓诚其意者"

---

① 凌廷堪:《校礼堂文集》,王文锦点校,北京:中华书局,1998,第140—141页。

展开论述的，确实未专章论述"格物致知"问题。为此，我们不得不循此方向，从其他先秦典籍中寻求旁证。

在先秦儒家典籍中，与"格物致知"最相关的表述，当为《礼记·乐记》中如下这段话：

> 人心之动，物使之然也。感于物而动，故形于声……人生而静，天之性也。感于物而动，性之欲也。物至知知，然后好恶形焉。好恶无节于内，知诱于外，不能反躬，天理灭矣。

根据王夫之、王引之、郑玄等人对其中三个关键字的解释，[1]《乐记》之语意味着，在人未与外界发生作用时，其天赋性能处于隐而未显的状态；一旦外物来感，则心知与之相交，而生好恶之情；好恶，就是人性在与外物相作用时的直接情感表现。无独有偶，除《乐记》外，楚墓简书《性自命出》（又名《有性》）亦曰：

> 凡人虽有性，心无奠志，待物而后作……喜怒哀悲之气，性也。及其见于外，则物取之也。……好恶，性也；所好所恶，物也。[2]

"待物而后作"，是说好恶之情不会无端发动，乃物感我而我应之的自然反应；"好恶，性也"，是说好恶乃人性的自然表现；[3] "所好所恶，

---

[1] 王夫之认为，"'欲'，谓情也"（《礼记章句》，第897页）；王引之认为，"下'知'字当训为接，言物至而知与之接也"（王引之撰，虞思徵、马涛、徐炜君校点《经义述闻》卷一五，上海：上海古籍出版社，2018，第891页）；郑玄曰："理，犹性也。"（《礼记正义》卷三七，阮元校刻《十三经注疏》，北京：中华书局，1980年影印本，第1529页）

[2] 北京大学《儒藏》编纂与研究中心编《儒藏》（精华编）第281册，北京：北京大学出版社，2007，第21页。

[3] "喜怒哀悲之气，性也"，与孟子的"恻隐之心，仁也"一样，是说喜怒哀悲之气乃人性的自然表现，并非把人性定义为喜怒哀悲之气。但多有释者不明于此，径以人性为喜怒哀悲之气，遂认为《性自命出》简之上、下篇一为自然人性论，一为道德人性论。

物也"，是说"物"乃激发好恶之情的因素。可见，在把好恶之情视为物感我应时人性的自然表现方面，《乐记》与《性自命出》的思路是完全一致的。

如果按照这一思路反观《大学》，那么，作为修身首要环节的"格物致知"，其"物"就是指激起好恶之情的对象（即外物，主要指他人），其"知"首先是指好恶之情本身。所谓"物格而后知至"，与"物至知知，然后好恶形焉"一样，是说物感我应，好恶之情自然呈现。就字义而言，"格"者，通也，① 即心知与外物交感互动之义；"至"者，来也（郑玄注），即自然到来、呈现之义；"致"者，即使之到来、呈现之义。"格物"之"物"，在《大学》中与身相对，就是指家、国、天下。朱子曰："明明德于天下者，使天下之人皆有以明其明德也。"（《大学章句》）可见，"天下"者，天下之人也。同理，"国"者，国之人也；"家"者，家之人也。因而，"格物"之"物"，说到底就是家、国、天下之人。②

如此作解，我们才能明白《大学》传文何以不释"格物致知"，而直接从"诚其意"论起。那是因为，好恶之情出自天性，感于物而动就会自然呈现、自然到来，无从修行，不可预期。这大概是当时思孟一系士人的理论常识，经文中有了"物格而后知至"一语，已足以完结之，故无须传文再赘。不过，自然之情虽无须修行，不可预期，却是人的道德生活的基本出发点："亲亲，仁也；敬长，义也。无他，达之天下也。"（《孟子·尽心上》）在思孟学派看来，人的一切罪恶，从源头

① 严立三：《礼记大学篇通释》，中国文化书院学术委员会编《梁漱溟全集》第 4 卷，济南：山东人民出版社，1991，第 65 页。

② 毛奇龄《四书剩言》卷三载："客授札数千言，大约谓格物是至物，不当作度量解，且物兼人己，亦不必该家、国、天下。……若先儒谓人己该身、心、意、知、家、国、天下，则不然。譬则家、国，城郭也。城郭有人民，而谓城郭即人民，可乎？时王百朋锡、罗苍怀肇桢在坐，予出札询之。百朋曰：'客但得《礼记》二字，便矜为创据……况新民既是物，则家国天下即民也，民即物也。乃又谓家、国、天下是城郭不是人，则齐家、治国将齐此家室、治此城郭乎？抑将齐、治此家、国中人乎？'"《儒藏》（精华编）第 120 册，北京：北京大学出版社，2013，第 41 页。

上讲，都出于伪，是对于原发之情的疏离和背弃，故修身的第一要义在于"诚其意"：听从良知的召唤，没有丝毫截留、转换或遮蔽。

正因如此，《大学》传文论修身，一定要从"诚其意"开始。当然，诚意只是诚敬工夫的首要方面，其完整内涵应包括内外一致、知行统一、始终一贯、人我一律。对于儒家来说，修身的根本工夫就是诚敬，故子路问君子，孔子以"修己以敬"作答；《中庸》论修养，以"诚身"为核心，而强调"戒慎""恐惧""慎独""笃恭"等。以此为背景，《大学》第二章以论诚为中心，来统括对于"三纲"的诠释，并以"大畏民志，此谓知本"作结，是完全可以理解的。所谓"大畏民志"，就是极大地兴发起百姓的诚敬之心；所谓"知本"，就是知修身以诚为本。因为离开了诚，德无以明，民无以亲，"止于至善"也无从谈起。朱子未明此义，把诚敬工夫与"三纲"相割裂，打破了《大学》传文的原有次序，先是让传文与"三纲"机械对应，又以错简为由，将首章"此谓知之至也"移至其所补"格物致知"传文之下。程子甚至认为，两个"此谓知本"中有一个是衍文。他们没弄明白，首章的"此谓知本"是指以修身为万事万行之本，此章的"此谓知本"则是以诚敬为修身之本。两者各有所指，并行不悖。

背弃自己的好恶之情则伪而不诚，恶德也随之而起，因而应该诚其意，从随自己的好恶之情，将它确立为自己行为的真实意向。然而，正如《乐记》所说："好恶无节于内，知诱于外，不能反躬，天理灭矣。"人若一味地从随好恶之情而不加节制，就会使情感发用过当。而过当、过分，也会沦为恶。因此，"诚其意"之后，仍当审慎处理自己的好恶之情，而使之发用得当，故《大学》紧承诚意而曰："身有所忿懥（恐惧、好乐、忧患）则不得其正……心不在焉，视而不见，听而不闻，食而不知其味。此谓修身在正其心。"这就是说，人一旦为某种对象化的情绪所左右，心就会凝滞不通、流荡失位，不能主宰自己的行动和生活，因而也就无法修正其身。可见，《大学》"修身在正其心"章之要义，在于摆脱滞而不化的对象化情绪。在众多情绪情感之中，最易滞而难化的就是愤怒，故此章把"有所忿懥"放在首位。

情感失当也表现在对他人情感态度的偏颇上。如在家族生活中，对于不同家人，根据其德能高下以及与自己关系的亲疏等，我们自然也会有或好或恶的思想情感。但是，这些情感往往易流于一偏，让我们喜欢某个人而不知其恶，贱恶某个人而不知其善。故《大学》曰："人之其所亲爱（贱恶、畏敬、哀矜、敖惰）而辟焉……故好而知其恶，恶而知其美者，天下鲜矣。"好恶一偏，就会措置失当，不能使家人各得其所。故齐家在修其身，从纠正情感之偏做起。在基于血缘情感的家族生活中，最易偏而难正的就是"亲爱"之情，故《大学》此章把"之其所亲爱而辟焉"放在首位。"辟"者，僻也，也就是偏颇；"之"用如动词，有"毫无节制地去做……"的往而不返之义。①

在论述"治国在齐其家时"，《大学》指出，治国也好，齐家也好，都要从真诚的爱人之心出发，所谓"孝者，所以事君也；弟者，所以事长也；慈者，所以使众也"。其中的"孝""弟""慈"代表的都是真爱真心，故《大学》紧承之而曰："心诚求之，虽不中不远矣。"治国者如果真有爱民之心，自然会像父母呵护子女一样，急其所急，想其所想，尽己之所能，为百姓提供最有利的生存条件，其政策、制度与设施又怎能失了大格？更何况，治国之人位高权重，天然地具有以上临下之势，故其身行所波及者广，所传布者速，此即所谓"一家仁，一国兴仁；一家让，一国兴让；一人贪戾，一国作乱。其机如此"。因此，从根本上说，为国者无论是贤还是不肖，都是在用自己的真实好恶引领天下："尧、舜率天下以仁，而民从之；桀、纣率天下以暴，而民从之。"相反，"其所令反其所好，而民不从"。"所令"，代表的是为政者喜欢让他人和民众所做的事；"所好"，是为政者自己喜欢并正在做的事。"所令反其所好"，表示为政者的治己与治人相割裂。其病理在于"所藏乎身不恕"，其中"恕"字，乃"忠恕"之简化，兼有意诚

———————————

① 郝敬曰："之，向也。言往而不返，即不知止也。"（《礼记通解》卷二一）

（忠）与情通（恕）二义：就其求人与求己尺度不一而言，是不诚；就其不能以己之好恶沟通人之好恶而言，是不恕。

然而，家人近而易生爱敬之情，国人远而易有疏离之心。让治国者亲爱国人，并非易事。如何让治国者有爱民之心呢？《大学》所提供的根本方法就是"絜矩之道"。故《大学》论"平天下在治其国"时，开篇就说："上老老而民兴孝，上长长而民兴弟，上恤孤而民不倍，是以君子有絜矩之道也。"这里的"老老""长长""恤孤"，就是"孝""弟""慈"之情。在《大学》看来，为国者自己有孝、弟、慈之情需要满足，当知百姓亦有此情，亦当得到满足。这就需要"絜矩之道"，也就是"己所不欲，勿施于人"的恕道。在论及何以实行"絜矩之道"时，《大学》说：

> 所恶于上，毋以使下；所恶于下，毋以事上。所恶于前，毋以先后；所恶于后，毋以从前。所恶于右，毋以交于左；所恶于左，毋以交于右。此之谓絜矩之道。

领会絜矩之道，有四个要点。

第一，絜矩之道也是恕道，但《大学》不言恕道而别以"絜矩"为言，那是因为这里的恕道是展开于三人关系之中的，三人关系才是政治关系的最简明模型。如果以己为中位，能兼顾"上—下""前—后""左—右"关系，就足以把握所有政治关系。

第二，《大学》不言"上之所恶，己必恶之；下之所恶，己必恶之"，而言"所恶于上，毋以使下；所恶于下，毋以事上"，是为了强调自身的真实好恶才是道德实践的出发点。一个人如果没有好恶之情，道德生活便无从谈起；若不从自己的真实好恶出发，而以他人的好恶为好恶，不仅无以形成道德的自主性，且容易流于伪饰和谄媚。

第三，一己的好恶虽为道德实践的基本出发点，但它还不足以构成道德实践的可靠尺度。一个人如果只囿于一己的好恶（古人所谓"私其好恶"），而不能在换位思考中与他人之好恶相通相合，便不足以达成公平而普遍的行为尺度。而"所恶于下，毋以事上"等则以"我"为中位主体，通过"所恶"而"毋施"以通上、下之情，使"上—下"之人各得其所，从而达成总体的和谐与平衡。这种有秩序的和谐、通情之理，才是儒家所追求的具有实质意义的"公"与"平"。

第四，《大学》不以"好"而以"恶"来论絜矩之道，一方面是因为，"所恶"而"毋施"比起"所好"而"施之"，更具备道德上的普遍性、正当性与可行性。一个众所周知的事实是，陌生人之间，痛苦着他人的痛苦远比快乐着别人的快乐来得容易。另一方面是因为，就治国而言，除害比兴利更根本。为政者如果不去滋事扰民、妄事兴作、做百姓所深恶痛绝之事，而是让百姓拥有充分的自主权，百姓通常能把自己当为之事做得更好。

"絜矩"的基本要求，是"所恶"而"毋施"，这是《大学》为治国者提供的最平实可行的修身法则。由于位高势尊，掌握了大量社会资源，面临各种人间诱惑，故治国之人私其好恶易，公其好恶难。针对这一情况，《大学》进而要求为政者以"民之所好好之，民之所恶恶之"。这不是让他们彻底放弃自己的真实好恶，而是希望他们能最大限度地摆脱偏情私欲的束缚，尽可能地公其好恶以通百姓之心。故《大学》意味深长地告诫道："有国者不可以不慎，辟则为天下僇矣。"即有国者须慎其好恶，若好恶陷于偏私，必与天下为敌，亦必为天下所僇。说到底，此非天下僇之也，乃其好恶之偏私僇之也。由此可见，絜矩之道乃通达民心民情以立修己治人法度之道。其所处理的中心议题，仍然是好恶问题，是能否与百姓通其好恶、同其好恶的问题。

在"平天下在治其国"章中，"絜矩"节还只是抽象地谈论治国者的修身之道。其下各节则从各个方面去具体发挥公其好恶而修身的絜矩之道。治国之途虽多，大要不出理财与任贤两端，而众端皆以"以义为利"为指归。就理财而言，财用乃万民生计所系，一日不可或缺。若能深明德本财末之理，本着开源节流的理财大道，则国计民生之用恒足，这就是与民同其好恶的絜矩之道。就用人而言，国家的长治久安，总是有赖于贤能之人治国理政，故举贤退不善，就是与民同其好恶的絜矩之道。至于"不以利为利，以义为利"，就是以与民同其好恶而国家长治久安为利，而不以私其好恶、满足一己一时一地的贪欲而丧身灭国为利。"义"者，理也，就是在通万民的好恶之情基础上所形成的行为尺度、政治法度。

行文至此，当给予"格物致知"清晰而完整的诠解了。一言以蔽之，"格物致知"之道，就是因情见理、通情达理之道，它贯穿于修身工夫之中。"诚意"之前，"格物致知"就是让自己的好恶之情在物感我应中自然呈现。至于"诚意"，只是从随此情而毋自欺。"意诚"之后，此情易有或滞、或偏、或私之弊：滞者，"有所忿懥"等是也；偏者，"之其所亲爱而辟焉"等是也，亦即好而不知其恶、恶而不知其美也；私者，"所藏乎身不恕""好人之所恶，恶人之所好""拂人之性"等是也。化滞、正偏、去私的根本途径，在于"恕"，在于"絜矩"。《大学》第三、四章只言此情不可凝滞、不可偏颇，而不言何以化滞正偏，至第五章才逗出个"恕"字来，至第六章又详论起"絜矩"来。如此为文，是为了避免行文的重复，用后章的"恕"与"絜矩"之道，来收束、回应前章的化滞正偏之法。"恕"与"絜矩"的要义，就在于以己之情感通家人、国人、天下人之情，而一切修身准则、治平法度皆依此而生。此即"意诚"之后的"格物致知"工夫，此即因情见理、通情达理的修、齐、治、平之道。

2. 古今"格物致知"之代表性诠释评点

自古以来，说"格物致知"者多至百种，但有一定理据且影响较大者，不过数家之说。其中，早出者为郑玄、孔颖达之说；以"知"为"知识"，有明显知识论取向且影响最大的为朱子之说；反对朱子的知识论取向，以"知"为"良知"，把"格物致知"严格限定在心性修养论领域的则为王阳明之说，其说有不少追随者；阳明后学王艮的

"淮南格物说"，以"物有本末"至"此谓知之至也"为格物致知之解，自成一家之言，其后也不乏追随者；清儒凌廷堪学礼崇礼，遂本礼以释之，所释虽不免偏狭，却也成一家之言。章太炎通过沟通《大学》与《乐记》，以"好恶"为"知"，最近《大学》本义。现代学者虽续有新说，更有与出土文献相证者，但相关主张大体不出以上诸说之范围，今一并评点如下。

（1）郑玄与孔颖达的"格物致知"说

郑玄注"致知在格物"曰：

> 格，来也；物，犹事也。其知于善深则来善物，其知于恶深则来恶物，言事缘人所好来也。（《礼记正义》卷六〇）①

孔颖达申述郑注曰：

> "致知在格物"者，言若能学习，招致所知，格，来也，己有所知，则能在于来物。若知善深则来善物，知恶深则来恶物。言善事随人行善而来应之，恶事随人行恶亦来应之。言善恶之来，缘人所好也。"物格而后知至"者，物既来，则知其善恶所至。善事来则知其至于善，若恶事来则知其至于恶。既能知至，则行善不行恶也。（《礼记正义》卷六〇）②

视物我感应为世界运动变化的根本机制，此乃老子、孔子以来先秦诸子的共同理念。郑玄、孔颖达用物我感应来解释"格物致知"，并把好恶作为物我感应的主题，可谓深明其义，值得肯定。故章太炎曰："今观郑君注曰：'格，来也。物，犹事也。其知于善深，则来善物。其知于

---

① 阮元校刻《十三经注疏》，第1673页。
② 阮元校刻《十三经注疏》，第1673页。

恶深，则来恶物。言事缘人所好来也。'其义乃至卓。盖孔子曰：'我欲仁，斯仁至矣。'由此推之，我欲不仁，斯不仁至矣。郑君之说，上契孔子……（新建弟子钱洪甫曰：知善知恶是良知，为善去恶是格物。所见不逮郑君殊远）宋翔凤辈不解郑义，乃以五行符瑞说之……是变精金为败铅也。"①

然而，郑玄以"事缘人所好来也"作解，显然颠倒了"格物"与"致知"的逻辑关系，即不是"致知在格物"或"物格而后知至"，而是格物在致知、知至而后物格了。故章太炎曰："顾由其义，当云致知而后物格，于本记之文为因果相倒，犹惧非作者意也。"② 真是差之毫厘，谬以千里！

郑玄不注"物格而后知至"，显然是考虑到它与"致知在格物"乃一顺、一逆的关系，认为两句话讲的是一回事。孔颖达作疏，却把两句话当作两回事分释之。其疏解"致知在格物"时，沿袭了郑注的逻辑错误；对于"物格而后知至"，则解作"物既来，则知其善恶所至……既能知至，则行善不行恶"。意思是说：善事恶事来到我面前，我自能辨其善恶，因而自然也能为善不为恶。如此为说，谬乱不通：首先，既然善事恶事都是我招来的，那么，我何以能明辨其善恶？其次，就算我能辨其善恶，何以便能为善不为恶？再次，既然我已能为善不为恶，何必再言"诚其意"以下功夫？

总之，除了以感应原理作解颇为得当外，郑注孔疏漏洞百出，故后世罕有袭其说者。

（2）朱子的"格物致知"补传

朱子认定《大学》因为脱简而缺少了对"格物致知"的解释，遂自补传文以解之。他说：

---

① 上海人民出版社编《章太炎全集》第 1 辑《太炎文录续编》卷一《致知格物正义》，上海：上海人民出版社，2014，第 47 页。
② 《章太炎全集》第 1 辑《太炎文录续编》卷一《致知格物正义》，第 48 页。

所谓致知在格物者，言欲致吾之知，在即物而穷其理也。盖人心之灵莫不有知，而天下之物莫不有理，惟于理有未穷，故其知有不尽也。是以《大学》始教，必使学者即凡天下之物，莫不因其已知之理而益穷之，以求至乎其极。至于用力之久，而一旦豁然贯通焉，则众物之表里精粗无不到，而吾心之全体大用无不明矣。此谓物格，此谓知之至也。(《大学章句》)①

朱子此举，颇为后儒诟病。原因在于，就算《大学》真有脱简，如此大段擅为补写，那到底该算作《大学》之说还是朱子之说呢？不仅如此，朱子视"格物致知"为《大学》的入门工夫，所谓"《大学》始教"，却又把"众物之表里精粗无不到""吾心之全体大用无不明"作为格物致知的功效。其中，"吾心之全体"，指根本于天命之性的整个精神世界；"吾心之大用"，指齐家、治国、平天下的伟大事业。这意味着，作为起始环节的"格物致知"，已经穷尽了大学工夫。果真如此，则"诚意"以下工夫皆属多余。

朱子认定《大学》有脱简，是因为他不能按照《大学》的内在思路去解释"格物致知"，而是根据自己的先入之见，把"格物致知"理解为格物穷理，又把读书当成格物穷理的主导方式。② 如此搜索《大学》文本，当然找不到他所需要的"格物致知"。其实，如果把"格物致知"置于《大学》"以修身为本"的思想脉络之中，就不难发现，它与"诚其意""正其心"一样，都是修身的要目和手段，属于身心修养论问题，而不是知识论问题。如果抽离格物、致知、诚意、正心，修身便成为空谈。任何《大学》的诠释者都无法否认的是：诚意、正心乃

① 朱杰人、严佐之、刘永翔主编《朱子全书》第6册，第20页。
② 朱子谓"为学之道，莫先于穷理，穷理之要必在于读书"(《行宫便殿奏札》，朱杰人、严佐之、刘永翔主编《朱子全书》第20册，第668页)。他在《经筵讲义》中又说："大人之学，穷理、修身、齐家、治国、平天下之道是也。"(朱杰人、严佐之、刘永翔主编《朱子全书》第20册，第691页)他以"穷理"与"修身"并列，显然是视"穷理"为"修身"之条件，而非"修身"的手段。

修身之要目。因而，按照"以修身为本"的逻辑，格物致知也一定是修身之要目，绝不可外于格、致来谈论修身。故章太炎论定朱子之解时说："徽公言穷至事物之理，则是集众技而有之，于正心修身为断绝阡陌矣。"[①]

当然，作为长期浸润于传统思想与文化之中的大学者、大思想家，朱子同郑玄等一样，深知物我一体联动的感应原理：

> 格物、致知，彼我相对而言耳。格物所以致知。于这一物上穷得一分之理，即我之知亦知得一分；于物之理穷二分，即我之知亦知得二分；于物之理穷得愈多，则我之知愈广。其实只是一理，"才明彼，即晓此"。所以《大学》说"致知在格物"，又不说"欲致其知者在格其物"。盖致知便在格物中，非格之外别有致处也。[②]

这一原理，古之通人多能熟知，今人却倍感陌生，故笔者不得不反复其说。只不过，郑玄所感应的是善恶，朱子所感应的是知识。

在中国现代学术思想史上，笃信朱子之说而最为著名的当为钱穆先生（1895—1990）。1941 年，钱穆撰成《〈大学〉格物新释》[③] 一文，发表于同年的《思想与时代》上。其文开篇即曰："本篇重提旧公案，虽若仅为古书字句作训诂诠解，然实为两千年儒家思想解决一重要疑题，读者幸勿以为陈古董之拱玩而忽之。"此言揭示了格物致知说在学术史、思想史上的重要地位与价值。

钱穆深知，判断朱子补传之举是否恰当，关键在"补传是否有当于《大学》之本意"。而要判断合乎本意与否，又必以揭示《大学》的

---

① 《章太炎全集》第 1 辑《太炎文录续编》卷一《致知格物正义》，第 47 页。
② 《朱子语类》卷一八，朱杰人、严佐之、刘永翔主编《朱子全书》第 14 册，第 607 页。
③ 《〈大学〉格物新释》，收入钱穆《中国学术思想史论丛》（2），北京：生活·读书·新知三联书店，2009，第 103—118 页。

思想逻辑为前提。可是，在后文的论述中，钱先生并没有深入分析《大学》的思想逻辑，而是刻意回护朱子之说。例如，对前人批评朱子补传"陈义过高"的问题，钱先生辩护道："朱子乃为每一人每一事言，终生当下此工夫，非谓第一步是此工夫，此下乃有诚正修齐治平种种工夫也。"证之于朱子补传的"《大学》始教"一语，即知钱说经不起推敲。对前人批评朱子将格物穷理的范围扩展至山川草木鸟兽，钱先生则以《大学》引"缗蛮黄鸟"之诗辩护道："是《大学》亦未尝不格于鸟兽草木之理。岂可于'格物''物'字，必抹去鸟兽草木自然之理于不谈不论之列乎？"若依钱氏之说，那么，《大学》也曾引"桃之夭夭"之诗，也可据之以释"格物致知"之说了。最成问题的是，钱文在没有充分理据的情况下，斩钉截铁地说："纵谓《大学》无阙文，亦必有阙义。朱子《格物补传》，至少补出了《大学》之阙义。"这显然是混淆了解经与借经言以发挥己意的界限。它表明，钱穆与朱子一样，[1] 旨在用"格物致知"来容纳儒学的重要学问工夫，如《论语》的"博学于文，约之以礼"，《中庸》的"道问学"以及"博学""审问""慎思""明辨"等。可如此一来，《大学》通情以达理的思想要义就被遮蔽了。

今人亦有如此为说者："经典诠释如何在忠实原意的条件下又有创造性的发挥，真是一个大问题。"[2] 不知若要"忠实原意"，便不当任意发挥，虽"创造性发挥"亦属不当；若要"创造性发挥"，亦不必"忠实原意"，自抒己意即可。也有学者没有对《大学》进行必要的文本分析，就直接把"格物致知"归结为儒家的认识论原则："我们将《大学》所首倡，朱熹所阐释的'格物致知'论理解为儒家哲学家为中国古典认识论所确立的一条认识论基本原则——人类认识主体必须先亲接

---

[1] 其实，身处科技昌明、现代认识论思想日渐流行的时代语境中，比起朱子，钱穆先生扩大格致内涵的意图更加强烈。

[2] 罗安宪：《"格物致知"还是"致知格物"？——宋明理学对于"格物致知"的发挥与思想分歧》，《中国哲学史》2012 年第 3 期，第 72 页。

对象、认识与理解对象后，方可获得关于对象之正确知识——格物而后致知。"[1] 其实，这种"认识论原则"意义上的格物致知，跟《大学》的格物致知没有什么关联。

（3）王阳明的"致良知"说

朱子把格物致知理解为道德认识问题，并将对于"物理"的认识也纳入其中。与之不同，王阳明（1472—1529）则把格物致知严格限定在心性修养领域。他说："先儒解格物为格天下之物，天下之物如何格得？且谓一草一木亦皆有理，今如何去格？纵格得草木来，如何反来诚得自家意？"[2] 结合朱子对于"明明德"的解释，可以发现，朱子补传背后实隐含一前提："明德"（与王阳明的"良知"相仿）是伴随穷理过程而自然展开的。这意味着：人们关于道德的知识越广泛、越深入，其良知便越发达、越充分。果真如此，则今人之良知必远胜于古人矣！王阳明之反诘，实即此而发。

对于格物致知的阐释，王阳明一生多有变化。其晚年定论，当以《大学问》为代表。在《大学问》中，王阳明说：

> 何谓身？心之形体运用之谓也。何谓心？身之灵明主宰之谓也。何谓修身？为善而去恶之谓也。吾身自能为善而去恶乎？必其灵明主宰者欲为善而去恶，然后其形体运用者始能为善而去恶也。故欲修其身者，必在于先正其心也。然心之本体则性也。性无不善，则心之本体本无不正也。何从而用其正之之功乎？盖心之本体本无不正，自其意念发动而后有不正。故欲正其心者，必就其意念之所发而正之，凡其发一念而善也，好之真如好好色；发一念而恶也，恶之真如恶恶臭：则意无不诚，而心可正矣。然意之所发有善有恶，不有以明其善恶之分，亦将真妄错杂，虽欲诚之，不可得而

---

① 薛富兴：《阳明格竹：中国古代认识论史上的一桩公案》，《社会科学》2015年第2期，第125页。

② 吴光等编校《王阳明全集》（新编本）第1册，第130页。

诚矣。故欲诚其意者，必在于致知焉。致者，至也，如云"丧致乎哀"之"致"。《易》言"知至至之"，"知至"者，知也；"至之"者，致也。"致知"云者，非若后儒所谓充广其知识之谓也，致吾心之良知焉耳。良知者，孟子所谓"是非之心，人皆有之"者也。是非之心，不待虑而知，不待学而能，是故谓之良知。是乃天命之性，吾心之本体，自然灵昭明觉者也。……今欲别善恶以诚其意，惟在致其良知之所知焉尔。……今于良知所知之善恶者，无不诚好而诚恶之，则不自欺其良知而意可诚也已。然欲致其良知，亦岂影响恍惚而悬空无实之谓乎？是必实有其事矣。故致知必在于格物。物者，事也。凡意之所发必有其事，意所在之事谓之物。格者，正也，正其不正以归于正之谓也。正其不正者，去恶之谓也。归于正者，为善之谓也。夫是之谓格。①

晚年的王阳明是以"致良知"概括其为学宗旨，并以之实现本体（本性、本心）与工夫、知与行之统一的。《大学》言"致知"，《孟子》言"良知"，王阳明把二者结合在一起，形成了自己的"致良知"说。如《大学问》所示，他以"良知"理解《大学》的"致知"之"知"，比起朱子的"知识"说，更接近《大学》本义；他把"格物致知"视为贯彻修、齐、治、平始终的工夫，②比起朱子的"《大学》始教"说，更能体现《大学》的真精神。特别值得一提的是，王阳明曾说："良知只是个是非之心，是非只是个好恶。只好恶就尽了是非，只是非就尽了万事万变。"（《语录三·传习录下》）③如此为说，表明他对"好恶"之情的重要性深有体认。

---

① 吴光等编校《王阳明全集》（新编本）第3册，第1018—1019页。
② 正如钱德洪所言："《大学问》者，师门之教典也。学者初及门，必先以此意授，使人闻言之下即得此心之知，无出于民彝物则之中，致知之功，不外乎修齐治平之内。"吴光等编校《王阳明全集》（新编本）第3册，第1020页。
③ 吴光等编校《王阳明全集》（新编本）第1册，第121页。

然而，阳明终究没有像《大学》那样，把自发、自然的好恶之情当作道德生活的基本出发点。在他看来，作为经验之心（他称之为"心之所发"或"意之所发"），好恶是有善有恶的，它有待于"良知"去分辨其善恶并管控之。而他的所谓"良知"，实际上是把孟子的"四端"之情本体化、抽象化的产物。经此本体化和抽象化，良知与好恶以至理与情便割裂了。于是，"如好好色，如恶恶臭"便不是从随自然之情而无伪，而是被理解为"好善如好好色，恶恶如恶恶臭"，这就导致了增字解经的后果，使"诚意"章首节语义不畅。同时，"格物"首先不是物感我应的情感发生过程，而变成了"正物"，即用"良知"去正"物"之不正而使"物"归于正的道德实践过程，这不仅颠倒了"致知在格物""物格而后知至"的本末先后之序，与郑注孔疏同出一误，而且混淆了作为思想活动的格物致知与道德实践活动之间的界限。

（4）王艮的"淮南格物"说

王艮的格物致知说，被称为"淮南格物"。[①] 朱子、阳明之说虽异，但他们都急于将自己的思想贯注于《大学》诠释之中。与之不同，王艮力图从《大学》文本中寻求"格物致知"之义。他说：

> "物有本末"，故物物（格）而后知本也。知本，知之至也。知至，知止也。"自天子以至于庶人"至"此谓知之至也"一节，乃是释格物致知之义。身与天下、国、家一物也，惟一物而有本末之谓。"格"，絜度也。絜度于本末之间，而知"本乱而末治者，否矣"，此"格物"也。"物格"，"知本"也；"知本"，"知之至"也。故曰"自天子以至于庶人，壹是皆以修身为本"也。[②]

---

① 首先概括出"淮南格物"说的，盖为赵贞吉（1508—1576）的《泰州王心斋墓志铭》："越中良知，淮南格物，如车两轮，实贯一毂。"
② 王艮：《重刻心斋王先生语录》卷上《答问补遗》，《续修四库全书》第 938 册，第 337 页。

王艮认为，《大学》首章"自天子以至于庶人"至"此谓知之至也"，就是用来解释格物致知的。在他看来，《大学》的格物致知以"物有本末"为前提，故"格物"必是格"物有本末"之"物"；以"修身为本"为主旨，故"致知"必是知"修身为本"。因此，所谓格物致知，实际上就是权衡、量度物（身、家、国、天下）之本末而知修身为本。知修身为本，即是"知之至"；"知至"，即是"知止"。

王艮不重考古，或许不知宋末元初的黎立武早有此说。黎氏曰："'格物'，即'物有本末'之物；'致知'，即'知所先后'之知。盖通彻物之本末、事之终始，而知用力之先后耳。……于物必曰格，于知必曰致者，何哉？《诗》云：'天生蒸民，有物有则。'物之本存乎有物之则，不格则不能知。有物之则存乎止善，不致其知则不能得所止也。"① 不同之处在于，黎氏强调一物有一物之理则，故格物致知不仅是通彻物之本末终始而知用力之先后，而且要知晓事物之理则而力行之。这就纳入了朱子格物穷理说的部分内容。

以"淮南格物"为代表的格物致知说，确有其可取之处。它注重从《大学》文本自身寻求证据，并扣紧了"修身为本"这一主题。正因如此，清儒毛奇龄拳拳服膺此说，在《大学证文》中征引刘宗周等十余家之言以证之，并努力在训诂学上为其寻找根据。在《四书剩言》卷三中，毛氏不厌其烦地申述其说："先仲氏旧论'格物'，谓《大学》并出'物'字，不当一字作两解。……今《大学》既以本末为物，则格物之物即是本末之物。乃又举他物以解格物，则即本文一'物'字而前后异义，岂可为训！"② 如此一来，"淮南格物"说似乎更加坚实有据了。后于毛奇龄半个多世纪的全祖望，更加斩钉截铁地说："心斋论学，未必皆醇，而其言格物，则最不可易。"③ 今之著名学者吴震也很

---

① 黎立武：《大学本旨》，《景印文渊阁四库全书》第 200 册，第 742 页。
② 《儒藏》（精华编）第 120 册，第 36 页。
③ 全祖望：《经史问答》卷七，《续修四库全书》第 1147 册，第 629 页。

认同"淮南格物"，且予以高度评价。[1]

然而，问题或许并非如此简单。首先，在《大学》首章中，"物有本末，事有终始，知所先后，则近道矣"一句，乃承三纲而论八目之语，它们只是为谈论八目确定一个一般性前提而已。其意盖谓："任何事物，都有本末之分；做任何事情，都有先后之序；那么，明明德于天下的大学之道，其本末先后何在？"紧随其后，《大学》遂将其本末先后之序和盘托出。如果把"格物"理解为格其"物有本末"之物，把"致知"理解为知其"知所先后"之知，就等于把论证的前提转换为论证的对象，这就违背了《大学》的论述逻辑。其次，《大学》本身已经提供了明确的本末先后之序，何必再由学者格而致之？故钱穆曰："惟《大学》本文……屡言必先云云，是已将物之本末先后明白确定，更不待读者之再格。"[2] 此外，首章末的"此谓知本，此谓知之至也"，明显是用来呼应那个一般性前提的，其意盖谓："明明德于天下只有以修身为本，才算把握住了大学之道的根本，才算彻底明白了大学之要义。"如果是用来呼应"格物致知"的，那么，《大学》当谓"此谓物格，此谓知至也"。吾人须知："知至"与"知之至"，文义大不同。

十分有趣的是，有人居然指责王艮把格物致知解释得浅了，而博学深思的毛奇龄竟也认真回应之，说什么"此处正须浅解"（《四书剩言》卷三）。[3] 其实，这跟解释的深浅毫无关联。王艮的根本失误在于，完全没有弄懂"物有本末……此谓知之至也"一节的论述逻辑。毛氏也不顾《大学》的论说逻辑，而斤斤于两"物"字字义的一贯性。这暴露出舍大义而论字义的局限性。清代考据家常有此弊，不可不知。

值得注意的是，王艮还试图把"格物"与"絜矩之道"联系起来。他说：

---

① 吴震：《王心斋"淮南格物"说新探》，《陕西师范大学学报》（哲学社会科学版）2008年第1期。
② 钱穆：《〈大学〉格物新释》，《中国学术思想史论丛》（2），第107页。
③ 《儒藏》（精华编）第120册，第34页。

　　"格"，如格式之格，即后"絜矩"之谓。吾身是个矩，天下
国家是个方。絜矩则知方之不正由矩之不正也，是以只去正矩，却
不在方上求。矩正则方正矣，方正则成格矣，故曰"物格"。吾身
对上下、前后、左右，是"物"，絜矩是"格"也。"其本乱而末
治者，否矣"一句，便见絜度格字之义。格物，知本也；立本，
安身也。安身以安家，而家齐；安身以安国，而国治；安身以安天
下，而天下平也。故曰："修己以安人"，"修己以安百姓"，"修其
身而天下平"。不知修身，便去干天下国家事，是之谓失本也。[①]

格物致知确与絜矩之道有关，但关键在于如何把握这种关系。对于
"絜矩之道"，《大学》在第六章中已有明释，即"所恶"而"毋施"，
亦即恕道。恕道之要义，是在自己的好恶与他人的好恶的沟通中，形成
望人责己的共同行为准则，并身体力行之。也就是说，"所恶"而"毋
施"既是思想活动，也是实践活动，是知行一致的。就思想活动而言，
它在通达人己之情中获得了行为的道理或准则，故其理则不只是抽象的
道德知识，而且是拥有情感动力的行为准则。就实践活动而言，这一准
则具有反身内求性质，首先是对于自己行为的自觉、自主规范（即孟
子所谓"反身而诚"），并通过自我规范，让己身化为活的道德尺度。
正是在思想活动的意义上，"格物致知"才与"絜矩之道"（或恕道）
相互交汇、发生关联。

　　王艮在没有明确区分思想活动与实践活动的情况下，就把絜矩之道
直接归结为反身自尽的实践活动，并在此意义上将"格物"与"絜矩"
相联系。这实际上是把"格物"直接等同于实践活动，否定了格物致
知的思想活动内涵。他这样做，不仅与其前述格物致知说相矛盾，也与
《大学》把格物致知作为思想活动而构成八目之环节的逻辑相背离。

---

① 王艮：《重刻心斋王先生语录》卷上《答问补遗》，《续修四库全书》第 938 册，第
337—338 页。

（5）凌廷堪的"格物"说

在清代学者中，凌廷堪的"格物"说独树一帜。凌氏乃礼学大师，以《礼经释例》名世。如同王阳明以"致良知"贯通儒者之学一样，凌廷堪也想以礼贯通儒者之学。他说：

> 夫人之所受于天者，性也。性之所固有者，善也。所以复其善者，学也。所以贯其学者，礼也。故圣人之道，一礼而已矣。……礼之外，别无所谓学也。①

在凌廷堪看来，既然儒者之学以礼为中心，而"格物致知"又属于儒者之学，那么，它自然与礼密切相关：

> （《礼记·礼器》）又曰："君子曰：无节于内者，观物弗之察矣。欲察物而不由礼，弗之得矣。故作事不以礼，弗之敬矣。出言不以礼，弗之信矣。故曰：礼也者，物之致也。"此即《大学》格物之正义也，格物亦指礼而言。"礼也者，物之致也"，《记》文亦明言之。然则《大学》之格物，皆礼之器数仪节可知也。……《礼器》曰："礼有以多为贵者，有以少为贵者，有以大为贵者，有以小为贵者，有以高为贵者，有以下为贵者，有以文为贵者，有以素为贵者。"又曰："君子之于礼也，有直而行也，有曲而杀也，有经而等也，有顺而讨也，有撙而播也，有推而进也，有放而文也，有放而不致也，有顺而摭也。"无非格物之学也。《大学》曰："致知在格物。"又曰："物有本末，事有终始，知所先后，则近道矣。"以《礼器》证之，格物非指礼而言者邪？……又考古人所谓格物者，盖言礼之器数仪节，皆各有精义存乎其间，既习于礼，则当知之，非天下之物莫不有理也。晋侯谓女叔齐曰："鲁侯不亦善于礼乎？"对曰："是仪也，不可谓礼。"言物格不

① 凌廷堪：《校礼堂文集》卷四《复礼上》，第27页。

能知至也，即格物之谓也。故曰："礼之所尊，尊其义也。失其义，陈其数，祝史之事也。"然则物格不能知至，所谓"文胜质则史"是也。岂参悟木石之说乎？……《论语》记孔子之言曰："恭而无礼则劳，慎而无礼则葸，勇而无礼则乱，直而无礼则绞。"四者独不云学而无礼之蔽。又曰："好仁不好学，其蔽也愚；好知不好学，其蔽也荡；好信不好学，其蔽也贼；好直不好学，其蔽也绞；好勇不好学，其蔽也乱；好刚不好学，其蔽也狂。"六者亦不云好礼不好学之蔽。而勇而无礼与好勇不好学同谓之乱，直而无礼与好直不好学同谓之绞。由此观之，圣人之所谓学即指礼而言也，明矣。①

凌氏把格物致知与《礼器》的一些论述相联系，认为所谓"格物致知"，就是习熟礼之器数仪节而通晓其思想精义。他强调儒者的修身之学与礼密切相关，这当然是毫无疑义的；他以此反对理学家离礼言理、离礼言心性修养，也有矫枉纠偏的积极意义；他如此为说，还可避免把格物致知引向泛求物理之弊。

问题在于，凌氏之解的理据并不充分。他将格物致知与《礼器》联系起来的主要根据，在于"礼也者，物之致也"一语。对于这句话，历来有不同解释。但无论何种解释，都看不出它与格物致知有何直接关联。凌氏据此认定"此即《大学》格物之正义也，格物亦指礼而言"，是相当武断的。就解经方法而言，凌氏采用的是把不同经籍中的相似字句进行比类之法。然而，这种方法的效用是有限的，并非放之四海而皆准。不同经籍中的相似字句能否视同一例，还与它们在各自文本中的思想脉络、问题指向是否一致密切相关。《礼器》的"礼也者，物之致也"，是说礼为人事（即人的思想与行为）之准则。《大学》的格物致知，是在顺应、调适和沟通好恶之情以修身的脉络中展开的，不是直接以礼为认识对象。因此，《礼器》与《大学》并不能相互诠释。说到

---

① 凌廷堪：《校礼堂文集》卷一六《慎独格物说》，第144—146页。

底，凌氏与朱子格物穷理之说大同小异，都把格物致知变成了知识问题，其诠释皆游离于《大学》的主题之外。

(6) 章太炎的《致知格物正义》

在众多诠释中，释义最近理者，当数章太炎的《致知格物正义》。其文虽不长（仅 1400 字左右），却对古今主要解说有精到评点，并如此申述格物致知之旨：

> 余读《乐记》："人生而静，天之性也，感于物而动，性之欲也。物至知知（下知字当依《墨经》训接，郑云每物来则又有知，非是），然后好恶形焉。"云物至知知者，所谓致知在格物，物格而后知至也。格者，来也；致者，送诣也。（《说文》）物来而知诣之，外有所触，内有所受，此之谓致知在格物。受有顺违，名曰好恶，是故墟墓则生哀，宗庙则生敬，孺子入井则生怵惕，少艾在前则生慕欲。精诚发于须臾，无佗念可以夺之，此之谓诚意。……格物致知无善恶，诚意有善亦有恶矣。德润身者，善之诚者也。小人闲居为不善，人之视己若见其肺肝者，不善之诚者也。本记举格物致知诚意，皆泛论心法自然，不待告教，不督以施功。督施功自慎独始，犹《乐记》言施功始于反躬。后儒以三者为功，由是异论蜂起，若寻戈矛矣。若然，此三者为不待说，今本记特揭举是，何其辞之费邪？本记固云，知所先后，则近道矣。……导江于岷山，导河于积石者，行视其水势所从来，非若下游之有浚治矣。且夫去物与知，与夫好恶之诚者，其心如顽空，恶固不起，亦无以止于至善。是以君子不去也。不去，则不惮郑重言之也。①

章太炎的深刻之处，在于准确把握了格物致知的思想实质：他认为"致知在格物""物格而后知至"乃一物感我而我应之的相互感应过程，

---

① 《章太炎全集》第 1 辑《太炎文录续编》卷一《致知格物正义》，第 48—49 页。

所谓"外有所触，内有所受"；这一过程所生成的，是修身主体的直接心理感受，即好恶之情；此感受乃心法（心理活动）之自然，合乎其本性则好之，违逆其本性则恶之，所谓"受有顺违，名曰好恶"；这一好恶之情虽然还不是道德上的善，仅凭好恶之情还不足以确立道德法则，但它却是道德生活的基本出发点，离开了好恶之情，"其心如顽空，恶固不起，亦无以止于至善"，道德生活便失去了源头活水、生机活力。太炎的上述见解常为当今的研究者所忽视。就笔者目力所及，只有朱翔飞高度重视章太炎之说，并给予高度评价，认为其"对'格物'原义的理解极为简捷、准确"。①

由于没有准确理解"如恶恶臭，如好好色"，没有意识到此语乃揭示格物致知与诚意间关系之关键，太炎似有混淆情与意之嫌，因而认为"诚意"与"格物""致知"一样皆属心法之自然，它有善亦有恶，还不是修身工夫，慎独才是修身工夫之起点。这些都不符合《大学》之本义，朱翔飞前文已言之。由此可知，太炎可能还没有完全把握儒家"自然与当然一体"的思想要义：自然乃当然之前提，违背自然者必不当然；当然乃自然的正常状态，自然之过与不及皆非当然。《大学》"诚意"工夫所要解决的，就是能否从随自然之情的问题。"意诚"之所以是善的，就在于它顺应了自然之情。譬如治水，顺其势则善，逆其势则恶。

不过，据"行视其水势所从来，非若下游之有浚治矣"一语可知，太炎总体上把握住了《大学》修身之道的命门，即《大学》的修身是以好恶之情为基础和中心展开的，"诚意"是顺承其源，其下乃浚治其流之工夫。可惜太炎语焉未详，且只让格物致知止步于直接的情感反应，没有将它与浚治其流的工夫相联系，使格物致知缺少了通情以达理这一后续环节。须知，作为道德生活之基本出发点，好恶之情只提供了行为的原动力，它自身并不足以构成普遍有效的理性法则。要使好恶之情上升为理性法则、获得其普遍有效性，还必须化其滞、纠其偏、去其

---

① 朱翔飞：《〈大学〉"格物"解平议》，《孔子研究》2003 年第 1 期，第 53 页。

私，运用絜矩之恕道，让一己之情与家人、国人、天下人之情相通相合。情通意合之日，便是具有普遍性的道德意识、行为法则形成之时，作为道德修养工夫的格物致知才能趋于完备。离开了通情以达理，格物致知必残缺不全，无法提供充足的道德准则。这大概就是《大学》八目从好恶之情开始，而结束于絜矩以通情、"以义为利"的根本原因。

3. "格物致知"的思想内涵与理论价值

综上所述，《大学》一书之要义，在于以修身为本而明明德于天下：知、意、心为内身，家、国、天下为外身；格、致、诚、正为修身之要目，齐、治、平皆为修身所带动。内、外之身休戚与共，修、齐、治、平一体联动，它们可分析而不可割裂，形成了以修身为原点的涡旋式结构。《大学》论修身，则以好恶之情的顺应、调适和沟通为中心。这就是《大学》的基本思想逻辑。只有从此逻辑出发，才能准确把握格物致知的思想内涵，那就是：诚意之前，格物致知表现为在物感我应中生成好恶之情，奠定了诚意工夫的自然前提；诚意之后，格物致知则表现为以己之情通人之情而得其好恶之公，好恶之公即是义理之成，修、齐、治、平之法度因此获得了坚实的基础。通过通情以达理，《大学》有效地实现了情与理的统一：离情而言理，则一切道德法则、治平律例必沦为抽象教条，无法拥有强劲的实践动力；任情而不通理，则一切道德、社会活动必沦为师心自用，无从形成普遍而可以公度的道德准则。

大义明，方能训诂通。由上述大义可知，《大学》的格物致知，乃基于物我感应（感通）之基本原理。[①] "格"者，感应（感通）也；

[①] 对于感应之理，刘咸炘言之甚明："世界者，人与万物互相感应而成者也。……万物相感，即成万事。人为本身，纵之感者，父母历史为遗传；横之感者，物质社会为环境。万物之感应人，知之学也。人之感应万物，行之学也。"（刘咸炘：《一事论》，《推十书》，第13—14页）龚鹏程也说："不讲感情，不可能懂中国诗；不讲感通，不可能懂中国思想；不能感而遂通，也不可能懂中国的世道人情。"（《一切以西方模式解释中国的讲法，都该停下来》，微信公众号"龚鹏程大学堂"，2019年5月23日）此乃熟谙传统学术文化的心得之言。

"物"者，家、国、天下也，说到底，就是与自己相感应之他人。"知"者，情之应与情之通也，即修身主体的好恶之情以及基于通人我之情的道德判断力；"致"者，使到来也；"至"者，到来也。"致知在格物"，即充分的道德判断力形成于人、己感通之中。"物格而后知至"，即物感我而我应之，而生好恶之情；"絜矩"，就思想活动而言，即以己情沟通人情而达成修己安人之理则与法度；此二者构成了《大学》"格物致知"的完整内涵。就笔者目力所及，古今释《大学》修身条目之字义较为精准者，当数严立三先生：

> 心者，身之主，而情之所聚也。意者，情之注也。知者，情之感也。物者，感之应也。正者，是也。是者，直也。诚者，实也。致者，极也。格者，通也。通物而感，极感而实有诸己，则情动而直，德至而道凝矣。通物者，恕也。极感者，忠也。实有诸己者，反身而诚也。[1]

若稍加调整，改"知者，情之感也"为"知者，情之感与通也"，改"物者，感之应也"为"物者，与我相感应者也"，就会更加准确。严先生所以能切近其字义，就在于他明了感应原理，通晓情感为本，本于大义以诂字义。若仅求之字书，则"格"字之义不下20种，"物"字之义也不下10种，两相拼合，"格物"之说将更多。不明大义，偏取个别字义以附会之，"格物"之说何止百种。

　　努力探寻《大学》格物致知之本义，并非徒发思古之幽情，而是因为其中蕴含着深刻的思想智慧和理论价值。作为儒家思想主流，孔曾思孟一系最重人情。子贡问孔子："有一言而可以终身行之者乎？"孔子答曰："其恕乎！己所不欲，勿施于人。"（《论语·卫灵公》）《大学》言"恕"、言"絜矩"，即本于此。孔子还说："兴于《诗》，立于

---

① 严立三：《礼记大学篇通释》，《梁漱溟全集》第4卷，第65页。

礼，成于乐。"（《论语·泰伯》）此即发乎情、止于礼义，而成就于情、理浑融之境。孟子曰："亲亲，仁也；敬长，义也。无他，达之天下。"（《孟子·尽心上》）唯有真纯情意，方能往来不穷、通达天下人之心。孟子又说："以不忍人之心，行不忍人之政，治天下可运之掌上。"（《孟子·公孙丑上》）一切政教设施，莫不以恻隐爱人之情为本；离开了爱人之情，一切政教设施皆为无根之虚文。简书《性自命出》的论述更加晓畅："道始于情，情生于性。始者近情，终者近义。知情［者能］出之，知义者能入之。"① 人伦道德乃情与义的统一体，它始于人情而终于礼义；真正懂得情的人能发乎情而止乎礼义，真正懂得礼义的人能让礼义内通情意。情感是人道的基本出发点："凡人情为可悦也。苟以其情，虽过不恶；不以其情，虽难不贵。"② 它认定有情才有理，无情必无理。"凡人情为可悦也"意味着，唯有真情才是道德生活的原动力，才能使人与人深相感通。可以说，《大学》顺应、调适和沟通好恶之情的修身之道，就形成于这一思想氛围之中。

作为宋明时代的两大思想巨擘，朱子与阳明出于理欲对立的价值观，③ 已难以领会《大学》之要义，不同程度地存有割裂情理之弊病。朱子力倡"理先气后""性即理"之说，不满足于孔子的"仁者爱人"、孟子的"恻隐之心，仁也"之说，而以"爱之理"释"仁"，追求一种"人欲尽处，天理流行"（《论语集注》卷六《先进》）④ 的醇儒境界。不明"性""理"即人心、人情的常正之态，不明爱人、恻隐

---

① 《儒藏》（精华编）第 281 册，第 21 页。

② 《儒藏》（精华编）第 281 册，第 29 页。

③ "天理""人欲"之说，出自《礼记·乐记》。但在原始儒学那里，理欲还没有你死我活、势不两立，故《孟子》言"养心莫善于寡欲"，《荀子》亦主张"养欲""节欲"而非灭欲。理欲的严格对立为宋儒特别是程颐和朱熹所强调。朱子曰："天理人欲，不容并立"（《孟子集注》卷五《滕文公章句上》，朱杰人、严佐之、刘永翔主编《朱子全书》第 6 册，第 310 页）；"人之一心，天理存，则人欲亡；人欲胜，则天理灭"（《朱子语类》卷一三，朱杰人、严佐之、刘永翔主编《朱子全书》14 册，第 388 页）。那显然是深受佛、道思想影响的产物。自此以后，理欲对立、存理灭欲，就构成了宋明理学的核心价值观。

④ 朱杰人、严佐之、刘永翔主编《朱子全书》第 6 册，第 165 页。

之情即是人性的自然显现，不明理从情出、情通理得，遂割裂乃至倒置情理关系，而以"穷至事物之理"为"格物"之要义、《大学》之始功。于是，整个修身工夫便成了用外在的权威之理去调节乃至强制内在的自然之情，不知不觉地滑向他律道德。朱子曰："苟知其理之当然，而责其身以必然，则夫规矩禁防之具，岂待他人设之而后有所持循哉！"（《白鹿洞书院揭示》）① 能"责其身以必然"，即是自立法度。可问题在于，若非通情之理，何以能从"知其理之当然"跨越至"责其身以必然"？朱子说："须是真知了，方能诚意……今人知未至者，也知道善之当好，恶之当恶。然临事不如此者，只是实未曾见得。"（《朱子语类》卷一三）② 朱子说知而不行，只是知之不真。这当然没错，但如何能有真知？除却通情，似无良法。朱子却沿袭程颐之说，采取了"穷理"与"居敬"两相倚之法：

> （程子）又曰："格物穷理，但立诚意以格之，其迟速则在乎人之明暗耳。"又曰："入道莫如敬，未有能致知而不在敬者。"又曰："涵养须用敬，进学则在致知。"又曰："致知在乎所养，养知莫过于寡欲。"又曰："格物者，适道之始，思欲格物，则固已近道矣，是何也？以收其心而不放也。"此五条者，又言涵养本原之功，所以为格物致知之本者也。（《大学或问》）③

"穷理"与"居敬"两相倚之法看似辩证，实则好比硬让两个本不相爱的人结合在一起，并一再劝导之：不相爱吗？那就一起生活吧，生活久了就相爱了；没法一起生活吗？那就爱一爱对方吧，有了爱就能生活在一起了。如此彼此疏离，永无相合之日。

阳明深知穷究事物之理并不必然能实践其理，遂力主"良知即理"

---

① 朱杰人、严佐之、刘永翔主编《朱子全书》第 24 册，第 3587 页。
② 朱杰人、严佐之、刘永翔主编《朱子全书》第 14 册，第 484—485 页。
③ 朱杰人、严佐之、刘永翔主编《朱子全书》第 6 册，第 526 页。

"致良知"，欲通过"致良知"来实现知与行的统一（合一）。就概念构造而言，阳明的"良知"与朱子的"性""理"相比，确实具有"更接近意识活动的性格，更强调道德主体作为活动原则的一面。良知即体即用，既是本体，又是现成；既是未发，又是已发；既是立法原则，又是行动原则，尤其在工夫上使人易得入手处"。① 但要知道，阳明所谓"良知"，是将理想状态和理想品格本体化的产物。他毫不吝啬地把一切理想品格奉送给了"良知"，② 并宣称"良知"是无间于动静、无时不在的高度圆满体。③ 按理说，这样的"良知"是不会出错的。无奈良知虽人人同具、无时不在，却又"不能不昏蔽于物欲，故须学以去其昏蔽"（《语录二·传习录中》）。④ 而其所谓"学"，归结为一句话，就是"致良知"："［良知］虽有时而或放，其体实未尝不在也，存之而已耳；虽有时而或蔽，其体实未尝不明也，察之而已耳。"（《语录二·传习录中》）⑤ 这实际上是另一种形式的情理割裂，阳明只不过把它转化成理性的情（即良知之情）与非理性的情（物欲之情）的割裂而已。于是，他在概念上所赋予"良知"的活动性品格，又在他所倡导的道德实践工夫中被取消了。换言之，两种"情"的对立，实质上仍是"理"与"欲"的对立。耿宁准确地指出：阳明"良知"的实在性，"是柏拉图意义上的理念的'实在性'，不是某一个理念，而是一或善的最高理念"。⑥ 由此看来，在割裂情理关系方面，阳明与朱子格物致知说的差异，或许并不像人们所想象得那

---

① 陈来：《有无之境——王阳明哲学的精神》，北京：人民出版社，1991，第 188 页。

② 阳明因而有"知是心之本体""诚是心之本体""乐是心之本体""定是心之本体"等诸多提法。总之，一切好的品格无不为本体、本性、良知所有。

③ 如阳明说："良知者，心之本体，即前所谓恒照者也。心之本体，无起无不起……若谓良知亦有起处，则是有时而不在也，非其本体之谓矣。"《语录二·传习录中》，吴光等编校《王阳明全集》（新编本）第 1 册，第 67 页。

④ 吴光等编校《王阳明全集》（新编本）第 1 册，第 68 页。

⑤ 吴光等编校《王阳明全集》（新编本）第 1 册，第 67 页。

⑥ 耿宁：《人生第一等事——王阳明及其后学论"致良知"》，倪梁康译，北京：商务印书馆，2014，第 273 页。

么巨大。因而，由其"致良知"所实现的"知行合一"，仍未免于理论的虚构，远不如《大学》理从情出、通情达理来得质朴、真切而易行。

理论是什么？理论就是能使人们思想通达的知识体系。理论若要使人思想通达，必先通达思想、呈现思想的内在逻辑。一切思想，都源于生活，起于生活的直接感受。这种感受，就是好恶之情。因为好（喜爱），而思有以拥有之、持续之；因为恶（厌恶），而思有以避免之、去除之，思想遂因之而起。人类若无好恶之情，便无须思想，道德、政治与宗教也无从产生。生活的起点便是思想的起点，思想的起点便是理论的逻辑原点。所谓"素朴、直接"①的哲学理论，就是准确把握思想起点并以之为逻辑原点的理论。生活、思想可以无限丰富、无限复杂，但根本起点只有一个，此即《易传》所谓"易""简"也。更何况，道德法则（道德之理）乃情理而非物理（无情之理）：它不仅起于情，而且以情感的调适、沟通为中心。情理之所以为情理，就在于有情斯有理，无情必无理；理从情出，情通理得。《大学》的格物致知、絜矩之道之所以具有永恒的理论价值，就在于它呈现了道德生活和道德修养的这一基本逻辑。

---

① 刘笑敢在《中国哲学的取向与入径——以对孟子性善论的研究为例》一文中说："中国哲学有两种研究入径：一种是素朴的、直接的研究，一种是迂回的、切入的研究。"（《中国社会科学评价》2019 年第 4 期，第 76 页）此论深有见地。

第三章

《中庸》之道：诚身以致中和

《中庸》为《礼记》第三十一篇，一般被认作子思（前483—前402）及其学派之作品。《礼记正义·中庸》将全书视为一个整体，内分三十三节。其后之解《中庸》者，多依《礼记正义》，只是科段章节之划分略有出入而已。其中影响最大者，当为朱子的《中庸章句》，该书将《中庸》分为三十三章，后世解《中庸》者多依朱子之分章。笔者论述《中庸》的教化哲学，亦依朱子分章之法；只是在"君子之道，费而隐"一句的处理上，不从朱子列于第十二章之首，而从《礼记正义》列于第十一章之末。

一 首章开宗明义：诚身以致中和

《中庸》首章乃全书之总纲，提纲挈领地点明了"诚身以致中和"这一思想主题。全章共分三节。为便于分析，兹将全文分节抄录如下：

> 天命之谓性，率性之谓道，修道之谓教。
> 道也者，不可须臾离也，可离非道也。是故君子戒慎乎其所不睹，恐惧乎其所不闻。莫见乎隐，莫显乎微，故君子慎其独也。

喜怒哀乐之未发，谓之中；发而皆中节，谓之和。中也者，天下之大本也；和也者，天下之达道也。致中和，天地位焉，万物育焉。

首节三语，概括呈现出天命、人性、人道、教化四者间的关系，并落实于"修道"之"教"上。次节以"道也者，不可须臾离也，可离非道也"为前提，阐明了君子随时随地皆当修行其道的必要性，并以"戒慎""恐惧""慎独"为修道之工夫，实即以"诚身"为一切修道工夫之根本。末节则阐明了君子尽到诚身工夫后，所达到的中和位育之境。

1. 教化之基本原理："天命之谓性，率性之谓道，修道之谓教"

这三句话，是用来揭示天命、人性、人道与教化之间关系的。杜维明说："这些陈述不是作为有待论证的新命题提出来的，而是作为从《中庸》的观点看来不证自明的命题提出来的。"[1] 换言之，这三句话是作为基本原理，来奠定《中庸》下述论说的理论基础的。

"天"，即天道，指总体世界及其运行规律；"命"，"犹令也"（《中庸章句》），有自然赋予义。"性"，人之所以为人的本性、本质及其性能（能动性）。天命之谓性，是说人性来自天道，是天道的特殊表现形式之一。特殊就特殊在人是具有主观能动性的。"性"字从"心"、从"生"意味着：人的生命和生活的正常展开，离不开人的主动探求和自主活动。"天命之谓性"确认了"性"与"命"是合一的。由于天之命代表客观的必然性，人之性代表人的能动性，故"性"与"命"之合一便意味着：人既是被动的主动者，也是主动的被动者。就人的主动性来自天之所命而言，人是被动的主动者；换言之，主动乃人之宿命，人不能不主动。就人是通过自己的主动性来体现和承担天之所命而言，

---

[1] 杜维明：《〈中庸〉洞见》（中英文对照本），段德智译，林同奇校，北京：人民出版社，2008，第3页。

人又是主动的被动者；换言之，人是通过自主的活动，把命运转化为使命并予以实现的。正是"性"与"命"，从而主动与被动的相互沟通，使《中庸》同时超越了命定论与唯意志论，成就了其在承担命运中确定使命、履行使命、完善生命这一"素其位而行"的成人之道、教化哲学。西人言天赋人权，《中庸》言天赋人性。就思想理论之内涵而言，后者比前者更加深广。这是因为，所谓"人权"，说到底就是做人的权利；而做人，既是人的权利，也是人的义务，权利与义务密不可分。

"率"者，循也（《中庸章句》），顺也；"率性"，循顺人的本性，与人的本性相一致；"道"者，即人道或人生之道，指人的正常生活方式及其文化表现（礼）。"率性之谓道"，重在阐明人性与人道的一致性：人道既非外在于人性的外在规制，更非与人性相互悖反、对立之物，而是人性的文化表现。盖"性"属自然，"道"属当然，而自然与当然是一体的：当然本于自然，不合乎自然者必不当然；自然成就于当然、实现于当然，生命或生活的过与不及，都是对自然的否定和破坏。故与人之性相一致的人之道，体现的是实现人之本性的人的本身价值、内在价值和绝对价值。正是在这个意义上，《中庸》才说："道也者，不可须臾离也，可离非道也。"人一旦背离了人之道，必将沦为非人。"修道之谓教"一语，使《中庸》与一切割裂人之性与人之道之思想理论划清了界限。

"修"者，饰也（《说文》），"饰，拭也"（段玉裁《说文解字注》），此处引申为修行、修治、修明等义；"修道"，即修行其道而完善之，其主体为圣王或圣人；"教"，指由学而入的教化活动，修己、化人之事皆在其中，而以修己诚身为本，故下文紧承以"戒慎""恐惧""慎其独"之修行工夫，而《中庸》第二十章以"修身以道，修道以仁"为说，第二十九章又以"君子之道，本诸身，征诸庶民"为说。"修道之谓教"意味着，一切学、教活动无不以完善人生之道为根本宗旨。而完善人生之道的过程，也便是实现人之本性和天之所命的过程，故朱子曰：

"盖人之所以为人，道之所以为道，圣人之所以为教，原其所自，无一不本于天而备于我。"（《中庸章句》）这与《大学》之"明明德"、《孟子》所谓"庠序学校……皆所以明人伦也"同一旨趣。

《中庸》开篇这三句话，是在天与人（含必然与自由）、自然与当然的统一中把握人性与人道的，并以完善人生之道为指归。刘咸炘说："群乱原于人恶，人恶原于学谬，学谬于歧。知与行歧，治人与修己歧，道遂裂矣。"① 现代各种中外教育学理论，常有割裂天与人、自然与当然之弊。一旦割裂了天与人、必然与自由，就会把命运和使命对立起来，或讲必然则沦为宿命论，或讲自由而沦为意志之盲目冲动，难以获得"无入而不自得"的人生至境。一旦割裂了自然与当然，就会把人性与文化对立起来，或重自然而走向自纵之途，或重当然而走向禁锢之路，最终使道德沦为外在而相对的工具价值，成为不必如此之事，遂有道德工具论之谬说行世。由此观之，"天命之谓性，率性之谓道，修道之谓教"言简而意深，堪称教育、教化原理的精准、经典表述。

2. 修道之根本工夫："戒慎""恐惧""慎独"以诚身

首章之第二节，由两个因果关系句构成。

一个是"道也者，不可须臾离也，可离非道也。是故君子戒慎乎其所不睹，恐惧乎其所不闻"。其中，"道也者，不可须臾离也，可离非道也"乃据前节"率性之谓道"而来。"戒慎"，谨慎防范之貌；"恐惧"，畏敬不肆之貌；《中庸》以此概指君子的诚敬不苟之心。"不睹""不闻"，乃以目无所睹、耳无所闻喻指极度虚静、没有任何思维念虑之心理状态，实际上是作为一种修辞手法，概指人生的各种场域和时段。"是故君子戒慎乎其所不睹，恐惧乎其所不闻"，是说君子有见于道不可须臾离、离道即沦为非人，故能极其诚敬之功，无时无地不修身行道。

---

① 刘咸炘：《一事论》，《推十书》，第13页。

另一个是"莫见乎隐，莫显乎微，故君子慎其独也"。其中，"独"指人的内心世界。在人的内心，知与所知、领导者与被领导者皆为此心，故名为"独"。"隐"，暗处也；"微"，细事也。（《中庸章句》）"隐""微"是用来描述此心之"独"的。于是，隐微而自知、自主，就构成了内心之"独"的不可或缺之特性。隐微而不自知，或自知而无以自主，皆不得名为"独"。"莫见乎隐，莫显乎微"，是说没有什么比隐微之心更能彰显人之德性的有无与高下。正因如此，君子才要在保持其内心世界的真诚纯一上下功夫，所谓"故君子慎其独也"。

总之，"戒慎""恐惧"也好，"慎其独"也罢，都是诚身工夫的代名词，用的都是以部分概指全体的修辞手法。只不过，"戒慎乎其所不睹，恐惧乎其所不闻"言一切诚身工夫，而"慎其独"则为其中的关键节点。其中，"莫见乎隐，莫显乎微"与篇中及篇末的"微之显"暗相呼应，构成了《中庸》思想的一条暗线。"微之显"意味着：隐微即见显，隐微必见显。它在揭示教育、教化的内在机理的同时，也充分凸显了《中庸》彻底的道德自主自律论立场。①

3. 诚身修道之理想状态：中和位育之境

从《中庸》首章的行文逻辑来看，第三节显然承第二节而来，谓君子尽到了诚身工夫（即身诚）以后，即可进入中和位育的理想状态。

"喜怒哀乐之未发，谓之中；发而皆中节，谓之和。""喜怒哀乐"虽属情感，但此处并不限于情感，而是概指所有情用，即人的一切思想、情感和活动。《中庸》必即喜怒哀乐以言情用，是因为情感乃是人之德性的最敏锐、最直接且最真实的表达。而"未发"与"发"，并非指人之心理活动的两个时段，而是分指人的内德与外行。"谓之中""谓之和"者，即此是中、即此是和也。显然，"中"以状内德之充实

---

① 本节字数虽不多，但古今之诠释颇有分歧。笔者曾作《〈中庸〉"慎其独"说及其相关问题》（《教育学报》2018 年第 5 期）一文，详为辨析，详参本章第四节。

饱满、自立自倚，所谓"中立而不倚"（第十章）；"和"以状外行之物我共举、各得其宜，所谓"和而不流"（第十章）。"中节"一语非常传神，谓身诚之君子之思想行动完全切中了生命与世界的内在节奏，其生活如歌似舞，充满乐感韵律。

"中也者，天下之大本也"，谓充实饱满之内德乃万事万行之出发点、根据地，治教之大业莫不依此而立，所谓"唯天下至诚，为能经纶天下之大经，立天下之大本"（第三十二章）也。一言以蔽之，万事万行莫能外内德而立。"和也者，天下之达道也"，谓物我和谐共举乃使一切事业畅通无阻的不二法门。《中庸》析孔子的"中庸"之"中"为"中"与"和"，是为了强调内德为外行之本，"中"立而后"和"行，所谓"其人存，则其政举"（第二十章）、"待其人而后行"、"苟不至德，至道不凝"（第二十七章）。

"致中和，天地位焉，万物育焉"，谓一旦充分达成或实现了中和之境，则天地亦位于其中，万物亦育于其中。显然，中和与位育并非两事，位育即在中和之中。就诚身工夫而言，人诚身修道之过程，便是位天地、育万物之过程，人不可能离开与天地万物的交感互动而尽性成德；就身诚境界而言，天地位、万物育乃中和之境的最高境界，中和之境的达成，意味着人类已超越了特定的物类，而成为宇宙大生命的承担者与实现者。

此章的位育之说，与第二十二章的赞化育、参天地之说紧密相连、直相贯通。后者曰：

> 唯天下至诚，为能尽其性；能尽其性，则能尽人之性；能尽人之性，则能尽物之性；能尽物之性，则可以赞天地之化育；可以赞天地之化育，则可以与天地参矣。

"至诚"，显为诚身修道之结果。身诚，则中和在抱而己之性尽；己之性尽，则物我共生并育而可以赞天地之化育；可以赞天地之化育，则可以与天地并立为三而成其中正之位。"赞天地之化育"与"万物育焉"

直接相通，"与天地参"与"天地位焉"直接相通。其中的"能"字，表达的是尽己之性与尽人、物之性的一体联动，并非先后、始终之说。天地万物与人本为一体，自成即所以互成，犹如五官四体之一体联动。"可以"二字，谓尽性即所以赞化，非尽性之外别有赞化之事也；因为离开了日月星辰、山川草木、禽兽人类，并无所谓的天地（或世界）。"赞"者，助也（郑玄注）；"赞天地之化育"，有《易经·泰卦》"后以财成天地之道，辅相天地之宜，以左右民"之义。"财成""辅相""左右"，[①] 即赞助也。

所谓赞助，既非越俎代庖、替万物生长发育，亦非置万物于不顾、任其自生自灭，而是人类能动性的反映，是人类自觉地顺应天地之道、万物之性进行文化创造的过程。盖不自觉地顺应自己的本性或自然规律，这是人类之外的其他存在物也能做到的。人与其他存在物的根本区别在于，"人者，天地之心也，五行之端也，食味、别声、被色而生者也"（《礼记·礼运》）。"心"代表着自觉、自主的意识。外在于人类的天地万物是没有"心"的，人类内在于其中的天地万物是有"心"的，人之"心"便是"天地之心"。人类正是以自己的"心"能进行文化创造，并以之位置天地、化育万物的，所谓"圣人有以见天下之动，而观其会通，以行其典礼"（《易经·系辞上》）。由此可见，"位""育"二字，隐含着人类文化创造之实事实功，并非一无所事的主观幻象。故《中庸》第三十二章又变"赞"为"知"："唯天下至诚，为能……知天地之化育"，"知"即自觉主持之义。此又与《礼运》相通。《礼运》曰："圣人耐以天下为一家，以中国为一人者，非意之也。"所谓"非意之"者，意味着圣人所获得的中和之境，并非昧于人情物理的主观臆测，亦非绝缘于天地万物、自封自闭的主观幻象。《中庸》大谈"九经""制礼乐"，即是此意。

---

① 刘沅曰："'财'，同裁……裁成以制其过，辅相以实其不及。左右，扶植意，扶植以遂其生。"（《周易恒解》卷一，刘沅：《槐轩全书》，第 1192 页）

关于"与天地参",朱子注曰:"谓与天地并立为三也。"(《中庸章句》)其理亦与《易》道相通。郝敬曰:"子云:'易者,三才之道。'故筮法三变成爻,卦之始画,本一生三。蓍之求卦,由三得一。凡一必两,凡两必参,法象自然。故策分为二以象两,挂一以象三。两象天地,一象人。有天地然后生人,人生而后三才立。参三才而为一者,人也。"(《周易正解·读易》)由《易》道观之,所谓"与天地参"意味着:人类"赞天地之化育"的过程,便是其实现天、地、人三才和谐统一,而立于天地之正位的过程。天能覆而不能载,地能载而不能覆。唯有作为"天地之心"、万物之灵的人类,才能"参三才而为一",成为宇宙大生命的能动承担者与实现者。故曰:"大哉圣人之道!洋洋乎发育万物,峻极于天。"(第二十七章)可见,人身虽小,但其心至灵,其性至贵,故人若能尽其性(心)量,便足以与天地并立为三,而与天地同其久大,才对得起天命之性。此或即孟子所谓"万物皆备于我""上下与天地同流"之义。相反,人若不能尽其性而赞天地之化育,不仅是人生的缺憾,也意味着人亏欠了宇宙大道,意味着宇宙大道也没有得到圆满实现。此即"天地位焉"或"与天地参"之深意所在。

综上所述,作为全篇之总纲,《中庸》首章的主旨在于"诚身以致中和"。其中,首节言本体(原理),次节言工夫(诚身工夫),末节言理想境界(本体之实现)。身诚,则内德中立而不倚,外行和顺而不流;中和之极,则上下与天地同流,而"天地位焉,万物育焉"。人性的充分实现,便是天地之道的圆满达成。

二 关于"中庸"与"中和"

崇尚中道,自尧、舜时已然。据《论语·尧曰》,尧、舜、禹相禅之际,皆以此相命:"天之历数在尔躬,允执其中。"《古文尚书·大禹谟》载舜命禹之言曰:"人心惟危,道心惟微。惟精惟一,允执厥中。"

朱子据此以为"允执厥中"乃尧舜以来之道统心传，而孔子集其大成，子思复演绎孔子之义以昭告后世："盖自上古圣神继天立极，而道统之传有自来矣。其见于经，则'允执厥中'者，尧之所以授舜也；'人心惟危，道心惟微。惟精惟一，允执厥中'者，舜之所以授禹也。……夫尧、舜、禹，天下之大圣也。以天下相传，天下之大事也。以天下之大圣，行天下之大事，而其授受之际，丁宁告诫，不过如此，则天下之理，岂有以加于此哉？自是以来，圣圣相承，若成汤、文、武之为君，皋陶、伊、傅、周、召之为臣，既皆以此而接夫道统之传，若吾夫子，则虽不得其位，而所以继往圣、开来学，其功反有贤于尧、舜者。然当是时，见而知之者，惟颜氏、曾氏之传得其宗。及曾氏之再传，而复得夫子之孙子思，则去圣远而异端起矣。子思惧夫愈久而愈失其真也，于是推本尧、舜以来相传之意，质以平日所闻父师之言，更互演绎，作为此书，以昭后之学者。盖其忧之也深，故其言之也切；其虑之也远，故其说之也详。"（《中庸章句序》）即使撇开朱子颇具争议的"道统"之说，通观《论语》及《中庸》，我们也不得不承认，孔子和子思确实是把"中庸"作为古圣王之道自觉加以继承和发扬的。

1.《中庸》里的"中庸"：即平常即神奇的常正之道

以《中庸》名篇，表明"中庸"确系该篇章的要义之一。"中庸"一词，创自孔子。《论语·雍也》曰："中庸之为德也，其至矣乎！民鲜久矣。"《论语》中孔子言"中庸"虽仅此一处，但与"中庸"相关之论说却不断出现。《中庸》引孔子之语，与前语相似者为"中庸其至矣乎！民鲜能久矣"（第三章）。子思引用时省去了"其为德也"四字，可能是为了强调"中庸"既是"至德"，也是"至道"，所谓"苟不至德，至道不凝"。此外，《中庸》还在第二、七、八、九、十一等章中，分别以"仲尼曰""子曰"等形式，征引了孔子言及"中庸"之语。我们即便无法确定《中庸》所引必为孔子原话，但孔子平生重视"中庸"并多有提点，当是事实。而《中庸》篇中子思自言，又有"极高明而道中庸"之语。

"中庸"，是"中"与"庸"的合成词。揭示"中庸"之内涵，必先明"中"与"庸"分指什么。总体而言，古今诠释者解"中"字相差不远，对"庸"字却颇有异议。郑玄解《中庸》之题时说："名曰《中庸》者，以其记中和之为用也。庸，用也。"这实际上是把"中庸"理解为"用中"或"中之运用"。郑玄如此作解，可能受两个因素影响：其一，自古相传的"执中"说，而"执中"就内含"用中"之义；其二，《中庸》经文本就有"执其两端，用其中于民"（第六章）之说。但郑玄在注第二章"君子中庸，小人反中庸"时，又说"庸，常也。用中为常道也"。这是把"庸"字理解为常道。郑玄同字而异其解，为后世的纷争埋下了伏笔。

程颐曰："不偏之谓中，不易之谓庸。中者，天下之正道。庸者，天下之定理。"（《中庸章句》题解引语）程颐显然承袭了郑氏"常道"之解，并着重强调其"不变""定理"之义。朱子亦以"常"解"庸"，突出的却是"平常"之义："中庸者，不偏不倚、无过不及而平常之理，乃天命所当然，精微之极致也。"（《中庸章句》）朱子在解题时虽引用了程子之语，其实还是颇有微词的：

> （或问）曰：庸字之义，程子以不易言之，而子以为平常，何也？曰：惟其平常，故可常而不可易，若惊世骇俗之事，则可暂而不得为常矣。二说虽殊，其致一也。但谓之不易，则必要于久而后见，不若谓之平常，则直验于今之无所诡异，而其常久而不可易者可兼举也。况中庸之云，上与高明为对，而下与无忌惮者相反，其曰"庸德之行，庸言之谨"，又以见夫虽细微而不敢忽，则其名篇之义，以不易而为言者，又孰若平常之为切乎！（《中庸或问》）[1]

朱子认为，"庸"字固可有"不易"之"定理"义，但"不易"正于

---

[1] 朱杰人、严佐之、刘永翔主编《朱子全书》第 6 册，第 549 页。

"平常"中见，是以"平常"为基础的：唯其平常，故能久常而为不易之理；若为非常之事理，必然不能持久。

王夫之则力主以"用"释"庸"，力辨以"庸"为"常"，尤其是"平常"之非：

> 若夫庸之为义，在《说文》则云"庸，用也"（字从庚从用，言用之更新而不穷）；《尚书》之言庸者，无不与用义同。自朱子以前，无有将此字作平常解者。（庄子言"寓诸庸"，庸亦用也）《易》（《系》）〔《文言》〕所云"庸行""庸言"者，亦但谓有用之行、有用之言也。盖以庸为日用则可（日用亦更新意），而于日用之下加"寻常"二字，则赘矣。道之见于事物者，日用而不穷，在常而常，在变而变，总此吾性之所得之中以为之体而见乎用，非但以平常无奇而言审矣。
>
> 朱子既立庸常之义，乃谓汤、武放伐，亦止平常。夫放君伐主而谓之非过不及，则可矣，倘必谓之平常而无奇，则天下何者而可谓之奇也？若必以异端之教而后谓之奇，则杨、墨之无父无君，亦充义至尽而授之以罪名，犹未至如放君伐主之为可骇。故彼但可责其不以中为庸，而不可责之以奇怪而非平常。况《中庸》一篇元不与杨、墨为敌，当子思之时，杨、墨之学未昌。且子言"民鲜能久"，则《中庸》之教，著自古者道同俗一之世，其时并未有异端起焉，则何有奇怪之可辟，而须标一平常之目耶？
>
> ……
>
> 况世所谓无奇而为庸者，其字本作"傭"。言如为人役用之人，识陋而行卑，《中庸》所谓"鲜能知味"之下游也。君子之修道立教而为傭焉，其以望配天达天之大德，不亦远哉？故知曰"中庸"者，言中之用也。①

---

① 王夫之：《读四书大全说》卷二《中庸》，第62—63页。

王夫之说"自朱子以前，无有将此字作平常解者"，这是片面而武断的；即便在古老的《尚书》之中，某些"庸"字亦当作平常解，更不用说其他先秦典籍了。对此，雷庆翼曾有较翔实的考证。[①] 就连荀子所使用的"中庸"一词，也有明显当作"中等平常之人"解者，如《荀子·王制》"元恶不待教而诛，中庸民不待政而化"的"中庸"。王夫之以"有用之行""有用之言"解"庸行""庸言"，在文法与文意上都难讲通，显然是牵强的。

其以"庸"为"用"的根本依据，来自《说文》的"庸，用也，从用、庚。庚，更事也"。《说文》此解，盖用音训、互训之法，旨在表明二字意义上的关联性，并不意味着"用"就是"庸"字本义。因为《说文》在解释"用"字时说："用，可施行也。从卜，从中。"在甲骨文中，"用"字确实是"从卜从中"的，谓"卜而得中，然后实行"，故《说文》以"可施行"为说。而"庸"字又是从"用""庚"的，乃特定意义上的"用"。但是，"'庚'字的真正本义不是'更'而是'延续'。……'用'为施行，'庚'为继续，'庸'便是'连续施行'的意思"。[②] 更准确地说，"庸"字本义当指"可连续施行"，《说文》"可施行"中的"可"字必不可少。离开了"可"，"庸"或将解为强制而为，而失其自然而可持续之义。此于"中庸"之解至关重

---

① 雷庆翼说："《尚书·皋陶谟》：'天秩有礼，自我五礼有庸哉。'郑康成注曰：'五礼，天子也，诸侯也，卿大夫也，士也，庶民也。'孔安国《传》：'庸，常自用也。天次秩有礼当用我公侯伯子男五等之礼以接之，使有常。'孙星衍疏曰：'秩者，《释诂》云：常也。《说文》作䚢云：爵之次弟也。自与循转相训。庸者，常也。俱见《释诂》。……'（《尚书今古文注疏》）《国语·齐语》：'臣，君之庸臣也。'韦昭注：'庸，凡庸也。'《墨子·亲士》：'君子难而易彼，众人自易而难彼。君子进不败其志，内究其情，虽杂庸民，终无怨心。''庸民'就是普通的常人。《庄子·德充符》：'其与庸亦远矣。'成玄英疏：'与凡常人固远矣。'《荀子·荣辱》：'夫《诗》《书》《礼》《乐》之分，固非庸人之所知也。''庸人'就是常人。又《不苟》：'庸言必信之，庸行必慎之，畏法流俗，而不敢以其所独是，若是则可谓悫士矣。'王先谦《荀子集解》：'庸，常也。谓言常信行常慎。'《易·乾卦·文言》亦有'庸言之信，庸行之谨'语。可见先秦时代，'庸'作'常'解的例证并不少。"见《"中"、"中庸"、"中和"平议》，《孔子研究》2000年第3期。

② 雷庆翼：《"中"、"中庸"、"中和"平议》，《孔子研究》2000年第3期。

要。在此意义上，正如王夫之所说，"庸"也可以理解为"日用"而有"日用不穷"之义。而日日用之、日用不穷，恰恰就是"常"——日常、经常、平常等义皆可含于其中，而日常性则是其基础。如此一来，"庸"之"用"与"常"二义正可以相通，不必如王夫之采取非此即彼之立场。至于王夫之所谓"道之见于事物者，日用而不穷，在常而常，在变而变"，当然是至理名言。然而，他也大可不必以此否定朱子的"汤、武放伐，亦止平常"之说。放伐之事虽属非常，放伐之理却平常而不可易。

总之，郑玄所谓"庸"之"用""常"二义，是相通的，且"用"最终必归结为"常"，而"庸"自当以"常"为根本要义。那么，"中庸"作为合成词，属于偏正结构，还是属于平列结构？郑玄以"中和之为用""用中为常道"为说，显然是以其为偏正结构的。程子与朱子之说，则似乎倾向于平列结构。偏正与平列，意义自然有别。在偏正结构中，"中庸"要么以"中"为主轴，要么以"庸"为主轴。在平列结构中，"中"与"庸"既相区别，又相关联，在相互限定和彼此渗透中构成一充满张力的意义整体：中不离庸，庸不离中；中因庸而神，庸因中而常；中以庸为基，庸以中为的。离庸而言中，必与隐、怪为伍；离中而言庸，必为庸俗之辈。通观《中庸》全书，在"中"与"庸"（即"常"）的张力关系中把握中庸之道，乃其核心要义。

毛奇龄等则以"庸"为"和"。毛奇龄曰：

> 盖中和者，中庸也。和者，平也。《诗》"终和且平"，陆法言《切韵》以"庸"为平和之善人，而作《广雅》者直释"和"为"庸"。则中和为中庸矣。于是以《中庸》名篇，而杂引夫子平日之言"中庸"者以证明之。①

---

① 毛奇龄：《中庸说》卷一，庞晓敏主编《毛奇龄全集》第 15 册，第 196—197 页。

毛远宗附和毛奇龄曰：

> "庸"本是"用"字。《说文》训"庸"作"用"，即郑注
> 《礼记篇目》犹以"记中和之用"为言，见陆氏《释文》。然而，
> 经文有"庸德""庸言"，即此"庸"也，故郑氏注"君子中庸"
> 又曰："庸，常也。以用中为常道也。"则既"用"又"常"，前
> 后杂出，不知"和"即是"庸"。以"庸"为"平常"，则"平"
> 又是"和"。"中庸"与"中和""庸德"，皆通达矣。若如郑所
> 云，则坚据"用"字，而于"和"义反不晓，总是误耳。①

毛氏父子认为，"中庸"即是"中和"，既不必执着于"用"，因为
"庸"本有"和"义；也不必执着于"平常"，因为"平"即是"和"。
然而，以"庸"为"和"，是何以通达"庸德""庸言"的？其说仍不
可解。不仅如此，先秦典籍在一些具体论述中，因为"庸"与"和"、
"和"与"平"有相通之处，就认为"庸""和""平"等词可以通用、
互释，在论证方法上也不无瑕疵。

在"中"与"常"的张力关系中，"中"即道，而"常"首先指
向日用常行。而中庸之道遂呈现三重意蕴。

首先，就本体而言，道在日用常行之中，不在日用常行之外。《中
庸》首章云："道也者，不可须臾离也，可离非道也。""不可须臾离"
之语就隐含着：日常生活的任何时段、任何场域，皆有其道存焉。反过
来说，离开了日常生活便无谓人生之道。"不可须臾离"，重在强调道
的遍布周满、无所不在，尤重日常性。第十三章又云"道不远人"。即
人之所在，便是道之所在。

其次，就工夫而言，人的一切修为，无非是修行日用人伦而明其
道。正因为道在日用常行之中，因而，日常生活就是修行的基本场域，

---

① 毛奇龄：《中庸说》卷一，庞晓敏主编《毛奇龄全集》第15册，第197—198页。

"修道"就是让日用常行进入正常状态。"戒慎乎其所不睹，恐惧乎其所不闻"（第一章），就是无时无地不修道。"君子而时中"（第二章），随时身处其中即"时中"之一义。"君子之道，造端乎夫妇"（第十二章），"夫妇"代表的就是普通人的日常生活；"造端乎夫妇"意味着开始于日常生活，也成就于日常生活。"人之为道而远人，不可以为道"（第十三章），"不远人"即是不远离日常生活。"庸德之行，庸言之谨，有所不足，不敢不勉，有余不敢尽，言顾行、行顾言"（第十三章），就是注意自己的日常言行并保持言行一致。①"君子素其位而行，不愿乎其外。素富贵，行乎富贵；素贫贱，行乎贫贱；素夷狄，行乎夷狄；素患难，行乎患难。君子无入而不自得焉"（第十四章），"素其位"即"使其位素"，也就是使其位合乎其位之本性、常正之道。盖位有高下、境有顺逆，而处之皆有其理、行之皆有其道，"无入而不自得"即所在而皆得其理、尽其道。"君子之道，辟如行远必自迩，辟如登高必自卑"（第十五章），所谓"卑"与"迩"实即指日用常行，故此语亦有在日常生活中修身行道之义。

再次，就理想状态或境界而言，则是平凡而神奇，神奇而平凡，是为平凡的神圣。所谓"君子之道，造端乎夫妇。及其至也，察乎天地"（第十二章）。盖《中庸》乃至儒家所推崇的圣人，从根本上说，就是把日用人伦做到恰好、把常人皆备的人性潜能发挥到极致之人，而非不食人间烟火、有奇能异禀之超人。故荀子曰："圣人者，尽伦者也。"（《荀子·解蔽》）

对于《中庸》平凡的神圣之义，刘沅、刘咸炘祖孙二人阐发得至为详明。刘咸炘曰：

---

① 与"庸德之行，庸言之谨"相关之表述，《易经·乾卦·文言》作"庸言之信，庸行之谨"，《荀子·不苟》有"庸言必信之，庸行必慎之"，再结合《中庸》此文中的"言顾行、行顾言"，可知《中庸》此处的"庸德""庸言"亦当作"庸行""庸言"。而"庸言之信，庸行之谨"实即"庸言是信，庸行是谨"，《荀子》之语正所以解之也。

子思之时，儒多歧矣，诸杂流已萌芽矣，不得已而著书，所以存儒之真也。……然则何谓存儒也？道家、阴阳家之类，为高妙之说，自以为神奇，必以儒者为拘为卑，儒之流裔亦必有徒守末节者，如荀卿之流是也。子思于是乎言中曰：儒之道，神矣奇矣。名家、法家、农家之类，为切近之说，自以为平常，必以儒者为迂为诞，儒之末流亦必有过尊圣人者，如纬书之述是也。子思于是乎言庸曰：儒之道，平矣常矣。至平至常，实至神至奇。至平至常，人也；至神至奇，天也。不知天而言人，以为切近也，而实不知人也。不知人而言天，以为高妙也，而实不知天也。天与人岂可分哉？吾祖论之矣，曰：道本于天而备于人。子思详言人天合一之理，而特命之曰中庸。至中而后人道悉准乎天，至庸而后天道即在于人。大旨天道即人道，尽人即可合天。首由天命说到人，末自人说到天，而其要在慎独，其归在诚身。诚者，言其理之至实，上天之载，即在人心，要无非人道之常，通乎天命之粹。此言备矣显矣。由是释全书，言神奇，言平常，平常而亦神奇，神奇而亦平常也。

鬼神而谓为不可掩，神奇之极而平常也；诚身而谓为不可见，平常之极而神奇也。性在当时有六说焉，而子思独指天以定性，岂不神奇哉？然而曰"不可须臾离，可离非道"，平常之至也。"莫见乎隐，莫显乎微"，见显，平常也；隐微，神奇也。但知求诸见显，则自以为切近而实非矣；但知求诸隐微，则自以为高妙而实非矣。大义既举，乃明中庸之界域与其途径工夫，曰"小人反中庸"，明所谓平常者非随俗也。又曰"素隐行怪，吾弗为之"，明所谓神奇者非好异也。吾祖又曰："道本中庸，中庸费隐。""费，事之广博也"，平常也。"隐，理之精微也"，神奇也。愚可与知能行，圣亦有不知不能，平常而神奇也。"上下察"，神奇也；而鸢鱼，平常也。造端夫妇，平常也；而"察乎天地"，神奇也。此又总言，下文乃分言互言之。

道不远人，庸言庸行，素位而行，反求诸身，平常也；更实指之，曰行远自迩、登高自卑。伦常，平常之至也，而忽言鬼神；鬼神者，"诚之不可掩也"。"如鼓瑟琴""和乐且耽"，亦诚之不可掩也。鬼神隐矣微矣，而莫见焉、莫显焉，虽欲不言鬼神，如其不可掩何？夫平常、神奇虽分言，而实非两取也，故以"诚"明其实一。至平常者莫如伦常，至神奇者莫如鬼神，恐后人之不能贯也，乃引舜、武、周之事。舜之大孝，自天申之；武、周达孝，在宗庙之飨。举祭祀，而伦常、鬼神非二明矣。平常、神奇之一既明矣，其一者诚也。必明夫诚身之义，而后知其所以然。彼毁儒者将曰：伦常，一家之事耳；格天祖，一人之事耳，于世无所用也。子思乃由德而推之功，因舜与武、周治天下而言为政。"为政在人，取人以身"，身贵于诚。"诚之者，人之道"，修身以道，率性而已。学问思辨，非应世而后勉为之，始积之也，故曰"豫"。诚豫于身，而通于神明，横于四海。《孟子》曰"至诚而不动者，未之有也"，动天下，动鬼神也。诚，平常也；而前知如神，神奇也。尽人与物之性，以至"赞天地""时措之宜"而"於穆不已"，"洋洋""悠悠"，高矣美矣，继之以"为下不倍，居上不骄"，此所谓"极高明而道中庸"也，神奇而平常也。大极于"并育""并行"，"渊渊""浩浩"，而归于"暗然"不可见、"无声无臭"，此直不可以常、奇析言矣。

始则曰"莫显乎微"，中则曰"夫微之显"，终则曰"知微之显"，其文明矣。如则曰"天命之谓性，率性之谓道"，中则曰"道不远人""诚者天之道，诚之者人之道""天地之道可一言而尽"，终则曰"上天之载"，其文明矣。夫"中"之为说，变动不居，本于未发，其为神奇高妙，曷以加哉？而暗然自成也，非荒唐哗世也。"庸"之为说，平易近人，极于无闷，其为卑迩切实，曷以加哉？而大哉配天也，非乡愿媚世也。邹衍、子莫之徒，固无论矣。平常极于荀卿，神奇极于庄周，一知天而不知人，穷大而失其

121

居；一知人而不知天，上溯而不得其本，但粗观大略，而中庸之重已可见矣。[①]

刘子之说极其通达，颇能得"中庸"旨趣。第一，即平常即神奇之说贯穿《中庸》始终，而与"微—显"之说相通。第二，其说建立在《中庸》人道人性本于天命天道的原理之上，所谓"天命之谓性，率性之谓道"；其中，"至平至常者，人也；至神至奇者，天也"。第三，由于天、人一体，故"中"与"庸"、神奇与平常也是一体的，所谓"虽分言而实非两取也"，即"中"与"庸"在言说上虽呈平列之势，在实质上却并非对立之二物，需各取其半而扭合之。譬如耳聪目明：聪明者耳目之神明也，耳目者聪明之实体也；非耳目则聪明无所依，非聪明则耳目无其用。"中"与"庸"亦复如此："庸"者日用常行也，"中"者日用常行之道也；非"庸"则"中"无以立，非"中"则"庸"无以成。故"中"与"庸"本为一体、无法分离。《中庸》所以要分言平列之，乃因在变态生活中，"中庸"被割裂为二：或中而不庸，沦为隐怪；或庸而不中，沦为庸俗。为学必力矫其偏，方能使生命和生活归于常正之态。

一言以蔽之，所谓"中庸"之道实即常正或正常之道。而《中庸》全书，突出强调的恰恰是其即平常即神奇之义。子思在《中庸》里自言"中庸"仅一见，即"极高明而道中庸"。这似乎表明，子思是极重"庸"之平常义的。至于"中"字的丰富含义，将于下节阐明之。

此外，值得一提的是清儒钱大昕的《中庸说》一文。其文虽不长，却有提纲挈领之功。节录其文如下：

中庸之义，何也？天地之道，帝王之治，圣贤之学，皆不外乎中。中者，无过不及之名。尧之传舜曰"允执其中"，而舜亦以命

---

① 刘咸炘：《中庸述义》，《推十书》，第61—62页。

禹。《洪范》"九畴"，天所以锡禹也。五居九畴之中，故曰"建用皇极"。"皇极"者，大中之谓也。孔子作《易·十翼》，《象传》之言"中"者三十三，《象传》之言"中"者三十。其言"中"也，曰"正中"，曰"时中"，曰"大中"，曰"中道"，曰"中行"，曰"行中"，曰"刚中""柔中"。刚、柔，非中也，而得中者无咎。故尝谓《易》六十四卦、三百八十四爻，一言以蔽之曰"中"而已矣。子思述孔子之意而作《中庸》，与《大易》相表里。其曰"中也者，天下之大本也"，言其体也；曰"君子而时中"，言其用也。此尧舜以来传授之心法也。尧舜以来，言"中"不言"庸"，孔子之言"中庸"，何也？曰：《说文》"庸，从庚，从用"，"庸"之言用也。"中"者，天所命之性，而用之在人。自天言之谓之"中"，《传》曰"民受天地之中"是也。自人言之谓之"中庸"，唐、虞相传，皆曰"执中"，而孔子申之云："执其两端，用其中于民。"然则"中庸"即"执中"之义矣，故曰"君子之中庸也，君子而时中"。……《中庸》一篇，首言"致中和"，"中和"即"中庸"也。以道体言之，曰"中和"；以入道言之，曰"中庸"。言固各有所当已。①

钱氏知识渊博，长于考据，指出"中"乃用以表示天地运化、王治圣学之根本大道。他简明而准确地梳理了"中庸"范畴的形成、变化脉络，认为其起源于尧舜递相授受的"允执其中"；至孔子而大加发挥，并提出了"中庸"的概念；至子思述孔子之意而作《中庸》，既言"中庸"，又言"中和"。他认为"中庸"与"中和"义理相通，"中"以言天、"庸"以言人，也是颇具慧眼的。但他认定"中和"主要讲道之体性（即本体），"中庸"主要讲入道之途径（即方法），既不明"中

---

① 钱大昕：《潜研堂文集》卷三《中庸说》，陈文和主编《嘉定钱大昕全集》，南京：凤凰出版社，2016，第60—61页。

和"乃子思分析"中庸"之中的结果，亦不明"中庸"内含本体、工夫与境界三重意蕴，则显为不妥。

2. "中"与"和"：内德中正而外行和顺

《中庸》论"中庸"，还有另一突出特点，即析一"中"为"中"与"和"，在"中"与"和"的关联中发挥"中庸"之义。如前所引，关于"中庸"的"中"字，程颐释曰："不偏之谓中……中者，天下之正道也。"吕大临则以"无过不及"释之："圣人之德，中庸而已。中则过与不及皆非道……圣人之学，不使人过，不使人不及。"[①] 朱子综合程氏与吕氏之说，以"不偏不倚，无过不及"释之。朱子此举，显然是自觉地与《中庸》析一"中"为"中""和"相对应：

> "中庸"之"中"，是兼已发而中节、无过不及者得名，故周子曰："惟中者，和也，中节也，天下之达道也。"若不识得此理，则周子之言更解不得。所以伊川谓"中者，天下之正道"。《中庸章句》以"中庸"之"中"实兼"中和"之义，《论语集注》以"中者不偏不倚，无过不及之名"，皆此意也。（《朱子语类》卷六二）[②]

这意味着，朱子系以"不偏不倚"释喜怒哀乐未发之"中"，以"无过不及"释"发而皆中节"之"和"。应该说，在《中庸》文本中，朱子之解是有一定依据的。其中，"不偏不倚"关联着"中立而不倚"（第十章）、"夫焉有所倚"（第三十二章）等语，"无过不及"关联着"知者过之，愚者不及也""贤者过之，不肖者不及也"（第四章）等语。

---

① 卫湜：《中庸集说》，杨少涵校理，桂林：漓江出版社，2011，第 2 页。
② 朱杰人、严佐之、刘永翔主编《朱子全书》第 16 册，第 2005 页。

　　然而，由"中"分析而来的"中"与"和"何所指？它们有什么区别与联系？进而言之，《中庸》一书区分"中"与"和"有何理论意义？就《中庸》的表述来看，"中"与"和"分别对应喜怒哀乐之未发与已发。毫无疑问，喜怒哀乐属于情感范畴。那么，喜怒哀乐仅仅指情，还是如同"戒慎""恐惧"概指诚敬工夫一样，是用来概指人的一切思想意识与作为的？从"致中和，天地位焉，万物育焉"来看，当为后一种情形。否则，若只要情感发用适当，就能收"天地位焉，万物育焉"之效，则是不可思议的。故朱子曰："不偏不倚云者，程子所谓'在中'之义，未发之前无所偏倚之名也。无过不及者，程子所谓'中之道'也，见诸行事各得其中之名也。"（《中庸或问》）

　　"已发"与"未发"，它们究竟是"性（体）—情（用）"关系，还是人的思想意识的两个阶段？在这个问题上，朱子本身即有歧解。一方面，他以"性（体）—情（用）"关系解之："喜怒哀乐，情也。其未发，则性也。"（《中庸章句》）这时的"已发—未发"显然并不构成两个阶段，因为我们不能说本质是一个阶段、本质的发用是另一个阶段，这就如同机床的工作原理与机床的工作过程之间的关系一样。另一方面，他又把"未发—已发"与"戒惧—慎独"联系起来，认为"未发"时以涵养为工夫（方法）、"已发"时以省察为工夫（方法），这明显是把"未发—已发"理解为人的思想意识的两个阶段，如同机床工作与不工作时一样。后一种理解，显然是对《中庸》的误解。

　　然而，朱子以"性（体）—情（用）"理解"未发—已发"，进而以之诠释"中—和"之实质内涵，是否就准确无误了呢？且看他的具体诠释：

　　　　喜怒哀乐，情也。其未发，则性也，无所偏倚，故谓之中。发皆中节，情之正也，无所乖戾，故谓之和。（《中庸章句》）
　　　　盖天命之性，万理具焉，喜怒哀乐，各有攸当。方其未发，浑然在中，无所偏倚，故谓之中；及其发而皆得其当，无所乖戾，故

谓之和。谓之中者，所以状性之德，道之体也……谓之和者，所以
著情之正，道之用也……（《中庸或问》）①

朱子以"未发"为"性"，以"性"之无所偏倚为"中"，所以状性之
德、为道之体；以"已发"为"情"，以"情"之无所乖戾为"和"，
所以著情之正、为道之用。朱子以此为说，其主要依据有二。其一是
《中庸》本身，即"率性之谓道"一语，此语表明："道"与"性"是
一致的，"性"是"道"的内在根据，"道"是性的文化表现。即此而
言，朱子以"性"为体、以"道"为用，也未尝不可。其二是《左
传》之语："刘子曰：吾闻之，民受天地之中以生，所谓命也。是以有
动作礼义威仪之则，以定命也。"（《左传》成公十三年）按照孔颖达之
疏，此语意味着：人之生命乃天地中和之气所赋予，而"动作礼义威
仪之则"（实相当于"率性之谓道"之"道"）是用来安顿人之生命
的。这一思想，大概是春秋战国时期很多士人的文化常识、共同看法。
即此而言，朱子以天赋人性为"中"，也未尝不可。但问题在于，"率
性之谓道"是就"性"与"道"的本质联系而言的，强调的是二者的
内在一致性，这是思孟一派的共同主张。而"喜怒哀乐之未发，谓之
中；发而皆中节，谓之和"，则是从"喜怒哀乐"即人的现实思想和活
动方面立论的，如果直接在"未发"与"性""中"之间画等号，就
会面临一个无法解释的理论困境：小人是否与君子一样，其情未发之
时，也一性在中而不偏不倚呢？小人虽与君子同样禀有天命之性，但既
谓之小人，他们已然形成了猖狂而无所忌惮之品性，虽不应事接物，其
心已失中和而偏离本性了。因而，朱子的解释存在明显漏洞，难以通达
《中庸》思想。

正是有鉴于此，毛奇龄认为，"喜怒哀乐之未发，谓之中；发而皆
中节，谓之和"讲的并非"性"与"道"之关系，而是"德"与

———
① 朱杰人、严佐之、刘永翔主编《朱子全书》第6册，第558页。

"道"的关系，"中"与"和"则是君子尽了"戒慎""恐惧""慎独"等修道工夫后，所达至的理想状态：

> 道既修，则内本于性而达之为道。其在性，则充实内积、不匮不溢，不谓之"性"而谓之"中"，以慎独之后，明善择善，中有所主也。其在道，则节文外著，不流不倚，不仅谓之道而又谓之和者，以明进乎诚，推己及物，无所违庆也。①

在《中庸》一书里，"德"与"性"虽相通相连，故有"尊德性""性之德"之说，但与"性"相对时，"德"常常指"性"已实现于己身，是实现了的天赋性能，而不仅仅是作为天命之性的潜能存在。以"德"与"道"相对而言"中"与"和"，其理论意义在于强调以"德"行"道"："道"本于"德"，而"德"发用为"道"。这是《中庸》的重要思想，从第二十章以后，不断得到体现："文、武之政，布在方策。其人存则其政举"，"为政在人，取人以身"，"修身则道立"，以"达德"行"达道"，"唯天下至诚，为能尽其性"，"礼仪三百，威仪三千，待其人而后行"，"苟不至德，至道不凝"，"唯天下至圣，为能聪明睿知，足以有临也……"，"唯天下至诚，为能经纶天下之大经，立天下之大本，知天地之化育"……这些表述，都在强调以"德"行"道"。"道"成于"德"，有德才能行道，修身凝道乃君子之要务。因此，如果一定要用"体—用"关系来分析"未发—已发"，那么，准确地说，"体"应该指"德"，"用"应该指"道"，而"中"与"和"则分别是"德"与"道"之写状，即朱子所谓"状性之德""著情之正"。然而，朱子以"中"为"道之体"、以"和"为"道之用"，则属于不通之论："道"既为万事万行之体，怎能复以体、用离析之？

以"中"状"德"，此"中"字固可以"不偏不倚"训之，然而，

---

① 毛奇龄：《中庸说》卷一，庞晓敏主编《毛奇龄全集》第 15 册，第 194 页。

必得其中和在抱、"沛然莫之能御"之义而后可。须知此"德"此"中"，其实体即是气，乃中和之气也。《中庸》第二十六章以"鬼神之为德也，其盛矣乎"为说，其"德"若非中和之气，何以称"盛"？因此，注家或谓"德盛"以气为言。第三十一章以"溥博渊泉"喻此"德"，并以"渊泉如渊"申述之，第三十二章又申之以"渊渊其渊"。"渊泉"者，静默渊深之源头活水也。其德虽未发用，却充满了生机活力，故毛奇龄以"充实内积，不匮不溢"释之，最能得"未发谓之中"之神韵。其义恰与《易传·系辞上》之"易无思也，无为也，寂然不动，感而遂通天下之故"相通，其所谓"寂然"、所谓"不动"，并非死寂僵滞，而是渊深内充、蓄势待发。虽酬酢万物之际，但此中和之德未尝不在，故王夫之曰："盖云未发者，喜、怒、哀、乐之未及乎发而有言、行、声、容之可征耳。且方其喜，则为怒、哀、乐之未发；方其或怒、或哀、或乐，则为喜之未发。然则至动之际，固饶有静存者焉。圣贤学问，于此却至明白显易，而无有槁木死灰之一时为必静之候也。"[1]

以"和"状"道"，此"和"字固可以"无过不及"训之，然必得其发而中节、物我和谐、共鸣共舞之义而后当。此"道"此"和"，亦有实体，礼乐是也，此乃秩序与和谐的统一。[2] 故"发而皆中节"之"节"，既是礼之仪节，也是乐之节奏。"中节"者，合乎礼仪、切中节奏也。如此，才称得上是"和"。"和"的本义是"相应"（《说文》），即歌者一唱一和、此感彼应的和谐共鸣；引申开来，"和"代表着万事万物各尽其性、各效其能，又相互配合、相得益彰的共鸣共舞之境。故《中庸》曰："致中和，天地位焉，万物育焉。""天地位焉"，即天地万物各处其位，各安其位，不相侵越，它代表着世界的条理与秩序；"万物育焉"，即万物各效其能，各尽其性，各遂其生。

---

[1] 王夫之：《读四书大全说》卷二《中庸》，第81页。

[2] 《礼记·仲尼燕居》引孔子之言曰："礼也者，理也。乐也者，节也。君子无理不动，无节不作。""理"与"节"的统一，即是条理秩序与节奏和谐之统一。

《中庸》又说："万物并育而不相害，道并行而不相悖。"（第三十章）万物各有其生，而各遂其生、不相妨害；万物各有其道，而各行其道、不相侵越。此即毛奇龄所谓"其在道，则节文外著，不流不倚，不仅谓之道而又谓之和者，以明进乎诚，推己及物，无所违戾也"。孔子曰："兴于《诗》，立于礼，成于乐。"（《论语·泰伯》）"成于乐"，即是完成、实现于充满乐感韵律的中和之境。这说明，《中庸》是把人各尽其性的普遍和谐作为最高境界和价值来追求的。只有能和谐共振的礼乐文化，才是畅通无阻、同行共由的人间正道，故曰"和也者，天下之达道也"。

总之，从根本上讲，《中庸》之"中"即中和之德，其"和"即中和之道。德乃道之含藏蕴藉处，道乃德之发用流行处，故曰"中也者，天下之大本也"——中和之德乃天下之道之根本。"修身则道立"（第二十章），君子若能自修其身而有中和之德，文、武之政（也便是道）便由存在于方策上的抽象、形式化的规定，落实到君子身上，使君子之身成为充满生命活力的道德源泉，取之不尽、用之不竭，流行于天地之间而生生不息。道之本于德，犹如水之出于源，"溥博渊泉，而时出之"（第三十一章）。反过来说，就是"薄于德，于礼虚"（《礼记·孔子燕居》），不本于中和之德的礼乐文化，只是僵死的虚文外饰，没有任何道德兴发力、精神感召力。故知《中庸》分一"中"为"中"与"和"，就是要以德行道、致中于和。

以"和"状"道"，其实就是以"和"状"行"。这是因为，所谓"道"，不过是率性而行的产物，所谓"率性之谓道"也。庄子谓"道行之而成"（《庄子·齐物论》），也是强调"道"与"行"的密切联系。从本质上讲，"道"就是人类生活的正常状态，而礼乐文化之道不过是这一正常状态的固定化、标准化、形式化（或仪式化）而已。

总之，《中庸》析"中庸"之"中"为"中"与"和"，是为了强调内德为行道之本，以中正之德成就中和之行。首章的"大本"

"达道"之说即所以明其义。在《中庸》一书中，此义最直接而典型的表述，就是"君子和而不流，强哉矫！中立而不倚，强哉矫"（第十章）。"中立而不倚"，所以释"中"也；"和而不流"，所以释"和"也。"中立而不倚"，以安身立命言，谓君子立于中正之位而不倾侧倒伏，以喻其坚定的道德操守。"不倚"，是不依附于外在的任何力量，而唯中德是守，此即所谓"依乎中庸"（第十一章）。而其语义加强之句，则见于第三十二章："唯天下至诚，为能经纶天下之大经，立天下之大本，知天地之化育。夫焉有所倚？""夫焉有所倚"一语表明，君子正是以其至诚中正之德独立于天地之间的，经大经、立大本、知化育等大业莫不因此而立，又怎么会倾侧倒伏呢?！"和而不流"，就与世周旋而言，谓君子既能积极回应他人、和谐共举，又能洁身自好而不随波逐流、同流合污，颇有庄子"顺人而不失己"（《庄子·外物》）之意趣。而两个"强哉矫"，正是为了彰显君子内中外和之德行的强大与坚固。明儒郝敬或未达《中庸》此义，而谓"子思增一'和'字，又不如夫子增一'庸'字。'庸'可兼'和'，而'和'不能尽'庸'"。[①] 不知"和"属于"中庸"之"中"，而不属于"中庸"之"庸"。

　　笔者所以繁词疏说"中""和"之义，主要针对朱子之解而发。由于有效地综合了前人成果，朱子的"不偏不倚，无过不及"之说风行天下。其说简单明了，足以为学者入门提供方便。但若阔略《中庸》文本，执着于其语而不求甚解，终无以登《中庸》之堂、入《中庸》之室。"或问：'朱子以无过不及言中，如何？'曰：'未可……今抛却底本，硬执无过不及，焉能做得中出？才著摸拟，早已不中。但有式样，都则非中。摆定无过不及格子，依样葫芦，失之愈远。夫子尝言过不及，为检举众人卤莽灭裂之病，岂可遂反其语而以为妙道精义？善言中莫如《易》，曰：无思也，无为也，寂然不动，感而遂通天下之故。

非天下之至神，其孰能与于斯？又曰：一阖一辟之谓变，往来不穷之谓通，阴阳不测之谓神。即子思所谓喜怒哀乐之未发。合而观之，中其可知矣。'"① 既然如此，则"中庸"的往来不穷、纵向贯通之义，亦不可不明。

3. "中庸"的纵向贯通义：居间引发，继往开来，生生不穷

子思论"中庸"，兼及"位"与"时"。在《中庸》文本中，显而易见的相关语词有："天地位焉"，"素其位而行"，"上位""下位"，"居上""位下"，"有其位""无其位"；"时中"，"时使"，"以时"，"时食"，"时错"，"终始"，"久""悠久"，"故""新"，"天时""四时"，"时出"。抽象地说，"位"代表着共时性的空间关系，而以天、地、人三才之位为大宗；"时"代表着过程性的时间关系，而以"天时""四时"为大宗。古今释"中庸"者，虽亦不断提及"时中""中节"等，但正如"不偏不倚，无过不及"之语所提示的那样，人们往往偏重于其空间性（即横向关联）内涵，而对其时间性（即纵向贯通）内涵不免有所忽略。

《中庸》言"时""位"，与《易经》关系密切。《易传·文言》曰："君子进德修业，及时，故无咎。"惠栋释之曰：

"时中"者，《易》之大要也。孔子于《彖传》言"时"者二十四卦，言"中"者三十六卦；于《象传》言"中"者三十九卦，言"时"者六卦。盖"时"者，举一卦所取之义而言之也；"中"者，举一爻所适之位而言之也。时无定而位有定，故《象》多言"中"，少言"时"。子思作《中庸》，述夫子之意曰"君子而时中"，"时中"之义深矣。故《文言》申"用九"之义

---

① 郝敬：《礼记通解》卷一八，《续修四库全书》第 97 册，第 461—462 页。

曰"知进退存亡而不失其正者，其惟圣人乎"，是"时中"之
义也。①

《易》以断吉凶祸福，其判断的依据在"时"与"位"。"时"以纵向
的变化为言，"位"以横向关联中所处位置为言。位有"中"与"不
中"之分，不偏于上、不偏于下，即为"中"，故《易》以二、五之爻
为中。然而，同样身居中爻，还有德与位是否相合的问题，合则正，不
合则不正，阴阳失位皆为不正。故《易》不仅言"中"，而且言
"正"、言"中正"。位之所在，常有其自然而必然之数，非人力所可勉
强，关键是要以德配其位、因位而修其德，故《中庸》力倡"素其位
而行"，以"在上位不凌下，在下位不援上，正己而不求于人"（第十
四章）、"居上不骄，为下不悖"（第二十七章）为教。"时"有及与不
及之别，所谓"及时"，要义之一，就是"进德修业"以正其位、行其
中。"进德"，则德配其位；"修业"，则行得其中。《中庸》曰："君子
而时中。"（第二章）"时中"者，随时择中、处中且无往而不在中也。
对于"时中"之义，以往的注家或斤斤计较于"随时处中"与"随时
在中"者，实大可不必。实际上，"处中"以工夫言，"在中"以德行
言，皆君子之事能也，何必如此拘泥？《中庸》曰："回之为人也，择
乎中庸，得一善，则拳拳服膺而弗失之矣。"（第八章）又曰："诚之
者，择善而固执之者也。"（第二十章）两章两贯，可知"善"即
"中"，"择善"即是"择中"。

"时中"在《中庸》中虽仅一见，"时"之一字却频繁出现，如
"荐其时食""时使薄敛""时错之宜""上律天时""而时出之"等。
更重要的是，该书不少论述虽未用"时"字，却深刻地体现了"中庸"
的"时中"之义。第十七章曰：

---

① 惠栋：《周易述》卷一九，《儒藏》（精华编）第 8 册，北京：北京大学出版社，
2013，第 851 页。

舜其大孝也与！德为圣人，尊为天子，富有四海之内，宗庙飨之，子孙保之。……故大德者必受命。

第十八章曰：

无忧者，其惟文王乎！以王季为父，以武王为子，父作之，子述之。武王缵大王、王季、文王之绪，壹戎衣而有天下，身不失天下之显名。尊为天子，富有四海之内，宗庙飨之，子孙保之。武王末受命，周公成文、武之德，追王大王、王季，上祀先公以天子之礼。斯礼也，达乎诸侯、大夫及士、庶人。

第十九章曰：

武王、周公，其达孝矣乎！夫孝者，善继人之志，善述人之事者也。……践其位，行其礼，奏其乐，敬其所尊，爱其所亲，事死如事生，事亡如事存，孝之至也。郊社之礼，所以事上帝也；宗庙之礼，所以祀乎其先也。明乎郊社之礼，禘尝之义，治国其如示诸掌乎！

古来注家解以上论孝之三章，多因其继第十六章"夫微之显，诚之不可掩如此夫"，而认为此三章只是在说至诚必见显。其解固有其理，然而更应追究的是：至诚何以不可掩？这就涉及"时中"的问题，亦即"至诚不可掩"的发生机制问题。

《中庸》也好，《易传》也罢，其所谓"时中"之"时"，固然直接指向当下的时段、时节与时机，然而，当下总是在与过去、未来的密切关联中定义自身、获得其意义的。即此而言，每一当下，客观上都是继往开来的时间节点、继往开来的中时。《中庸》言"孝"，其义固不止于一端。然而，合第十七至十九章观之，则知其所谓"孝",要义端在"父作之,子述之"这一承上启下、居间引发的中和之道。在儒者心目中,舜之孝德孝行无与伦比。而《中庸》特以"大孝"名之,其孝大就大在"上事天地父母,而下传子孙。全其所受于天地父母之性命,而与天地父母同其久大"。① 圣人者,人之极致也。以圣人之德而居天子之位,其位正;而能继天立极,行其大中至正之道,泽被天下,化及万代,其德业广大而久远。其德其业,业已突破了一家一姓之福禄,而直通天地生生之道,能不谓之"大孝"乎?

第十八章以文、武王及周公为样板,直接点出"父作之,子述之"的承上启下之义:前后相继、代代相续,因时制作,化育流行。第十九章复以"善继""善述"盛赞武王、周公述、作之精,上应天时、下顺民情,履其位而施其化,进而尽其爱、敬之实,把自己的生命与先王之志业融为一体。其中的五个"其"字一语双关,使武、周之化犹如古今交织、物我共举之交响乐,故陶起庠曰:

> 凡此所制祭祀之礼,皆武、周善体先王而为之者也。先王对越神明有位焉,今虽易侯而王,然践其所当践,是即践先王之位。先王灌献登降有礼焉,今虽易七献为九献,然行其所当行,是即先王之礼。先王声容感格有乐焉,今虽易六佾为八佾,然奏其所当奏,是即奏先王之乐。先王所尊者祖考也,今春秋备举,而致其诚恪,是敬先王之所尊矣。先王所亲者子孙臣庶也,今宗庙周列,而各展其欢心,是爱先王之所亲矣。可见武、周事先王,虽死而事之如生,虽亡而事之如存,真善继善述而为孝之极至者也,非达孝而何?②

---

① 刘咸炘:《内书》卷一《人道》,《推十书》,第 423 页。
② 陶起庠:《四书集说·中庸》卷二,《清经解全编·清经解四编》第 13 册,济南:齐鲁书社,2016,第358 页。

所谓"孝之至"，实即中和之至。继往开来、化被天下，故为中和之极致，亦即郊社、禘尝之礼的要义所在，故曰："明乎郊社之礼，禘尝之义，治国其如示诸掌乎！"

"时"，有自然之时，有文化之时。就自然的时间而言，其所有时段都是均匀的、同质的，没有任何时间节点是独立超群的；每一个人都占据一定的时间节点，出没于生老病死的生命循环，没有谁比谁更加高明。然而，就文化的时间而言，只有那些充分实现了生命潜能的人，于前人之事业有所继承，才不至于让自己的生命总是从零开始；对后人之事业有所开创，才不至于让自己的生命与草木同朽。《中庸》曰："温故而知新。"（第二十七章）温故知新，即是在继承中创造之。而"善继""善述"，也理应被理解为创造性的继承。"仲尼祖述尧、舜，宪章文、武"（第三十章），亦当如是观。

正是通过创造性的继承或承续着的创造，君子及其文化活动不仅顺应了自然的时间，而且深入了文化的时间之中，成为继往开来、居间引发的中间环节。《中庸》说：

> 君子之道，本诸身，征诸庶民，考诸三王而不缪，建诸天地而不悖，质诸鬼神而无疑，百世以俟圣人而不惑。质诸鬼神而无疑，知天也；百世以俟圣人而不惑，知人也。是故君子动而世为天下道，行而世为天下则法，言而世为天下则。（第二十九章）

"君子之道"，即君子议礼、制度、考文等的文化创制活动及其成果。"本诸身"，本之于一身的中和之德；"征诸庶民"，合乎民心日用的常理常道。能如此，则内外一体、物我共举。横言之，则至于通达天地鬼神，与自然规律相配合，此即所谓"知天"也；纵言之，则至于贯通先王与来圣，让逝者与来者在此时此地相会，而进入文化的节律之中，此即所谓"知人"也。君子之道因此获得永恒的生命力。三个"世"字，皆有世代相承、生生不息之义。

进入了时间之中，也便是进入了生命、生活和世界的内在节律之中。《中庸》说：

> 诚者，不勉而中，不思而得，从容中道，圣人也。（第二十章）

> 仲尼祖述尧、舜，宪章文、武，上律天时，下袭水土。辟如天地之无不持载，无不覆帱，辟如四时之错行，如日月之代明。（第三十章）

"中""得""中道"都是"中"，是在动态过程中切中世界节律的中和之态。"四时之错行""日月之代明"，表达的就是阴阳对生迭运、生生不穷的纵向贯通之"中"。

将"中庸"的横向关联与纵向贯通义合言并论的，集中体现在第二十五章中：

> 诚者，物之终始，不诚无物。是故君子诚之为贵。诚者非自成己而已也，所以成物也。成己，仁也；成物，知也。性之德也，合内外之道也，故时措之宜也。

其中，"终始"以时间言，"成己—成物""外—内"以空间言。就时间言，始以始其终，终以终其始，始、终相承相续、不止不息，即是纵向之"中"；就空间言，自成与互成、内与外一体联动，就是横向之"中"。"宜"，亦中也；"时措之宜"即"时措是宜"，此则合时空、纵横为一体：随时当位地施为之，而无不得其"中"。既得其"中"，则生生不息之义自在其中，故下章紧承以"故至诚无息"。"诚"，遂成为彻终始、合外内之不二枢纽。故当继之以论"诚"。

三 "诚"：《中庸》一书之枢纽

儒家重"诚"，因诚、伪之分即善、恶之别。在儒家经典中，能充分阐发"诚"之要义者，莫过于《中庸》。"诚"乃《中庸》之不二枢纽："中—和"之境依"诚"而立，"微—显"之机因"诚"而灵。此"诚"至神至奇，而"诚身"工夫却至平至常，"择善而固执之"而已。不明"诚"之要义，则无以通达《中庸》之道。

1. "诚"之要义：纯一不贰

从第二章起，《中庸》从不同侧面反复论及"中庸"。至第十六章，始逗出个"诚"字来："夫微之显，诚之不可掩如此夫！"至第二十章，始挑明"明善诚身"之旨，而以"诚者，天之道也；诚之者，人之道也"为言，随后转而论"诚"。至第二十六章，方将"诚"之精义和盘托出：一曰"天地之道，可一言而尽也：其为物不贰，则其生物不测"，二曰"维天之命，於穆不已"，三曰"文王之所以为文也，纯亦不已"。故第二十六章才是把握"诚"之精义的关键：

> 故至诚无息。不息则久，久则征，征则悠远，悠远则博厚，博厚则高明。博厚，所以载物也；高明，所以覆物也；悠久，所以成物也。博厚配地，高明配天，悠久无疆。如此者，不见而章，不动而变，无为而成。
>
> 天地之道，可一言而尽也：其为物不贰，则其生物不测。天地之道，博也，厚也，高也，明也，悠也，久也。今夫天，斯昭昭之多，及其无穷也，日月星辰系焉，万物覆焉。今夫地，一撮土之多，及其广厚，载华岳而不重，振河海而不泄，万物载焉。今夫山，一卷石之多，及其广大，草木生之，禽兽居之，宝藏兴焉。今

夫水，一勺之多，及其不测，鼋鼍、蛟龙、鱼鳖生焉，货财殖焉。

《诗》云："维天之命，於穆不已！"盖曰天之所以为天也。"於乎不显，文王之德之纯！"盖曰文王之所以为文也，纯亦不已。

此章文字虽多，主旨却不外乎论"诚"：首言至诚之人德配天地、悠久无疆；次言天地之道不外乎一"诚"，"其为物不贰，则其生物不测"；末以文王为样板，言至诚以"纯亦不已"之德配天地"於穆不已"之道。

《中庸》言"诚"，首先是一个本体论概念，指"诚"乃天地之道和至诚之人的根本体性。"天地之道，可一言而尽也：其为物不贰，则其生物不测。"其中虽未见"诚"字，但古来注释者，大都以其为论"诚"之语。① 郑玄注曰："至诚无贰，乃能生万物多无数也。"（《礼记正义》卷六〇《中庸》）朱子曰："不贰，所以诚也。"（《中庸章句》）朱子以"所以诚也"为说，意味着"不贰"是"诚"的表现或求诚的工夫。所以如此，乃因他以"真实无妄"（《中庸章句》第二十章）为"诚"之要义。其实，"不贰"即是"诚"；以"真实"训之，只是同义反复。"贰"并非数词，而是与"一"相反的概念，故"不贰"即是"一"，"一"即是"诚"。

"一"者，纯一也，即精纯无杂之义。其义可即章末引《诗》言为证以明之。"《诗》云：'维天之命，於穆不已！'"据《字源》，"於"乃"乌"之本字，乌鸟颜色纯黑，故《诗》以"於"喻指精纯之物、精纯之德。"穆"本指禾实饱满，《诗》以之喻充实饱满。故"於穆"系指天命、天道之精纯饱满。既引此诗，《中庸》引而不发地评点道："盖曰天之所以为天也。"紧接着，《中庸》复引《诗》言"文王之德之纯"并总结道："盖曰文王之所以为文，纯亦不已。"很显然，文王

---

① 王引之之释，可能是个例外。他在《经义述闻》中说："'贰'当'貳'之讹。'貳'音他得切，即'忒'之假借字。'貳'与'侧'为韵。若作'贰'，则失其韵矣。"王氏为了合韵而改字，恐未得其旨。

138

之德足配"维天之命"，其"纯亦不已"与"於穆不已"相呼应。故"於穆"与"纯"名异实同，均以精纯、纯粹为义，用来描述至诚之本体；而其中的两个"不已"，与"至诚无息"之"无息"以及"生物不测"之"不测"相对应，用以表示至诚之体的无限功用——空间上无限广大、时间上永续不断。由此可知，《中庸》第二十章通篇可以一语括之，那就是"至诚无息"。而"其为物不贰，则其生物不测""维天之命，於穆不已""纯亦不已"，则是从不同侧面阐明了"至诚无息"。其中，"不贰""於穆""纯"就是用来揭示"诚"（或"至诚"）之本质内涵的。纯一（精纯无杂）就是对"诚"字的精准诠释。

在《中庸章句序》中，朱子曾引《尚书》"惟精惟一，允执厥中"以论《中庸》要旨。其中"精""一"，即是对《中庸》之"诚"的精准概括。然而，《中庸章句》在具体解释"诚"字时，却另辟蹊径，而以"真实无妄"为说，使诠释陷于同语反复。后世学者亦为"真实无妄"四字所囿，无法精准把握"诚"之内涵。

需要指出的是，《中庸》言"诚"，分别展开于本体（天命之性）、工夫（修道途径和方法）和境界（理想的人生状态）三个层面。就天命之性而言，"诚"乃天地之化所赋予人这个物类的至精至纯的生命潜能，所谓"诚者，天之道也"；就理想境界而言，"诚"乃天命之性充分实现后，人所达至的至精至纯的人生状态，所谓"纯亦不已""肫肫其仁"也；就修道工夫而言，"诚"乃言行一致、心口不二、始终如一地奉持天命之性的生命实践，所谓"诚之者，人之道也"。

2. "明"之要义：聪明无蔽

在《中庸》一书中，"诚"与"明"对言，构成了其重要且独特之思想范畴。"明"字本义，为日月照临四方。引申开来，凡照临世界、如实显现万物之本来面目者，皆可曰"明"。"明"首先与视觉相关，所谓"视曰明"（《尚书·洪范》）、"视思明"（《论语·季氏》）。引申开来，心知物曲亦曰"明",所谓"知微之谓明"(《韩非子·难四》)。作为哲学范畴,《中庸》之"明"主要与人生智慧相连。两相对照,如果说"诚"乃人性不受污染的纯一状态,那么"明"就是人性不受遮蔽的聪明状态。《中庸》既言"至诚",亦言"至圣":"至诚"乃"诚"之极致,"至圣"乃"明"之极致。

同"诚"一样,"明"也可以展开于天命之性、理想境界和修道工夫三个层面。就天命之性而言,"明"乃天命之性所固有的虚灵不昧特征。理想境界之"明",不过是天命之性的充分实现,故《中庸》以"聪明圣知达天德者"为言。"达天德",就是彰明通达天命之性。就修道工夫而言,"明"即"明乎善",亦即"择善而固执之",具体说来,就是"博学之,审问之,慎思之,明辨之,笃行之"的修身工夫。

值得注意的是,作为天命之性的充分实现,理想境界之"明"与"中—和"之境密切相关。德性显明于内即是"中",德性显明于外而及人、及物,就是"和"。此即所谓"唯天下至诚,为能尽其性;能尽其性,则能尽人之性;能尽人之性,则能尽物之性"。"尽其性",德性显明于中也;"尽人之性""尽物之性",德性显明于外而及人、及物也。由此可知,《中庸》之"明"是物我兼尽、内外双彻的,是自明与明他的统一,不能仅仅理解为明通他人他物,更不能理解为察知他人他物。

与此同时,作为彰显天命之性的工夫,"明"也是知行兼摄的,故《中庸》将"明善"工夫界定为"择善而固执之",又把"择善而固执之"具体化为"博学之,审问之,慎思之,明辨之,笃行之"。这意味着,一切用来彰明其性的途径、方式、手段及其过程,皆为"明"之工夫。在这一点上,《中庸》与荀子思想是相通的。荀子说:"明者,礼之尽也。"(《荀子·礼论》)"礼之尽"显然不止于知,故荀子又说:"学至于行之而止矣。行之,明也。明之为圣人。"(《荀子·儒效》)这意味着,唯有落实到行上,"明"之工夫才能完成。由此可见,朱子"以知语'明',以行语'诚'"(《中庸章句》)之说,不仅割裂了"明"与"诚",也破坏了"明善"工夫的完整性。更何况,

"诚"贯穿于知行之中，学欲其博，问欲其审，思欲其慎，辨欲其明，行欲其笃，都是"诚"的体现，怎能仅以"诚"为行呢？

3. "诚"与"明"之关系

论及"诚"与"明"的关系，《中庸》第二十一章说："自诚明，谓之性；自明诚，谓之教。诚则明矣，明则诚矣。"此章言简意丰，古今释之者众说纷纭。

其实，《中庸》第二十一章乃承续第二十章之"诚者，天之道也；诚之者，人之道也"而来。[①] 后者是说"诚"乃人之天赋性能，追求"诚"、实现"诚"乃人当行之路。正如前节所述，"诚"和"明"皆可分别从本体、境界与工夫三个层面予以把握，故"诚者，天之道也；诚之者，人之道也"亦可扩展表述为"诚明者，天之道也；诚之明之者，人之道也"。

"自诚明，谓之性"与"诚明者，天之道也"一致，意即"诚"和"明"属于天赋性能之范畴。"自明诚，谓之教"与"诚之明之者，人之道也"一致，意即追求"诚"、追求"明"属于修道工夫范畴。两个"自"字，当从明儒张振渊之说："'自'字不着力，即'自其''自夫'之'自'。"[②] 其与今语"就……而言"相近。至于"诚则明矣，明则诚矣"，乃就理想境界、如上章的"及其成功"而言，意为：在人生的理想状态中，"诚"与"明"是一体相连、一有俱有的——诚则明在其中，明则诚在其中。犹如水质纯粹无杂，水体自然通彻明照；水体通彻明照，水质自然纯粹无杂。两个"则"字乃急词，有相即不离之义。

由于不能贯通《中庸》第二十、二十一两章思想，从郑玄到朱子，其解第二十一章皆未能圆通无弊。郑玄注曰："自，由也。由至诚而有

---

① 《孟子·离娄上》有一段与之相似的表述："诚者，天之道也；思诚者，人之道也。"可见，"诚之"即"思诚"，亦即追求诚、实现诚之义。

② 张振渊：《四书说统》卷三。

明德，是圣人之性者也。由明德而有至诚，是贤人学以成之也。有至诚则有明德，有明德则必有至诚。"孔颖达疏释郑注曰：

> 此一经显天性至诚，或学而能。两者虽异，功用则相通。"自诚明，谓之性"者，此说天性自诚者。自，由也。言由天性至诚而身有明德，此乃自然天性如此，故谓之性。"自明诚，谓之教"者，此说学而至诚，由身聪明、勉力学习而致至诚，非由天性，教习使然，故云"谓之教"。然则"自诚明，谓之性"，圣人之德也；"自明诚，谓之教"，贤人之德也。"诚则明矣"者，言圣人天性至诚，则能有明德，由至诚而致明也。"明则诚矣"者，谓贤人由身聪明习学乃致至诚，故云"明则诚矣"。是诚则能明，明则能诚，优劣虽异，二者皆通有至诚也。（《礼记正义》卷五三）①

朱子因循郑孔之说曰：

> 自，由也。德无不实而明无不照者，圣人之德，所性而有者也，天道也。先明乎善而后能实其善者，贤人之学，由教而入者也，人道也。诚则无不明矣，明则可以至于诚矣。（《中庸章句》）

朱子既然训"自"为"由"，则当一以贯之，不当解"自明诚"时用此义，而解"自诚明"时又变其义。同样，"诚则明矣"与"明则诚矣"句式无异，朱子既以"诚则无不明矣"解"诚则明矣"，亦当以"明则无不诚矣"解"明则诚矣"，不当变其解为"明则可以至于诚矣"。至于郑玄、孔颖达和朱子用"圣人之德"与"贤人之学"来分疏"自诚明"与"自明诚"，谓"自诚明"乃"圣人之性者也"或"圣人所性而有者也"，则尤为乖谬。"诚""明"乃天之所命，故为"天之道"，它们为人

---

① 阮元校刻《十三经注疏》，第 1632 页。

类同具之天赋性能。圣人有此性，贤人及其以下之人又岂能无之？

与郑玄、朱子等把"自诚明""自明诚"理解为"论圣贤品第"，即两类人的活动方式不同，张载则将其理解为人的两种为学方式，即同一个人，有时用此一方式，有时用彼一方式。张载说："'自诚明'者，先尽性以至于穷理也，谓先自其性理会来，以至穷理。'自明诚'者，先穷理以至于尽性也，谓先从学问理会，以推达于天性也。"[1] 他又说："'自明诚'，由穷理而尽性也；'自诚明'，由尽性而穷理也。"[2] 即便按照张载的思想体系，"穷理"也只是"尽性"之手段，岂能把目的当作与手段并列的另一手段？更何况，《中庸》的"谓之性""谓之教"，分明是指向天赋人性与修道之教之分野的，故张载之说不能成立。

总之，《中庸》第二十一章分别从本体、方法和境界三个层面阐明了"诚"与"明"之间的关系。就本体而言，二者皆为人之本性，为人之天赋性能；就工夫而言，二者皆以"择善固执"为实质；就理想境界而言，二者一体相连、相即不离，一有俱有。以水喻之，水质纯一，水体必然通明；水体通明，水质必然纯一。朱子以"自诚明"为"所性而有"是对的，它意味着圣人与众人同此一性；至于朱子又以"圣人之德"言之，则混淆了人性本体与人生境界两个不同层面的问题，导致了诠释的混乱。

比较而言，《中庸》论及工夫时，更强调"明"，故以"不明乎善，不诚乎身"为言，并将其落实在"择善而固执之"上。所以如此，乃因常人为学喜走捷径，易慕高远而忽卑近，故《中庸》强调把修道工夫落到平实无华的日常生活之中，认为知而行之、不息其功，便是"明之"（即"明善"）之道，而"诚之"之事自在其中。在论及理想境界时，《中庸》更强调"诚"。这是因为，常人追求理想人生，易慕聪明而忽诚敬，而《中庸》则认为，大智慧来自至诚笃恭之心，且至

---

① 章锡琛点校《张载集》，北京：中华书局，1978，第330页。
② 章锡琛点校《张载集》，第21页。

诚本身就是最高智慧，故曰"至诚之道，可以前知……至诚如神""君子笃恭而天下平"。离开了至诚之心，便无所谓聪明圣智。

由于作为理想境界之"明"兼含中正之德与和顺之行，而二者又皆以"至诚"为前提，有了"至诚"之心，则内中而外和，所谓"诚者，非自成己而已也，所以成物也……合外内之道也，故时措之宜也"（第二十五章）。故"诚"乃《中庸》一书之枢纽："明善"以"至诚"为目的，而"至诚"又为"中—和"之境的充分必要条件。这就涉及《中庸》对于"微之显"这一宇宙运化，同时也是教育教化根本机制的揭示。

4. "微之显"：宇宙运化和教育教化的根本机制

程颐曾说："至微者理也，至著者象也。体用一源，显微无间。"[①]作为精湛的本体论思想，程氏此语成为其后宋明理学的共同主张。其总结易道的"显微无间"之说，显然继承了《中庸》"微之显"这一理论话语。《中庸》始言"莫见乎隐，莫显乎微"（第一章），中言"夫微之显"（第十六章），末复言"微之显"并言"上天之载，无声无臭"（第三十三章）。在《中庸》那里，"微之显"这一提法本身就具有重要的本体论和方法论意义。

《中庸》集中阐释"微—显"之机，在第十六章：

> 子曰："鬼神之为德，其盛矣乎！视之而弗见，听之而弗闻，体物而不可遗。使天下之人齐明盛服，以承祭祀，洋洋乎！如在其上，如在其左右。《诗》曰：'神之格思，不可度思，矧可射思。'夫微之显，诚之不可掩如此夫！"

该章主旨，在"夫微之显，诚之不可掩"一语。

---

① 程颐：《易传序》，《二程集》，第 689 页。

其中的"鬼神"，系指阴阳二气之精及其对生迭运的感应机制。"视之而弗见，听之而弗闻"，系喻指鬼神之"微"，亦即其纯一之"诚"也；"体物而不可遗"，系指鬼神之"显"，亦即其"不可掩"之无穷变化。"鬼神"正因纯粹精微，故能化生万物，而万物莫非其体现，此即"鬼神"之"微之显，诚之不可掩"。由此观之，"微之显"首先指向天地之化的内在机制，是具有本体论意义的。

"齐明盛服，以承祭祀"，天下人祭祀神灵之"诚"也，亦即其心之"微"也；"洋洋乎！如在其上，如在其左右"，人心之"显"也，亦即其"不可掩"之盛大事业也。天下之人正因纯粹精诚，故能超越时空之限制，与神灵自由感通而成就其伟大事业，此即人心之"微之显，诚之不可掩"也。由此观之，人是以其至诚之心进入天地化生的原发机制之中的。

故《中庸》第二十四章曰：

> 至诚之道，可以前知。国家将兴，必有祯祥；国家将亡，必有妖孽。见乎蓍龟，动乎四体。祸福将至：善，必先知之；不善，必先知之。故至诚如神。

"至诚之道"，实即以至诚为道，为根本方法，而非以其他权谋术数为道。"如"者，从随也。（《说文》）所谓"至诚如神"，是说至诚之人是从随神明行事的，其"可以前知"的洞察力和预见力只是"如神"之一端。说到底，"至诚如神"之"神"不是别的，就是人的天命之性。唯有至诚之人才能充分实现人之本性，而人之性亦便是天之道。也唯有至诚，才能让人的本性自如挥洒，神感神应，步入"微之显"的世界，从而也是生命和生活的内在机制之中，焕发出无穷的生命力、巨大的创造力和无上的教化力量。

《中庸》一书的后半部分，一再触及由至诚而达至的这一神明之境。"诚者不勉而中，不思而得，从容中道，圣人也。"（第二十章）这意味着，被常人视为至神至奇之圣人，不过是至诚之人，是按照自己的本性去生活、切中了生命和生活的内在节奏之人。"唯天下至诚，为能经纶天下之大经，立天下之大本，知天地之化育。"（第三十二章）这意味着，圣人经天纬地之伟业，也不过是源于至平至常的诚敬之心。论及居"九经"之首的"修身"，《中庸》说"修身则道立"（第二十章）。这意味着，身修则诚，人伦之道才能摆脱外在化、对象化、抽象化的状态，而成为内在化、身体化、生命化的鲜活尺度，从而焕发出无上的教化力量："是故君子动而世为天下道，行而世为天下法，言而世为天下则。远之则有望，近之则不厌"（第二十九章）；"见而民莫不敬，言而民莫不信，行而民莫不说。是以声名洋溢乎中国，施及蛮貊。舟车所至，人力所通，天之所覆，地之所载，日月所照，霜露所队，凡有血气者，莫不尊亲"（第三十一章）。

尤其值得注意的，是《中庸》第三十三章。该章由六节构成，而义分三层。首节至"可与入德矣"，以"微之显"揭示出君子"暗然而日章"的修道机理：心有至诚，以其心由隐微而臻于精微；其心精微，则其德性自然见显光明，而化育万物、平治天下之功即在其中，此即所谓"知微之显，可与入德矣"。"入德"，即向内通透作为性命之源之天德。其下四节，借《诗》言以明"微之显"之理：第二、三节言德性显明于心，第四、五节言德性显明于天下万民。末节以"上天之载，无声无臭"喻天地以至精至微之道化育万物，而圣人之德亦复如是：精微即见显，精微必见显。

四　"慎其独"：《中庸》的道德自律论立场[①]

《中庸》是先秦儒家教化哲学的核心经典之一。除了认为《中庸》

---

① 本节主要内容，曾以《〈中庸〉"慎其独"说及其相关问题》为题，发表于《教育学报》2018 年第 5 期。此处有所增删调整。

是由两篇独立文章合编而成的少数学者和思想家外，古今诠释《中庸》者一致认定：首章乃全书之总纲，浓缩、凝聚了全书的核心义旨。首章大致可分成三节：至"修道之谓教"为第一节，概括阐明了天道、人性、人道与教化之间的逻辑关系，我们不妨称之为原理论；自"道也者，不可须臾离也"至"故君子慎其独也"为第二节，概括阐述"戒慎""恐惧""慎其独"为代表的"诚身"工夫，我们不妨称之为工夫论；余者为第三节，重在呈现以中和位育为表征的通内外、合天人之人生境界，我们不妨称之为境界论。

"慎其独"出现在第二节中，该节全文如下：

> 道也者，不可须臾离也，可离非道也。是故君子戒慎乎其所不睹，恐惧乎其所不闻。莫见乎隐，莫显乎微，故君子慎其独也。

"慎其独"显然是《中庸》工夫论的核心命题。然而，"慎其独"却是《中庸》诠释史上聚讼最多的问题之一。"独"与"慎"何所指？"独"与"隐""微"是什么关系？"隐""微"与"见""显"是什么关系？"隐""微"与"不睹""不闻"是什么关系？"慎"与"戒慎""恐惧"是什么关系？"戒慎""恐惧""慎独"与"中""和"是什么关系？在先秦以及汉代文献中，除《中庸》外，言及"慎独"者，还有《礼记》中的《大学》《礼器》，《荀子·不苟》，郭店楚简《五行》，《淮南子·缪称训》，帛书《五行》等。《中庸》的"慎其独"，与相关文献所言者有何异同？这些问题，自古以来争论不休，迄今未有定论。

欲弥合分歧，除了广泛研读自古以来的《中庸》学文献、充分吸纳前人的考证成果、重视传世文献与出土文献的比较互证外，更根本的途径，还是对《中庸》文本本身进行严密的逻辑分析，深入揭示其各部分间的逻辑关系。离开了对《中庸》本身的逻辑分析，不同文献间的比较互证很难得出准确结论。限于篇幅，本书暂不展开讨论《中庸》与先秦两汉其他"慎其独"说之关系。

1. 关于"君子戒慎乎其所不睹，恐惧乎其所不闻"

首章第二节是一个整体，分析讨论不能不从戒惧不睹、恐惧不闻开始。理解这段话，首先要弄清："不睹""不闻"，是谁不睹不闻？是他人不睹不闻，还是君子自己不睹不闻？郑玄注以"虽视之无人，听之无声，犹戒慎恐惧自修正"（《礼记正义》卷五二）①为解，其主体虽指君子，但表达的显然是没有他人在场、不为他人所睹所闻。与之相比，孔颖达之疏则在君子自己与他人之间游移不定，一方面说"人虽目不睹之处犹戒慎"，指向他人之不睹；另一方面又说"虽耳所不闻，恒怀恐惧之"，又好像指向了君子自身之不闻。（《礼记正义》卷五二）②朱子则认为，正因道不可须臾离，"是以君子之心常存敬畏，虽不见闻，亦不敢忽"（《中庸章句》）。这里的"不见闻"者，则被理解为君子自己。

其实，解决这一分歧并不困难，只要明确"其所不睹""其所不闻"的"其"字何所指即可。在首章第二节中，"其"字共出现三次，"其所不睹"、"其所不闻"和"其独"，它们的主语都是"君子"，故"其"字的含义也应该是一致的。毫无疑问，"慎其独"的"其"，指君子自己，而不是指他人。由此即可断定，前两个"其"字，也应该指君子自己。经典为文，往往极其精审。如果紧相连接的三个"其"字所指不同，在表述上也应该有所差异。"不睹""不闻"若指他人，其恰当表述应该是"人所不睹""人所不闻"。因此，朱子的理解是准确的："'其所不睹不闻'，'其'之一字，便见得是说己不睹不闻处，只是诸家看得自不子细耳。"（《朱子语类》卷六二）③

既然如此，那么君子自己的"不睹""不闻"又指什么呢？理解经典之文，有两条相反相成之途径：其一，是由部分到整体，即由字句之

---

① 阮元校刻《十三经注疏》，第 1625 页。
② 阮元校刻《十三经注疏》，第 1625 页。
③ 朱杰人、严佐之、刘永翔主编《朱子全书》第 16 册，第 2030 页。

义来合成章节之旨；其二，是由整体到部分，即由章节之旨来确定字句之义。在前者难以奏效时，我们不妨采取第二条途径。"是故"二字表明，"道也者，不可须臾离也"与"君子戒慎乎其所不睹，恐惧乎其所不闻"构成了一种因果关系，其含义是：正因为道不可须臾离，故君子时时处处戒慎、恐惧以修道——不仅有所睹闻之时与地，即便是不睹不闻，亦当心存敬畏、修道不懈。在这里，"不睹""不闻"与"睹""闻"构成了这样一种微妙的关系：一方面，是用"不睹""不闻"来统括"睹""闻"，因此，"戒慎乎其所不睹，恐惧乎其所不闻"，绝不能被理解为只在"不睹""不闻"上下功夫，而"睹""闻"之时与地可以放任无忌；另一方面，"不睹""不闻"又是把"睹""闻"推向极端的产物，以达成无时无地不戒惧修道之修辞效果。因此，不能由此就确认生活中真有那么一个闭目塞听、完全与世界断绝往来的修行空间或时段，君子应该在那里尽其戒慎恐惧之工夫。更何况，即便是闭目塞听，耳目之睹闻又何曾停止？只是睹于无形、听乎无声罢了。由此看来，所谓"戒慎乎其所不睹，恐惧乎其所不闻"与末章的"不动而敬，不言而信"，用词虽不同，意义却完全一致。"不动而敬，不言而信"，字面上是敬、信已确立于动、言之先，实际上表达的则是敬、信已成为君子稳定的人格品质，君子无时无地不敬之信之。如果拘牵于字面意义，君子在视听言动之外修其敬信，就会堕入佛学末流以心观心之窠臼。"不睹""不闻"，即是"不动""不言"；更准确地说，"不睹""不闻"可以概指"不视听言动"。

"视听言动"所代表的，正是人与世界相感通的一切活动。人之一生，即便在安睡之中，也未曾完全断绝与世界之往来交通。说到底，"不睹""不闻"不过是一种修辞手法，以凸显君子修道工夫之遍布周满，无须臾之间断，无毫厘之间隔。《中庸》何以要以"不睹""不闻""无声无臭"为说？乃因同以有形之物与外界相感应相比，睹、闻、嗅觉分别诉之于光、声、气味等无形之物，其所感所应相当精微，故祭拜神灵常以烛、乐、荤腥为之。而不睹不闻、无声无臭则连光、声、气味等无形之物一并超越，岂不更加精微？其中道理，刘咸炘在《三虚》一文中已阐发无余。他说：

> 凡天地之间万有，可一言以蔽之曰气。气之所生，或实或虚。实者五，曰木、火、土、金、水，昔之论者常减之增之而不能也。虚者四，曰味、光、声、臭，佛家谓之色、声、香、味。味之用，不若光、声、臭之大。光、声、臭者，神明之道也，不见其用而用莫大焉，故曰无用之用。……夫四者之用，光易验而声、臭难验。人之静也，目闭而耳不闭，故子思推上天之载曰"无声无臭"。声之感人犹易知，而臭之感人尤难知，故《记》之论臭特详焉。①

古今释《中庸》此节，多有索求"不睹""不闻""无声无臭"于窈冥之地、无何有之乡者。如：

> 或曰："不睹不闻，正是天命本体，原是自无声无臭来的，岂可得而睹闻？君子于其所不睹者戒慎，谓观道于无形也；于其所不闻者恐惧，谓听道于无声也。玩两个'所'字，则不睹不闻自性体言，非自时、境言。"张侗初曰："视听有起灭，天性无起灭，故所不睹是谓见性，所不闻是谓闻性。"②

天命本体无法睹闻，而论者却把"戒慎乎其所不睹，恐惧乎其所不闻"，解释成"观道于无形""听道于无声"或"见性""闻性"，岂非以荒唐无类之言论光明正大之事乎？如此之类，所在多有。其说愈多愈妙，其引人误入歧途者愈深。当然，非要说戒慎恐惧的对象是天命之性，也未尝不可。《中庸》第二十七章就有"尊德性"之语。所谓"尊

---

① 刘咸炘：《三虚》，《推十书》，第582页。
② 张振渊：《四书说统》卷二。

德性"，即是恭敬奉持天命之性。但要知道，"尊德性"并非空无所事地跪拜于"德性"面前，它只能落实在日用常行的修习之中，落实在问学之中，故曰"尊德性而道问学"。因此，谭玉怀曰："不睹不闻，世儒必欲深其旨，以道体无声无臭言。愚按：率性修道之说，并篇中论道之旨，子思子明以道之显见处示人，何必谈玄说妙？"① 笔者亦曾为各种曲说玄谈所惑，在此不得不详辨而繁说焉。其他种种玄论，恕不一一辨析。

2. 关于"莫见乎隐，莫显乎微，故君子慎其独也"

在"莫见"这段话中，"莫见乎隐，莫显乎微"与"君子慎其独也"之间，又构成了一对因果关系，即正因为"莫见乎隐，莫显乎微"，所以君子会"慎其独"。在这里，"独"显然是从属于"隐""微"一类的事物，或者说，"独"具有"隐""微"类事物之特征。因此，"独"与"隐""微"不是等值的概念。有人说"隐微即独"，严格说来，是不准确的。那么，"独"何以具有隐微之特性？这就必须弄清"独"之大体内涵。

郑玄曰："慎其独者，慎其闲居之所为。"孔颖达曰："言虽曰独居，能谨慎守道也。"（《礼记正义》卷六〇《中庸》）可见，郑、孔都把"独"理解为无他人在场的闲居独处。其解确有所本。《中庸》末章云："君子所不可及者，其唯人之所不见乎！"问题在于，"人之所不见"，不仅可指有视听言动而他人不在场，也包括他人虽在场却又无法察识的君子之内心活动。正是有鉴于此，朱子曰："独者，人所不知而己所独知之地也。"（《中庸章句》）在《朱子语类》中，朱子在回答弟子之问中，进一步明确了自己的思想：

问："'谨独'，莫只是'十目所视，十手所指'处，也与那暗

---

① 张振渊：《四书说统》卷二《中庸》。

室不欺时一般否?”先生是之,又云:“这‘独’也又不是恁地独
时,如与众人对坐,自心中发一念,或正或不正,此亦是独处。”
(《朱子语类》卷六二)①

让“独”同时容纳了独居与内心的思想活动两方面,似乎使朱子之解
更加严密周全。其实,慎其独居与慎其内在思想活动并非相互分离的两
件事。这是因为,身、心一体,身为心所支配,一个独居时能管束其身
的人,必定拥有一个强大的内心世界,这就是“心”。所以,从根本上
讲,“独”就是指“心”。

自古以来,解《大学》《中庸》者有一种流行的看法,认为《大
学》言心不言性,《中庸》言性不言心。其实“独”就是《中庸》之
“心”的代名词。帛书《五行》篇曰:“慎其独也者,言舍夫五而慎其
心之谓 [也]。”此即以“心”指“独”的重要旁证。先秦两汉典籍中
言及“慎独”的,除了《大学》《中庸》,还有《礼记·礼器》、《荀
子·不苟》、《淮南子·缪称训》及郭店楚简《五行》等。众书所说的
“独”虽有细微差别,但其最大公约数就是“心”。

为什么要用“独”来指称“心”?“独”的基本含义是“单”(《诗
经·小雅·正月》“哀此惸独”毛传)、“单独”(《广韵·屋部》)、
“单一”(《方言》卷一二),而与“众”(即“众人”和“众多”)相
对,孤独、独立、独断、独特等义,都是由“单”派生出来的。以
“独”名“心”,就是要凸显其个体内在性(属于每个人自己的隐秘空
间)、自明性(自察自知)、自主独立性(自为主客)等。总之,“慎独”
之“独”就是心,即每个人隐秘而自明、可以自主处置的独立精神空
间。② 隐秘而不自明,或虽自明却无法自主处置,皆不能名为“独”。

“隐”“微”是用来描述“独”之特性的。“隐”字的本义是“蔽”

---

① 朱杰人、严佐之、刘永翔主编《朱子全书》第 16 册,第 2003 页。
② 笔者此解,受到了李景林先生的启发。他说:“‘独’,用语说,即一种充分的个体
化和内在化。”见李景林《帛书〈五行〉慎独说小议》,《人文杂志》2003 年第 6 期。

（《说文》），有遮蔽、隐藏、藏匿、潜伏（《中庸》末章引《诗》言"潜虽伏矣"，即用此义）等义。但同样是"蔽"，对于人之生活来说，又有有意与无意之分。朱子以"暗处"释之，显然是着眼于无意之"蔽"，即人心本来就是幽蔽的，此人与彼人之内心不能直接相互察知。"微"字在甲骨文、金文中作"敚"，"敚应从攴、长会意。长为髪字之最初文……发既细小矣，攴之则断，而更微也"。① "微"本义为细小、细微，可引申出精微、精妙、晦暗、隐匿、潜行等义。《说文》曰"微，隐行也"，当为其引申义。朱子以"微，细事也"（《中庸章句》）为释，则是其本义。总之，以"隐""微"来描述"独"，正是要凸显人之内心活动的隐蔽性（对他人而言）和细密性（相对于有形之物而言）。然而，人心之"独"虽隐蔽细密，却又是每个人皆能自察自知的，故朱子以"人所不知而己所独知"释"独"，最得其要领。

那么，"莫见乎隐，莫显乎微"又是何义？这涉及两个方面：一是关于概念表述的形式方面，即隐微与见显的逻辑关系；二是关于表述的实质方面，即何物莫见显于隐微。关于其形式方面，古今之说大致有三种：其一，认为隐微与见显有时间上的先后关系，先隐微而后见显；其二，认为隐微与见显之间具有必然性，即隐必见、微必显，如《大学》的"诚于中，形于外"，以及《中庸》第十六章的"夫微之显，诚之不可掩"；其三，隐微当下即是见显。陶起庠曰：

> "莫见"是不容藏，"莫显"是不少晦。须就"隐""微"当下勘出，非隐而后见，微而后显，姑且有待之谓。亦非隐则必见，微则必显，宜防其渐之谓。只隐处便是见，微处便是显，无两境，并无异时。"隐""微"即是"独"，"莫见""莫显"，正见"独"之当"慎"，故与"故"字紧接。②

① 周法高主编，张日升等编纂《金文诂林》卷八，香港：香港中文大学，1975，第5016页。
② 陶起庠：《四书集说·中庸》卷一，《清经解全编·清经解四编》第13册，第332页。

陶氏显然是反对前两说而力主后说的。欲定三者之取舍，必须明确何物必见显于隐微，这就涉及其实质方面。

关于其实质方面，朱子的解释是：

> 言幽暗之中，细微之事，迹虽未形而几则已动，人虽不知而己独知之，则是天下之事，无有著明显而过于此者。（《中庸章句》）

朱子的意思是说，君子对于自己内心世界的了解，比对于天下之事的了解更加清楚明白。此解显然是有问题的。了解自己的内心与了解天下之事（比如对于日月当空的感知）并不具有可比性，难言对谁更清楚。更重要的是，即便独知最清楚显明，也不意味着一定要"慎其独"：因为对自己的内心最了解，所以君子会"慎其独"——这一因果关系根本不成立。原因在于，了解自心只是为"慎其独"提供了可能性，却没有揭示其必要性、必然性。其实，"隐""微"是对于"独"之特性的描述，在此即代表"独"。所谓"莫见乎隐，莫显乎微"，是说人的德性（或曰品德、品行、修养等，皆可）的善恶好坏，最直接地表现在"独"（即内心世界）上，而不是外显的言谈举止上。正因如此，王夫之才说："'显''见'止是是非分明。"[1] 此处如有不慎，则亏性丧德、离道而去。君子不欲亏性丧德，故能"慎其独"。

既然如此，那么，"隐""微"与"见""显"之间的逻辑关系就容易确定了。陶起庠之说是正确的：既非先隐微后见显，亦非内在的隐微必见显于外、必为人所知，而是隐微即见显，即是德性高下的直接确证。陶氏的所谓"无两境，并无异时"意味着，隐微与见显存在于同一个场域，而非一内一外的两个空间；二者是共时态的，而非一先一后两个时段。末章的"潜虽伏矣，亦孔之昭"，也是同一个意思。正因如此，君子"慎其独"才具有了彻底自主、自律的道德意义，才是真正

---

① 王夫之：《四书笺解》卷二，《续修四库全书》第 164 册，第 212 页。

的学以为己。末章的"君子内省不疚，无恶于志"，就是对"慎其独"
的具体说明之一："内"，即心；"内省"，即是省察、反省自己的内心；
"不疚"，即是没有瑕疵或毛病；内省不疚，则自然"无恶于志"，即无
愧于天德良知，而与《大学》的"此之谓自谦"直接相通。正是这一
高度自主自律性，使君子超越了常人、与常人区别开来，故末章云：
"君子之所不可及者，其唯人之所不见乎？"因为担心显现于外、为人
所知而慎之，在道德的自律水平上已经低了一格，可知其绝非真君子；
小人则有更甚者，虽十目所视、十手所指，也猖狂妄为、无所忌惮，此
即第二章所谓"小人而无忌惮"也。而今天的慎其隐微是为了将来的
显明，则会把道德上的即微即显、即修即得（一日修之则有道而为人，
一日不修则离道而沦为非人）割裂成两个孤立的片段。这两种说法都
是有缺陷的，不合《中庸》本义。

正是在这里，"隐""微"与上文的"不睹""不闻"区别开来：
前者是他人不睹、不闻、不知；后者是君子自己所不睹、不闻，却又可
能是自知的。古今不少学者把两者等同起来，这只会造成思想的混乱和
理解的困难。

3. 关于"慎其独"之"慎"的具体含义

"慎其独"之"慎"，郑注《中庸》没有单独作解，可能是因为在
注《中庸》之前的《礼器》时，已有"致诚悫"的说法，似有以
"慎"为"诚"之意。孔颖达之疏也不单独为释，而以"恒须慎惧如
此"说"慎其独"，可知其视"慎"与"戒慎""恐惧"同义。朱子处
理"慎"的方式，与孔颖达相似，亦以戒慎、恐惧为义。

但在部分清代考据学家看来，训"慎"为"诚"与"戒慎"是有
区别的。郝懿行说："'慎'当训'诚'。《释诂》云：'慎，诚也。'非
慎训谨之谓。《中庸》'慎独'与此义别。……'慎'字古义训'诚'，
《诗》凡四见，毛、郑俱依《尔雅》为释。《大学》两言'慎独'，皆
在'诚意'篇中，其义亦与《诗》同。惟《中庸》以'戒慎''慎独'

为言，此别义，乃今义也。"① 郝氏的意见可概括为两个要点：其一，"诚"与"谨慎"分别为"慎"之古义与今义；其二，先秦典籍言"慎独"多用古义，只有《中庸》例外，用今义。王念孙则认为，《中庸》"慎独"也应当训为"诚"，训"谨"训"诚"虽取义不同，却无古今之异：

> 《中庸》之"慎独"，"慎"字亦当训为"诚"，非上文"戒慎"之谓。（自注："莫见乎隐，莫显乎微"，即《大学》"十目所视，十手所指"，则"慎独"不当有二义。陈［奂］云："《中庸》言'慎独'，即是'诚身'。"）故《礼器》说礼之以少为贵者曰："是故君子慎其独也。"郑注："少其牲物，致诚悫。"是"慎其独"即诚其独也。慎独之为诚独，郑于《礼器》已释讫，故《中庸》《大学》注皆不复释。孔冲远未达此旨，故训为谨慎耳。凡经典中"慎"字，与"谨"同义者多，与"诚"同义者少。训谨训诚，原无古今之异（自注："慎"之为"谨"，不烦训释，故传注无文。非"诚"为古义而"谨"为今义也）唯"慎独"之"慎"，则当训为"诚"。故曰"君子必慎其独"，又曰"君子必诚其意"。《礼器》《中庸》《大学》《荀子》之"慎独"，其义一而已矣。②

应该说，在字面上，"谨"与"诚"当然有区别："诚"者固然谨慎，而"谨"者未必有"诚"。不仅如此，"戒慎"与"恐惧"在字义上也大有不同，不可混为一谈。然而，《中庸》的"戒慎乎其所不睹，恐惧乎其所不闻"显然有互文之意，言戒慎而恐惧在其中，言恐惧而戒慎在其中。如果孤立地看待、处理这里的"戒慎"与"恐惧"，自然是讲

---

① 郝懿行：《荀子补注》卷上，《四库未收书辑刊》陆辑第 12 册，北京：北京出版社，2000，第 5 页。

② 王念孙：《读书杂志·荀子弟一·不苟》，南京：江苏古籍出版社，1985 年影印本，第 642 页。

不通的。合首章第二节与整篇《中庸》而观之，则"戒慎""恐惧"也好，"慎"也好，以及后文的"拳拳服膺""尊""敬""笃""笃恭""纯""不贰"等，莫不指向《中庸》的根本范畴"诚"，都是"诚"的不同侧面和具体表现。因此，如果我们承认首章是《中庸》之总纲，那么，"戒慎"、"恐惧"与"慎"，不过是以部分来概指"诚"之总体。同样，"戒慎乎其所不睹，恐惧乎其所不闻"以及"慎其独"，也不过是以部分来概指作为总体工夫的"诚身"。因此，从根本上讲，"慎其独"就是"诚其独"。

1970 年代，马王堆汉墓帛书《五行》篇出土；1990 年代，又有郭店楚简《五行》篇出土，其中均有"慎其独"的材料。依据这些材料，学者开始重新讨论慎独问题。关于"慎"字，出现了几个比较有新意的说法。魏启鹏释为"顺"。① 不管此说能否解通简、帛之文，以之解《中庸》显然是不通的。因为《中庸》之"独"乃善、恶两存之物，若顺从之，必陷于两歧。廖名春则力排众议，通过曲折论证，力主以"慎"为"真"。他说：

> 前贤时人将"慎独"之"慎"或训为"谨"，或训为"诚"，
> 或读为"顺"，皆不足取。笔者认为，"慎"字之本义应是"心里
> 珍重"。其字应是形声兼会意，"心"为义符，而"真"既为声符，
> 也为义符。严格地说，"慎"应是"真"的后起分别字。②

廖先生认真追溯"慎"字本义，认为其为"真"字的后起分别字，而以"内心珍重"为义，不能说没有道理。但就概念的内涵而言，"内心珍重"也是"诚"的表现之一，最终还要归结到"诚"上。它跟"戒慎""恐惧""谨慎"皆统于"诚"一样，都是以部分指代全体的表达

---

① 魏启鹏：《马王堆汉墓帛书〈德行〉校释》，成都：巴蜀书社，1991，第 11 页。
② 廖名春：《"慎独"本义新证》，《学术月刊》2004 年第 8 期，第 51 页。

方式。如果只抠字眼，仅在"珍重内心"上打转，怎能体现"慎独"乃《中庸》的根本修养原则，并与"至诚""诚身"相通呢？

其实，"慎"字之训，还有一种更奇特的说法，出自清末民初国学大师廖平（1852—1932）。他认为，"慎"当读作"内卦曰贞"之"贞"：

> 《论语》："敏于事而慎于言。""敏""慎"当作"悔""贞"。内贞外悔，非"戒慎"之"慎"。①

以"慎"为"贞"，取贞定、贞固其心之义，说亦可通，最终还要通之于"诚"。总之，"诚"有众多表现形式，因而，"慎"之字义尽可以有多种训释，但总不外于一"诚"、通于一"诚"。毛远宗曰："慎独只是诚，而诚只是明善择善。"②

4. 关于"慎其独"之"独"的具体内涵

那么，"独"的具体含义是什么？上节诠解"慎其独"之"独"，还只是立足于"心"（内心世界）这一比较宽泛的意义。完整说来，"心"包括情感、意志和认知三方面内容。那么，《中庸》所说的"独"，是涵盖了"心"之全体，还是侧重于"心"的一两个方面呢？笔者认为，它既涵盖了"心"之所有方面，也有所侧重。

为什么说"独"涵盖了心之所有方面？第二十章中作为"三达德"的"知""仁""勇"，就是分别指向知、情、意的。尽管其"知"首先指道德智慧，但道德智慧本身就包含正常的认知、判断与选择能力。在第三十一章中，《中庸》用"聪明睿知""宽裕温柔""发强刚毅""齐庄中正""文理密察"描述至圣之心，就涵盖了心的所有方面。此外，"明善""虽愚必明""自诚明"之"明"，作为"明善"工夫之

① 廖平：《大学中庸演义》，舒大刚、杨世文主编《廖平全集》第5册，上海：上海古籍出版社，2015，第416页。
② 毛奇龄：《中庸说》卷一，庞晓敏主编《毛奇龄全集》第15册，第190页。

"博学之，审问之，慎思之，明辨之，笃行之"中的学、问、思、辨等，也都充分容纳了认知的内容。"择善而固执之"之"择"，则融合了认知与意志。当朱子以"人所不知而己所独知"来界定"独"时，其"独"显然包括认知、辨别能力。尽管儒学确认道德善恶、价值判断的根本尺度在于情感和意志，但正常的认知能力始终是道德活动所不可或缺的。一个人一旦丧失了基本的认知能力，其一切作为便已与道德无关，失去了道德价值和意义。第六章盛赞舜之"大知"，也与此有关。

为什么说"慎独"之"独"于"心"有所侧重？有几个明显证据。首先，古往今来有不少学者认定，末章的"君子内省不疚，无恶于志"就是具体阐述"君子慎其独"之工夫的。此"志"即指意志、心志、气志或情志，显然属于情感意向范畴。此"独"近于《礼记·孔子闲居》所谓的"气志"或"志气"："清明在躬，气志如神"，"志气塞乎天地"。其次，《中庸》自第二章起至篇尾，前半部分主要论中庸，后半部分主要论诚，"诚者""诚之者""自诚明""自明诚""至诚"等字眼，在其中反复出现。所谓"诚"，无疑也属于情感意向范畴。此外，首章第三节论中和位育，乃基于喜怒哀乐以立论，喜怒哀乐当然是情。更重要的是，整部《中庸》存在大量意志与情感的语词，如"戒慎""恐惧""慎""无忌惮""拳拳服膺""遁世不见知而不悔""大孝""达孝""忠信""忠恕""无忧""齐明盛服""敦厚""肫肫""笃恭""不疚""纯""不贰""好学""知耻""力行"等，何一不关乎情感意向之事？这充分表明，《中庸》言"独"，是侧重于情感与意志维度的。

此心之"独"本自广大，朱子以"人所不知而己所独知"释"独"，业已得其要义。然而，在具体阐释"慎其独"之时，朱子却把它锁定在意志活动的萌芽阶段，所谓"动静之几"。这不仅大大窄化了"独"与"慎独"之内涵，还造成了理论上的错觉：似乎君子只要闭目塞听、默坐澄心，即可立天下之大本、行天下之达道，即可收"天地位焉，万物育焉"、"天下平"以及参赞化育之奇效。由于深受佛教思想影响，在诠释原始儒学时，大多数理学家都存在这一理论偏差。

针对宋明理学释经之偏颇，以礼学名世的清代大儒凌廷堪指出：

《礼器》曰："礼之以少为贵者，以其内心者也。德产之致也精微，观天下之物无可以称其德者，如此，则得不以少为贵乎？是故君子慎其独也。"此即《学》《庸》之正义也。慎独指礼而言。礼之以少为贵，《记》文已明言之。然则《学》《庸》之慎独，皆礼之内心精微可知也。后儒置《礼器》不观，而高言慎独，则与禅家之独坐观空何异？由此观之，不惟明儒之提倡慎独为认贼作子，即宋儒之诠解慎独亦属郢书燕说也。……今考古人所谓慎独者，盖言礼之内心精微，皆若有威仪临乎其侧，虽不见礼，如或见之……（《慎独格物说》）[1]

凌氏之学，兼综孟荀而以礼为宗。他说："夫人之所受于天者，性也。性之所固有者，善也。所以复其善者，学也。所以贯其学者，礼也。是故圣人之道，一礼而已矣。"（《复礼上》）[2]凌氏以"慎独"为礼之内心精微，是有道理的。《中庸》之所谓"道""圣人之道""君子之道"，通常指以"礼"为代表的人文文化。"率性之谓道""修道之谓教"之"道"，从根本上说就是指礼乐文化，即"礼"。其直接证据，分别出现在第二十、二十七章。

第二十章曰：

文、武之政，布在方策。其人存，则其政举；其人亡，则其政息。……故为政在人，取人以身，修身以道，修道以仁。仁者，人

---

[1]　凌廷堪：《校礼堂文集》，第144—145页。
[2]　凌廷堪：《校礼堂文集》，第27页。

也，亲亲为大；义者，宜也，尊贤为大。亲亲之杀，尊贤之等，礼所生也。

因"为政在人，取人以身"，故为政者之首务，在于修身。修治其身，要以"道"为依据，这个"道"就是"礼"。修治其道，要以"仁""义"为根本依据。"仁"即人之本性，"义"代表公平正义。"修道"所以要从"仁""义"出发，是因为"仁""义"乃"礼"之根本精神，"礼"乃"仁""义"之文化表现。

第二十七章曰：

> 大哉圣人之道！洋洋乎！发育万物，峻极于天。优优大哉！礼仪三百，威仪三千，待其人而后行。故曰："苟不至德，至道不凝焉。"故君子尊德性而道问学，致广大而尽精微，极高明而道中庸。温故而知新，敦厚以崇礼。

很明显，"圣人之道"即"礼仪三百，威仪三千"的礼乐文化，统于一个"礼"字。这里的"待其人而后行"，即第二十章的"为政在人，取人以身"。伟大的圣人之道，是由有伟大的圣人人格之人（有"至德"之圣人，即第三十二章所谓"固聪明圣知达天德者"，亦即充分实现了天赋性能之人）创造出来的。"君子"即学为圣人之人，乃欲以至德（即"达德"）行至道（即"达道"）者。为此，君子必"尊德性而道问学"：奉持天命之性，而以"问学"圣人之道为途径；"问学"，概指前面所谓"博学""审问""慎思""明辨""笃行"之工夫，亦即"择善而固执之"的"自明诚"之事。"尊德性而道问学"，乃君子学道进德工夫之总纲，统领其下四句。其中"尊德性"是目的，"问学"是手段，"道"字充分表达了这种关系。圣人德性已至，故能以至德行至道；君子德非至德，故须逆其序而用之，学圣人之道以成圣人之德，故工夫全在问学上，其现实依据即是作为圣人之道的"礼"。其下四

161

句，以知、行为构架而两两相对："致广大而尽精微"属知，"极高明而道中庸"属行；"温故而知新"属知，"敦厚以崇礼"属行。而所知所行，皆以"礼"为对象和依据。如此理解，既与《中庸》"高明配天，博厚配地"之说相合，也与《易传》所谓"知崇礼卑"之义相通。而以"敦厚以崇礼"结之，则直接体现了凌廷堪所谓"独""言礼之内心精微"之说。

朱子割裂了"尊德性"和"道问学"，视目的与手段为两种手段间的关系，分别将其归于"存心"与"致知"，并把其下四句割断，让其前半部分对应"存心"，后半部分对应"致知"。这样做，不仅牵强难通，也让《中庸》一再强调的"力行"工夫没了着落。于是，尊奉其说者，不得不再加附会以圆其解："论学者工夫，有存心、致知、力行三件。此只说得存心、致知二件，缺却力行，于是解者纷然。不知言存心、致知便包得力行，盖存心不专是虚静工夫……若以致知言之，知即知其所当行者，尽精微，道中庸，知新崇礼，皆致知事。"[1]

5. 朱子"存养—省察""已发—未发"的诠释框架驳议

《中庸》首章第二节，本来意极显豁：道不可须臾离，故君子无时无地不致其诚敬之功，此即所谓"戒慎乎其所不睹，恐惧乎其所不闻"也。而致其诚敬之功的重点，则在于"慎其独"，即自觉地反省与校正自己的内在情感和意向。但是，由于深受佛教思想影响，朱子阐释《中庸》，并未满足、停留在疏通经典文本上，而是以《中庸》为话题，通过援佛释庸，来确立自己的思想体系。其突出表现，就是提出了"存养—省察""已发—未发"两大话题，并使两者相互缠绕。他这样做，在深化和充实儒学思想的同时，也使儒学原典的诠释复杂化了，并造成了思想混乱，让后世的《中庸》学长期笼罩在思想迷雾中。

---

[1] 陆陇其：《松阳讲义》卷三"大哉圣人之道章"，《景印文渊阁四库全书》第 209 册，第 898 页。

"存养—省察"是朱子阐释戒惧、慎独及其相互关系的理论框架。《中庸章句》在解释"君子戒慎乎其所不睹，恐惧乎其所不闻"时说："君子之心常存敬畏，虽不见闻，亦不敢忽，所以存天理之本然，而不使离于须臾之顷也。""存天理之本然"，其实就是指存养天命之性，属于存养工夫。其解释"慎其独"时说："君子既常戒惧，而于此（指"人所不知而己所独知"之"独"——引者注）尤加谨焉，所以遏人欲于将萌，而不使其潜滋暗长于隐微之中，以至于离道之远也。""遏人欲于将萌"，即是省察几微之私而遏止之，属于省察工夫。在《朱子语类》卷六二中，他还因学生之问，具体阐述道：

> 问"谨独"。曰："是从见闻处至不睹不闻处皆戒谨了，又就其中于独处更加谨也。"
> 戒谨恐惧是由外言之以尽于内，谨独是由内言之以及于外。[1]
> "戒慎"一节当分为两事。"戒慎不睹，恐惧不闻"，如言"听于无声，视于无形"，是防之于未然，以全其体。谨独是察之于将然，以审其几。[2]
> 谨独是已思虑，已有些小事，已接物了。"戒谨乎其所不睹，恐惧乎其所不闻"，是未有事时。[3]

第一段话意为，戒惧是统体工夫（即无所不戒惧），而谨独又为戒惧工夫重点，朱子此处很好地把握了《中庸》义旨。它意味着，慎独工夫包含在戒惧之中，尽管其为工夫的重点。第二段话则意味着，戒惧与慎独的内涵与外延相同，只是做工夫的方向不同，一个由外向内，一个由内向外。前两段话已经发生矛盾了。第三段用"防之于未然"与"察之于将然"区分之，第四段用"未有事时"与"已有些小事"

① 朱杰人、严佐之、刘永翔主编《朱子全书》第16册，第2030页。
② 朱杰人、严佐之、刘永翔主编《朱子全书》第16册，第2031页。
③ 朱杰人、严佐之、刘永翔主编《朱子全书》第16册，第2032页。

区分之，显然是把戒惧与慎独视为两事，严重偏离了《中庸》之义。之所以如此，关键在于他把戒惧的对象范围缩至不睹不闻上。朱子所以要缩小范围，其实是为了借《中庸》来兜售自己的修养工夫论。《中庸章句》对于戒惧、慎独的解说，恰恰是基于后面两段话中的思想。个中信息，在《朱子语类》卷六二的如下一段话中暴露无遗：

> "戒谨不睹，恐惧不闻"，非谓于睹闻之时不戒惧也。言虽不睹不闻之际，亦致其谨，则睹闻之际，其谨可知。此乃统同说，承上"道不可须臾离"，则是无时不戒惧也。然下文谨独既专就已发上说，则此段正是未发时工夫，只得说"不睹不闻"也。"莫见乎隐，莫显乎微，故君子必谨其独。"上既统同说了，此又就中有一念萌动处，虽至隐微，人所不知而己所独知，尤当致谨。①

"下文谨独既专就已发上说，则此段正是未发时工夫"，这显然是瞒天过海的说法。朱子明知戒惧是无时无地不诚敬，却又因自己认为谨独在已发上说，遂推论戒惧"是未发时工夫"。其扭曲、缩窄戒惧本义而令其迁就己说之意昭然若揭。

那么，"存养—省察"又是如何与"未发—已发"挂上钩的？《中庸》"未发—已发"，本来是就喜怒哀乐之情而言的，朱子则把"已发"之范围加以扩大，一念之动即是"已发"。如此上下其手，就让"省察"与戒惧于"不睹""不闻"的"未发"相对应了。这样做，造成了更多的误解和混乱。首先，《中庸》之戒惧不限于任何场合和时段，怎能以"未发"视之？其次，意念之动与情感之发显系两事，怎么能缠在一起？

问题的严重性在于，"存养—省察"的理论框架不仅歪曲了《中庸》本义，其理论本身也是难以成立的。"省察"，即反省检查。它作

---

① 朱杰人、严佐之、刘永翔主编《朱子全书》第 16 册，第 2034 页。

为修养方法由来已久，孔、曾、思、孟皆有论述。"存养"之说，可能源于《孟子·尽心上》："存其心，养其性，所以事天也。"但"存其心，养其性"显然不是一种具体的修养方法，正如"学问之道无他，求其放心而已矣"并非具体方法，而旨在指明为学的方向一样。以朱子为代表的理学家们，为了借用儒学原典话语输入佛、道的主静思想，遂使"存养"成为与"省察"相对的方法。

陈来对程朱之学深有研究，他说：

> 从杨时（二程大弟子）到李侗（朱子之师），道南一派（二程后学的一个支脉）极力推崇《中庸》的伦理哲学，尤其注重其中的未发已发说。……杨时强调："学者当于喜怒哀乐未发之际，以心体之，则中之义自见。"（《龟山文集》卷四）这就把《中庸》未发的伦理哲学转向具体的修养实践，而"体验未发"也成了龟山门下的基本宗旨，这在罗从彦（杨时之弟子）以至李侗的发展中尤为明显。[①]

这说明，以"体验未发的神秘体验"为涵养心性之方法，正是道南一派相传的指诀，与原始儒学无涉。

朱子所建立的"存养—省察"的诠释框架，理论前提有二：其一是"心统性情"，其二是"未发—已发"。"心统性情"的基本含义是"心兼性情"，即"心"包含"性"和"情"两个方面。其中，"情"即人的整体思想意识，"性"是"情"之本性、本质，二者之间是一体、一用的关系。"未发—已发"是在两个意义上被使用的：其一，性是未发，情是已发，这个意义上的未发、已发并不构成两个阶段，因为我们不能说本质是一个阶段、本质的发用是另一个阶段，如同机床的工作机制与其切割作用一样；其二，是指心亦即人的思想意识的已发与未

---

① 陈来：《朱熹哲学研究》，北京：中国社会科学出版社，1993，第 91 页。

发，二者构成了两个不同的阶段，如同机床不工作时与工作时一样。"存养—省察"的修养方法框架，是建立在第二个意义上的。"存养"是"未发"时的修养，"省察"是"已发"时的修养。因为认为"一念之动"即是动，即属"已发"，故"未发"的修养工夫只能追溯至"慎其独"以前的"所不见""所不闻"处。

这一理论框架本身明显存在问题。人的思想意识是否存在一个完全没有思想念虑之状态？从心理学的经验来看，那只能属于下意识或潜意识的状态。既为下意识或潜意识，那么它还没有进入意识层面，如何戒慎恐惧以致其诚敬之功？在《朱子语类》中，其弟子一再产生此类困惑。对此，朱子常常以含混之词答之：

> 问："'不睹不闻'与'谨独'何别？"曰："上一节说存天理之本然，下一节说遏人欲于将萌。"又问："能存天理了，则下面谨独似多了一截。"曰："虽是存得天理，临发时也须点检，这便是他密处。若只说存天理了，更不谨独，却是只用致中，不用致和了。"又问："致中是未动之前，然谓之戒惧，却是动了。"曰："公莫看得戒谨恐惧太重了，此只是略省一省，不是怖惊惶震惧，略是个敬模样如此。然道著'敬'字，已是重了。只略略收拾来，便在这里。伊川所谓'道个"敬"字，也不大段用得力'。孟子曰：'操则存。'操亦不是著力把持，只是操一操，便在这里。如人之气，才呼便出，吸便入。"

> 问"《中庸》戒惧谨独，学问辨行，用工之终始"。曰："只是一个道理，说著要贴出来，便有许多说话。"又问："是敬否？"曰："说著'敬'，已多了一字。但略略收拾来，便在这里。"（《朱子语类》卷六二）[1]

---

[1] 朱杰人、严佐之、刘永翔主编《朱子全书》第 16 册，第 2031—2032 页。

朱子曰"只略略收拾"。"略略收拾"，实为戏语，庄严正大的诚敬之功，怎能以"略微敬一下罢了"为说？更何况，潜意识状态一旦成为戒慎恐惧的对象，就会由潜意识上升为意识，其工夫也便成为"省察"的一部分，而"存养"工夫终归没有着落。

朱子对于其理论框架的尴尬处境并非全无察觉。他说："然未发之前不可寻觅，已觉之后不容安排，但平日庄敬涵养之功至，而无人欲之私以乱之，则其未发也，镜明水止，而其发也，无不中节矣。"（《晦庵先生朱文公文集》卷六四《与湖南诸公论中和第一书》）[1]"平日庄敬涵养之功至，而无人欲之私以乱之"，其实就是在诚敬不苟的日常生活中养成稳定的诚敬品质。有此品质，必于未发时镇定自若，已发时有条不紊。这才是《中庸》"喜怒哀乐之未发，谓之中；发而皆中节，谓之和"的本义所在。

可惜的是，作为晚年定论的《中庸章句》，朱子未取平实易行之说，反用神妙难测之语。这既与他深受佛、道思想影响有关，也与他割裂"性""情"关系有关。他明知"性—情"关系乃"体—用"关系，而不是同一层面上的两物，却必以"心兼性情"为说，好似"心"兼具性、情二物。尽管他一再强调性是情之性、情是性之情，并非相互外在之两物，但那只是一种思辨中的扭合而已。在理论上，他并没有彻底解决性、情的统一性问题。他所说的"性"，是游离于"情"之外的另一个存在，从而混淆了抽象概念与实存之物，始终没有清醒地意识到，所谓"性"，只是"情"（广义，即心，即人的思想意识）的常正之态而已。而《中庸》所谓天命之性，其实就是人拥有此常正之态的天赋性能，此性能决定了人所能够达到也应该达到的、不同于其他存在物的生命高度。

---

① 朱杰人、严佐之、刘永翔主编《朱子全书》第 23 册，第 3131 页。

五 《中庸》"知远之近"一节的
教化哲学内涵[①]

《中庸》乃先秦儒家教化哲学之代表作，其字数虽不多，却是经学诠释史上最具挑战性的文献之一，其诠释难度几乎可与《易经》比肩。正因如此，古来相关诠释专著可知者已在 150 种以上，而集部文献论及《中庸》者更是不可胜数。其末章首节中的"知远之近，知风之自，知微之显"三语，至今未见确解。笔者近年反复讲读《中庸》，博览众说而深思之，豁然有觉，或可成一说。

1. 影响最大的郑注孔疏及朱子之说检视

在《中庸》诠释史上，郑玄注、孔颖达疏之《礼记正义·中庸》及朱子的《中庸章句》影响最为广泛深远。前者虽基本上为宋明理学所扬弃，但到了清代，多数考据学家力主重回古注，以郑注孔疏为出发点而补充、扩展之，如戴震的《中庸补注》等，在学术史上成就斐然。朱子结集《四书章句集注》，将《中庸》纳入"四书"学体系以后，迄于《四书大全》告竣，《中庸》学几乎为《中庸章句》所笼罩，学者大都致力于辨析、综合朱子在《中庸章句》、《中庸或问》以及《朱子语类》中的各种论说。即便在考据学盛行的清代，仍不乏以《中庸章句》为本者，如陶起庠的《四书集说·中庸》。在中国现代学术史上，以朱子之说为本者仍大有人在，如唐文治、钱穆诸大师。因此，欲明《中庸》之说，必须认真检视郑注孔疏及朱子之说。

《中庸》末章首节云：

---

① 本节原发表于《北京大学教育评论》2018 年第 3 期。此处略有删节。

　　《诗》曰："衣锦尚䌹。"恶其文之著也。故君子之道，暗然而
日章；小人之道，的然而日亡。君子之道，淡而不厌，简而文，温
而理。知远之近，知风之自，知微之显，可与入德矣。

此章之要义，显然是以"暗然而日章"为前提，阐明修道入德之门。
其中的"淡而不厌，简而文，温而理"三语平列，通过横向把握，阐
明君子之道是怎样"暗然而日章"的：虽平淡、简质、温和却文采斐
然、条理井然。只有在一个有始有终、有本有末的过程序列中，修道入
德之门才能得到确定。因此，不管人们如何理解其具体内涵，"知远之
近，知风之自，知微之显"，在逻辑上一定属于纵向把握之事。应该
说，古今诠解都自觉地把握了这一纵向逻辑。可问题在于，同样是纵向
把握，既可由末到本把握之，亦可由本到末把握之，还可以双向兼提把
握之。歧解由此而生。
　　郑玄注曰："'自'，谓所从来也。三'知'者，皆言其睹末察本，
探端知绪也。入德，入圣人之德。"（《礼记正义》卷五三）① 郑注极其
简明，但思路很清楚，他把三句并为两句，在由末反本、立本达末上作
解，显然属于双向兼提。孔颖达疏之云：

　　"知远之近"，言欲知远处，必先之适于近，乃后及远。"知
风之自"，'自'谓所从来处，言见目前之风，则知之适所从来
处。故郑注云"睹末察本"。远是近之末，风是所（原空缺五
字）从来之末也。"知微之显"，此初时所微之事，久乃适于显
明。微是初端，显是纵绪，故郑注云"探端知绪"。（《礼记正
义》卷五三）②

① 阮元校刻《十三经注疏》，第 1635 页。
② 阮元校刻《十三经注疏》，第 1635 页。

孔颖达繁词疏说，也只是把前两句对应到"睹末察本"上，把后一句对应到"探端知绪"上而已。

朱子之解，也采取了双向兼提的思路。他说：

> "远之近"，见于彼者由于此也。"风之自"，著乎外者本于内也。"微之显"，有诸内者形诸外也。（《中庸章句》）

与郑玄注的区别在于，朱子认为这三句各有所指，即由远而近，由外而内，再由内而外。在朱子看来，前两句尽管都有睹末察本之义，但也有差异，呈现出层层递进、逐步深入之意义。他还具体阐述道：

> "知远之近"是以己对物言之，知在彼之是非，由在我之得失，如"行有不得，反求诸己"；"知风之自"是知其身之得失，由乎心之邪正；"知微之显"又专指心说就里来。（《朱子语类》卷六四）①

在这里，"近"与"自"的所指具体化了："近"指己身，"自"指己心。应该说，朱子之解更加接近《中庸》本义。这是因为，《中庸》为文简切，不太可能用"远之近""风之自"去重复同一个意思。以意义的递进而非重复理解之，自然也就更加精审。

当然，朱子之解也只是近于本义而已。何以知"近"指身，何以知"自"指心，朱子并没有提供确切证据。不仅如此，仔细比较朱子的两段表述可知，他对"微之显"的解释有明显的矛盾之处：《中庸章句》意味着"隐"在内、"显"在外，而《朱子语类》则意味着"微""显"都在内心。究竟该如何理解"微之显"？这些疑问，为进一步探索留下了空间。

---

① 朱杰人、严佐之、刘永翔主编《朱子全书》第 16 册，第 2150 页。

2. 在以《庸》释《庸》和《易》《庸》互训中求解

笔者认为，要解决上述问题和矛盾，最重要且有效的途径，还是以经释经。在这里，就是以《中庸》阐释《中庸》，以及在《易经》与《中庸》的互训中求解。古今解《中庸》者多能发现，《易经》与《中庸》不仅义理相通，很多语句和表述也相当接近。惠栋的《易大义》，就是寻求《中庸》与《易经》的联系、以《易经》理解《中庸》的典范之作。唐文治著《中庸大义》，开篇即曰："《中庸》，其准《易》而作乎！"紧接着，他用了相当长的篇幅，广泛罗列二者之间的相关之处。

笔者联系《中庸》第十五章的"行远必自迩""登高必自卑"释"远之近"，引入家人卦的"风自火出"释"风之自"，则可使《中庸》之义更加显豁。第十五章说：

> 君子之道，辟如行远必自迩，辟如登高必自卑。《诗》曰："妻子好合，如鼓瑟琴。兄弟既翕，和乐且耽。宜尔室家，乐尔妻帑。"子曰："父母其顺矣乎。"

前半节申明高远始自卑迩，并非明确高远与卑迩何所指。但后半节大谈一家之大和，显然是把高远落实在一家之和上，则高远可指国治、天下平。这意味着该章是以齐家为治国、平天下之本为例，来讲高远起于卑迩之理的。

三句之中，歧解最多、最难讲透的，其实在第二句，尤其是"风"字上。大致说来，此"风"既可解作自然的"风雨"之风，也可解作上行下效的"风化"之风。若解作自然之风，则取义过于阔远，如刘沅曰："风，天地流行之气；风之自，谓乾元也；养浩然之气为学道要功，以此喻之也。"（《中庸恒解》）[1] 其说既阔远，又

---

[1] 刘沅：《槐轩全书》，第 124 页。

迁曲。若解作"风化"之风，则范围也相当宽泛，家、国、天下莫不有风，当取何者呢？"风之自"三字极其简略，《中庸》用之，必有所本。

家人卦之象传曰："风自火出，家人。君子以言有物而行有恒。"此卦上巽下离，有风自火出之象。那么，为什么以"风自火出"象家道？前人注此，多不得其解。今人李守力曰：

> 根据考古发现的龙山文化和陶寺遗址可知，灶居室中，家人围居炉灶而食，常见风气（烟）自火而出。火燃于室中炉灶，而炊烟出于房外。《西游记》中孙悟空化斋，都是翻个跟斗到空中看看远处有无炊烟，可证"风自火出"有家人之象。《说卦》"巽为风、为臭"，臭为气味之总名，《系辞上传》有"同心之言，其臭如兰"之言。故"风自火出"又像炉鼎内的食物香气飘逸而出。此所以家人卦有"风自火出"之象。[①]

其说有理，十分周到，足以释千古之谜。"言有物而行有恒"，是说君子修身之事，即孔子所谓"修己以敬"。宋末元初学者俞琰释此传曰："君子知风之自，于是齐家以修身为本，而修身以言行为先。"（《周易集说》）总之，象传是以"风自火出"阐明齐家以修身为本的。《中庸》言"风之自"，即是以此为知识背景。其具体含义是：一家之风化，本于君子一身之修行。这就把"风之近"的治平之本在于齐其家，再往内里深入一步，变成家之本在于身了。

"微之显"，在《中庸》中，语义与之直接相关的有三处：首章的"莫见乎隐，莫显乎微"，第十六章的"夫微之显，诚之不可掩如此夫"，以及末章的"潜虽伏矣，亦孔之昭"。两个"微之显"之

---

① 李守力：《家人卦何以有"风自火出"之象？》，见其开于"国学之窗"上之博客，http://lishouli.blog.hexun.com/67639791_d.html。

"微"，即首章"隐""微"之简说；"显"即"见""显"之简说。"微之显"可有两种解释：其一，隐微即见显，即内在的情感意向乃德性（即是非善恶）的直接显现；其二，隐微必见显，即内在的情感意向必显现于外在的人格形象（如音容笑貌、言谈举止）以及治平事业之中。应该说，在《中庸》里，"微之显"的上述两种含义兼有并存，但隐微即见显为基础义、根本义，内在的隐微必向外见显则是其派生义。

隐微即见显意味着，一个人当下内在的情感意向即是其德性的直接显现，此处不慎，则善恶殊途，故君子会慎其独。如此，才体现出君子自尽其性、独立而不倚的高度自愿、自觉、自律之道德意识。至于认识到内在情感意向必显现于外在的视听言动之中，并通过视听言动为他人所知以至于影响他人，故君子会慎其独，如果不以隐微即见显为前提和根据，则会沦为他律道德，即因为担心显现于外而敬慎之，这与《中庸》慎其独以诚身之思想不合。

笔者如此作解，还有两个重要旁证，一为《荀子·不苟》，二为郭店楚简《五行》，二者均为战国文献。《不苟》曰：

> 善之为道者，不诚则不独，不独则不形，不形则虽作于心、见于色、出于言，民犹若未从也，虽从必疑。

简书《五行》曰：

> 五行：悬（仁）型（形）于内胃（谓）之惠（德）之行，不型（形）于内胃（谓）之行。义型（形）于内谓之惠（德）之行，不型（形）于内谓之行。豊（礼）型（形）于内胃（谓）之惠（德）之行，不型（形）于内胃（谓）之［行］。［智］［型］于内胃（谓）之惠（德）之行，不型（形）于内胃（谓）之行。圣型（形）于内胃（谓）之惠（德）之行，不型（形）于内胃

（谓）之惠（德）之行。①

两书中的"不形"，都是"不形于内"，即不在内心中显现、显明、体现。《不苟》的意思是说：不诚不敬则不能慎其独；不能慎其独，则（"道"）就不会在内心中实现；不能在内心中实现，即使刻意表现于外，百姓仍然不会跟从，即使勉强相从，也并不心悦诚服。在这里，"形于心"与"见于色"显为二事，且前者更为根本。《五行》的意思是说：仁、义、礼、智、圣五种德行，只有显明于内心才是有德之行，否则，只是无关内德的行为而已。在这里，形于内与形于外显然也是两事，而形于内才是根本之事。

同理，《中庸》的"微之显"也首先是指隐微即见显，君子知此，故能慎其独、诚其心，让道德实现于人的内心世界。故紧接着"可以入德矣"，即是论述慎独工夫的如下文字："《诗》云：'潜虽伏矣，亦孔之昭。'故君子内省不疚，无恶于志。君子之所不可及者，其唯人之所不见乎！"当然，"微之显"也含有隐微必见显之义，同一章第五节的"君子笃恭而天下平"以及第十六章的"微之显，诚之不可掩"，皆有此义。"不可掩"，即必见显之义。朱子的《中庸章句》，只讲由内显外而不及内在的隐微即见显，已落入第二义。《语类》中的"专指心就里来"，反而比《章句》更准确地把握了《中庸》思想。就道德价值的实现而言，第一义即可涵盖第二义。故此处的"微之显"解作隐微即见显即可。

如此看来，"知远之近，知风之自，知微之显"三句之间其实是由外及内、睹末察本、层层递进的关系：由天下、国家之本在于家，而进于家之本在于身，终至以慎其独为入德之门。故王夫之曰："三语一步渐紧一步，而以意为入德之门。是三知相为次，而入德之门唯在慎独。"②

---

① 《儒藏》（精华编）第281册，第7页。
② 王夫之：《读四书大全说》卷三《中庸》，第188页。

3. 极富挑战性的俞樾之说驳议

不过，如上之解，也会面临一个极富挑战性的看法，那就是清代大儒俞樾（1821—1907）之说：

> 《礼记·中庸篇》："知远之近，知风之自，知微之显。"此三句自来不得其解。若谓远由于近、微由于显，则当云"知远之由于近，知微之由于显"，文义方明。不得但云"远之近，微之显"也。且"风之自"句义不一例，"微之显"句亦与弟一句不伦，既云"远之近"，则当云"显之微"矣。今按：此三"之"字，皆连及之词。"知远之近"者，知远与近也；"知微之显者"，知微与显也。"知远之近，知风之自，知微之显，可以入德矣。"犹《易·系辞传》云："君子知微知彰，知柔知刚，万夫之望也。"然则"知风之自"句，当作何解？"风"读为"凡"，"风"字本从"凡"声，故得通用。《庄子·天地篇》："愿先生之言其风也。""风"即"凡"字，犹云"言其大凡"也。"自"者，"目"字之误。《周官·宰夫职》："二曰师，掌官成以治凡；三曰司，掌官法以治目。"郑注曰："治凡，若月计也。治目，若今日计也。"然则凡之与目，事有巨细，故以对言，正与远近、微显一例。（《古书疑义举例》卷四）①

俞氏之说，要点有二：三个"之"字皆为连词，相当于今语"与"等；"风之自"乃"凡之目"之误。然而，其说并非的解。

先论改"风之自"为"凡之目"。改字解经乃不得已之举，必须在经典原文实在解不通且有明显旁证之时，方可用之。若能就其原文而疏通之，且疏通得很好，何必多此一举呢？这就好比《中庸》的"素隐

---

① 《俞樾全集》第6册，杭州：浙江古籍出版社，2017，第76页。

行怪"一样。因《汉书》有"索隐行怪"之语，朱子主张改经文为"索隐行怪"。殊不知，不改经文也讲得通，而且比改经更加通畅。笔者解此，本郑玄以"隐"为"隐遁"之说，且视"素隐""素其位"之二"素"字义相同，皆当训作平素，而将其解作"以隐遁为常态，以怪异为常行"。如此作解，更好地呈现了至平至常而又至神至奇的中庸之道，则千年之疑可以迎刃而解。俞氏改"风之自"为"凡之目"，主要是因为他没有把"风之自"与《易传》的"风自火出"相联系。一旦联系起来，则经过曲折论证而改经，顿成多余之举。

再说以连词训"之"字。以连词训"之"，固然也讲得通。然而，训其为表示连属关系的助词，也未尝不可。像郑注、孔疏以及朱子之说那样，分别从由末返本、由本达末两个方向作解，也可以解决俞氏所谓"语例不一"的问题。更重要的是，"微之显"还重出于《中庸》第十六章"夫微之显，诚之不可掩如此夫"。第十六章中的"微之显"与"诚之不可掩"对文，那两个"之"字显非连词。俞氏之训，虽然暂时解决了"远之近""微之显"的语例一致问题，却又造成了同书两章中同一表述的不一致。其说之不足取，正在于此。

4. "知风之自"等三语的独特教化哲学内涵

如前所述，"知远之近"等三语既非并列关系，亦非先自外而内再自内而外的双向兼提，而是自外而内，层层递进。如果与《大学》的八条目相联系，那么，"知远之近"就相当于《大学》的"古之欲明明德于天下者，先治其国；欲治其国者，先齐其家"，这是把治平之道归本于齐家；"知风之自"相当于《大学》的"欲齐其家者，先修其身"，这是把齐家之道归本于修身；"知微之显"相当于《大学》的"欲修其身者，先正其心；欲正其心者，先诚其意"，这是强调诚意、正心是修身的根本。《中庸》和《大学》一样，都把落脚点置于"慎其独"上。因此，《中庸》首章第二节就着重"戒慎""恐惧""慎其独"之修养工夫，而古本《大学》第一章亦以"诚意"为说，而以"慎其独"为"诚其意"的核心。

　　然而，同样是强调"慎其独"，《中庸》又有自己的特点。《大学》以"诚于中，形于外，故君子必慎其独也"为说，这意味着，因为内心实有的东西必定形显于外、为人所知，所以君子要纯洁其思想情感。《中庸》则以"莫见乎隐，莫显乎微，故君子慎其独也"为言，认为内在的思想、情感和动机本身就是德性高下的直接显见，一有不慎，即有沦为非人之虞，所以君子会致力于纯洁其内心世界。这与其首章第二节的"道也者，不可须臾离也，可离非道也"是高度一致的。《中庸》又说："诚者自成也，而道自道也。"（第二十五章）"诚"是自性（即天命之性）的当下体现，而"道"是自性的直接表达。这意味着，慎独之诚所以必需，并非出于对外在舆论的恐惧，而是出于对自性丧失的恐惧。因此，与《大学》相比，《中庸》更加凸显了道德修养的自为、自主、自律性，彻底拒绝了一切把道德价值功利化之企图。

　　《中庸》末章直接回应并深化了这一思想主题，开章即曰：

　　　　《诗》曰："衣锦尚䌹。"恶其文之著也。故君子之道，暗然而日章；小人之道，的然而日亡。君子之道，淡而不厌，简而文，温而理。知远之近，知风之自，知微之显，可以入德矣。

如同锦衣䌹裳，越是宝贵、精致之物，越需精心呵护、深藏内敛。因此，君子把工夫都用在了潜修默证上，虽不刻意表露，却天光自显、德性日益丰满。与之相反，小人不修内德，一味地自我标榜，遂导致自蔽天光、道德日渐沦丧。然而，所谓"暗然"、潜修默证，并非离群索居、自我封闭，而是以诚敬不苟之心把日用常行做到极致，让它平淡而有至味，简朴而有大美，温柔敦厚却又是非分明、条理井然。而要做到这些，就必须务本：让治平之业植根于齐家之中，让齐家之事植根于修身之中，让修身之道植根于正心、诚意之中，以纯洁其思想、情感为首要任务。唯有如此，方能凝为至诚之德。

　　"慎其独""暗然而日章""知微之显"，都是以至诚之心进德修业的真实写照。在《中庸》看来，诚至则德立，德立则俯仰无愧，能够超越俗情庸态，拥有安定、充实而饱满的精神世界，故紧接在"可以入德矣"之后的，是"君子内省不疚，无恶于志。君子之所不可及者，其唯人之所不见乎！"与外在的规条、赏罚乃至暴力威慑相比，此一饱满生命拥有神奇的道德力量，它通过以人性感通人性、用生命通达生命，兴发起人们积极向善、自尽其性的道德热情，化人于无形之中，故曰："至诚如神"，"君子不赏而民劝，不怒而民威于铁钺"，"君子笃恭而天下平"，"夫微之显，诚之不可掩如此夫"。此一神奇的教化之道，完全契合了"维天之命，於穆不已""上天之载，无声无臭"的天地化育之道，谓之君子作之可也，谓之天地作之亦无不可。故《中庸》以"无声无臭"终其篇。

　　总之，以至诚之心修道立德、感通天下，乃《中庸》教化哲学之要义所在。《中庸》以此深刻揭示了儒家教化哲学的思想原理、运行机制，并极大地充实、深化和提升了《大学》"以修身为本"的教化理念。只有把握了这一要义，我们才能明白，古来儒者何以拳拳服膺、奉《中庸》为致治兴化之文化宝典。

第四章

孟子"事天""立命"的教化哲学

孟子哲学以"性善"论为突出特色，其治化思想亦由此推衍而出。但是，他的"性善"论并非孤悬独立的理论假设，而是基于他对天人关系（集中体现在天命与人性关系上）的深刻洞察，有其坚实的方法论基础。性命合一、自当一体，就是其方法论基础。以此为前提，孟子建立起在中国思想史上影响深远的"事天""立命"之教化哲学。

因不明其方法论基础，对于孟子的"性善"论，古来解之者众说纷纭，是之与非之者亦呈对立。而今之研究者，多承西人离析"事实"与"价值"之习，否定孟子者或谓孟子混淆了事实与价值，肯定孟子者或谓"性善"乃价值判断而非事实判断，皆不明唯有"性善"乃唯一正确之人性论。

一 性命合一：性中有命，命中有性

1. "天命"之义

从根本上说，"天命"与"天道"的内涵是相通的。《易传·系辞上》曰："一阴一阳之谓道。"此"道"即指天道，是天地万物的共同

179

运行机制或法则，它以阴阳对生迭运为实质内涵。《诗经》曰："维天之命，於穆不已。"此"天之命"即是天道（《诗集传》卷一九）。① 从字面上看，"天命"即上天所施布的命令。② 有施命者必有受命者，故"天命"一词，主要就天道与万物的施、受关系而言，谓万物之性质与道理皆出于天之命令。③ 当然，自老子、孔子以下，儒、道所说的天道或天命已经褪去了神学目的论色彩，成为自然、必然之道的代名词。故孟子曰："莫之为而为者，天也。莫之致而至者，命也。"（《孟子·万章上》）"莫之为而为"，就万物之性质而言，谓万物之性质非出自任何存在者的有意识作为，而是万物固具之自然，故谓之"天"；④ "莫之致而至"，就万物之道理而言，谓万物之道理乃万物活动之必然界限而无所逃，故谓之"命"。因此，在孟子那里，"天命"的根本内涵就是自然之性与必然之道。刘咸炘说："'命'之本义为令，谓天之命也。所谓天之命，固该万物之性质与宇宙之道理。性质者，自然也；道理者，必然也。"⑤ 这是对孟子乃至儒家"天命"之要义的精准概括。

当然，儒家言"性"、言"命"虽兼及万物与天道之关系，但主要是就人性与天道之关系而发。"命字之古本训为天之命令，性字之古本训为天之所生。"⑥ 因此，人之"天命"，说到底就是生的命令，故郑玄释曰："天命，谓天所命生人者也。"（《礼记正义》卷五二）⑦ 作为天所生、天所命之一物，人的生命或生存活动本身就是自然与必然的统一体。"自然者，固具而非外铄者也；必然者，有分限而不可逃者也。固

① 朱杰人、严佐之、刘永翔主编《朱子全书》第 1 册，第 723 页。
② 《文选·班彪〈北征赋〉》有"非天命之靡常"一语，李善注曰："天命，上天之命也。"
③ 《中庸》曰："天命之谓性。"朱子注曰："天命，即天道之流行而赋予物者。"
④ "莫之为而为者，天也"，与庄子的"无为为之之谓天"（《庄子·天地》）同义。郭象注庄语曰："不为此为，而此为自为，乃天道。"（郭象注，成玄英疏《庄子注疏》，第 220 页）
⑤ 刘咸炘：《自当》，《推十书》，第 461 页。
⑥ 傅斯年：《性命古训辨证》，欧阳哲生主编《傅斯年全集》第 2 卷，长沙：湖南教育出版社，2003，第 631 页。
⑦ 阮元校刻《十三经注疏》，第 1625 页。

具之义，与'性'字、'德'字同……分限之义，与'道'字、'理'字同。"① 自然即人的生命本性，乃人生自己如此、本来如此的能动性；必然即人生的必然限度，表示人生必须遵从、无法逾越之法则、道理，体现了人生的受动性。因此，就人生而言，"性"与"命"说到底就是主动性与受动性的对立统一。

2. 性命合一："性也，有命焉"，"命也，有性焉"

孟子的性命合一经典表述，集中体现在其"口之于味也"章中：

> 口之于味也，目之于色也，耳之于声也，鼻之于臭也，四肢之于安佚也，性也，有命焉，君子不谓性也。仁之于父子也，义之于君臣也，礼之于宾主也，知之于贤者也，圣②之于天道也，命也，有性焉，君子不谓命也。（《孟子·尽心下》）

古今学者诠释此章者，以戴震之说最为简明、准确。他说：

> 存乎材质所自为，谓之性；如或限之，谓之命。存乎材质所自为也者，性则固性也，有命焉，君子不以性而求逞其欲也；如或限之也者，命则固命也，有性焉，君子不以命而自委弃也。③

戴氏紧紧抓住人生之"自为"与"限之"这一要领。戴震之说极其简明，避免了程朱学派以"理""气"分言、兼言解《孟子》所带来的思想纷扰。"自为"即自主，亦即人生的能动性；"限之"即必然限度。而以"如或限之"为言，表示此限制似乎来自人生之外的某个存在者，

---

① 刘咸炘：《自当》，《推十书》，第461页。
② 据郭店楚墓竹简《五行》篇、马王堆汉墓帛书《五行》篇，"圣"乃"仁、义、礼、智、圣"五种德行之一，故"圣人"之"人"当系衍字。
③ 戴震：《孟子字义疏证·原善》卷上，北京：中华书局，1982，第65页。

实际上却是人生自身的限度。其实，《孟子》"性也，有命焉""命也，有性焉"，就是说"性"中有"命"、"命"中有"性"，"性"和"命"都是内在于人生的。以此为基础，戴震才能对两个"不谓"做出如下精准诠释：

> "谓"，犹云"借口于性"耳；君子不借口于性以逞其欲，不借口于命之限之而不尽其材。后儒未详审文义，失孟子立言之指。"不谓性"非不谓之性，"不谓命"非不谓之命。[①]

总之，"性也，有命焉，君子不谓性也"，是说性中有命，能为之中有限制，主动之中有受动，不能借口于自主权能而无所底止；"命也，有性焉，君子不谓命也"，是说命中性，限制之中有能动，被动之中须主动，不能借口于必然限制而放弃自主权能。所以必借耳目口鼻之欲以言性中有命者，乃因人于此等欲求常易进而难止；所以必借仁义礼智之德以言命中有性者，乃因人于此等追求常易止而难进。

实际上，人生就是在自由与必然、主动与被动的张力关系中展开的。一方面，人的主动性本来就是天地之化所赋予的，因而其主动性首先是被动的主动性；另一方面，人的被动性又天然地具有主动性，人能主动地让自己被动，把生的命令化作生的使命。当孟子说"性也，有命焉"之时，是说人的主动的生存活动之中，内在地具有必然而当然的限度；超过了这个限度，主动求生就变成了被动赴死。当孟子说"命也，有性焉"之时，是说人的必然而当然的生命限度，又总是需要人主动去完成或实现的；放弃了人的主动性，被动去生就等于主动就死。就笔者目力所及，在现代学者中，只有傅斯年明确指出："此处孟子合言性命，而示其一贯，无异乎谓性中有命、命中有性，犹言天道人

---

① 戴震：《孟子字义疏证》卷中《性》，第37—38页。

道一也，内外之辩妄也。"① 必须看到，就其用义理与气数割裂"性—命"本义而言，不仅把二者分贴于人生之内外是虚妄的，将其分贴于君子、俗人也是虚妄的。这是因为，人生之内外共为一天，君子与俗人同受一命。

3. "口之于味也"章歧解辨析

在古今孟学史上，学者对此章的诠释存在诸多分歧。汉儒赵岐注"口之于味也"章，已不能尽得其义。赵注曰：

> 口之甘美味，目之好美色，耳之乐音声，鼻之喜芬香……四肢解倦，则思安佚不劳苦，此皆人性之所欲也。得居此乐者，有命禄，人不能皆如其愿也。凡人则触情从欲，而求可乐；君子之道，则以仁义为先、礼节为制，不以性欲而苟求之也，故君子不谓性也。……仁者得以恩爱施于父子，义者得以义理施于君臣，好礼者得以礼敬施于宾主，知者得以明知知贤达善，圣人得以天道王于天下，皆命禄，遭遇乃得居而行之，不遇者不得施行。然亦才性有之，故可用也。凡人则归之命禄，任天而已，不复治性；以君子之道，则修仁行义，修礼学知，庶几圣人，亹亹不倦，不但坐而听命，故曰君子不谓命也。②

赵岐不知"圣人"乃"圣"之衍文，遂依"圣人"整齐文句，在"仁""义""礼""智"下皆加"者"字以释经，遂将五种德变成了五种人；③对于"不谓之性""不谓之命"的"谓"字，则不详其义，不知"谓者，犹云'借口于性'耳"。最关键的是，赵氏把两个"命"字一概窄

---

① 傅斯年：《性命古训辨证》，欧阳哲生主编《傅斯年全集》第 2 卷，第 633 页。
② 参见焦循《孟子正义》卷二八，北京：中华书局，1987，第 990—991 页。
③ 关于"圣人"衍文之故，俞樾《群经平议》卷三三《孟子二》"圣人之于天道也"条有详考，可从。

化为"命禄"。如果"性也,有命也"之"命"是指命禄,那一定意味着:命禄薄者当节欲,命禄厚者则不必节欲(至少也是不必如薄者那般节欲)。这显然不合孟子本意,也与赵氏自己所谓"君子之道,则以仁义为先、礼节为制,不以性欲而苟求之"相矛盾。阮元在《性命古训》一文中大张赵氏之说。① 傅斯年评价赵氏、阮氏之说曰:"此真汉儒之陋说,于孟子所用性命二字全昧其义。至以性为'性欲',且曰'治性''佚性',岂孟子道性善者之义乎?汉儒纯以时代的陋解解古籍,其性论之本全在性善情恶之二元论。而阮氏以为古训如此,门户之见存也。"② 傅斯年所以讥其为陋解,乃因汉儒时时念念不忘禄位,却口口声声大倡以礼制欲。王充于此尤甚。③

到了宋明理学那里,又把孟子的"性—命"之说与理学的"理—气"之论杂糅,把同一个"命"字和同一个"性"加以割裂,分别赋予其不同内涵。如朱子曰:

> 程子曰:"五者之欲,性也。然有分,不能皆如其愿,则是命也。不可谓我性之所有,而求必得之也。"愚按:不能皆如其愿,不止为贫贱。盖虽富贵之极,亦有品节限制,则是亦有命也。程子曰:"仁、义、礼、智、天道,在人则赋于命者,所禀有厚薄清浊。然而性善可学而尽,故不谓之命也。"张子曰:"晏婴智矣,而不知仲尼。是非命耶?"愚按:所禀者厚而清,则其仁之于父子也至,义之于君臣也尽,礼之于宾主也恭,智之于贤否也哲,圣人之于天道也,无不吻合而纯亦不已焉。薄而浊,则反是。是皆所谓

---

① 《揅经室一集》卷一○《性命古训》曰:"《孟子》此章,'性'与'命'相互而为文,性、命之训,最为明显。赵氏注亦甚质实周密,豪无虚障。"见《儒藏》(精华编)第277册,北京:北京大学出版社,2016,第256页。

② 傅斯年:《性命古训辨证》,欧阳哲生主编《傅斯年全集》第2卷,第634页。

③ 王充不明孔孟之道,功名利禄之念萦绕于心间,可他偏偏名微禄薄,难以排解,故《论衡》一书,开篇即烦言"逢遇""累害""命禄""气寿""幸偶"等,强辩强说,所论多不通达。

命也。或曰："'者'当作'否';'人',衍字。"更详之。愚闻之师曰："此二条者,皆性之所有而命于天者也。然世之人以前五者为性,虽有不得,而必欲求之;以后五者为命,一有不至,则不复致力,故孟子各就其重处言之,以伸此而抑彼也。张子所谓'养则付命于天,道则责成于己',其言约而尽矣。"(《孟子集注》卷一四)①

程子仍未摆脱赵岐"命禄"说之束缚,认为在满足生理欲求方面,由于受禄位限制,有人能如其愿,有人不能如其愿。朱子对程子之说有所纠正,认为"虽富贵之极,亦有品节限制",但仍未言明此"品节限制"究竟是内在还是外在于人之生命。在《语类》中,朱子因人之问进一步申述道:

> 敬之问:"'有命焉,君子不谓性也。''有命焉',乃是圣人要人全其正性。"曰:"不然。此分明说'君子不谓性',这'性'字便不全是就理上说。夫口之欲食,目之欲色,耳之欲声,鼻之欲臭,四肢之于安逸,如何自会恁地?这固是天理之自然。然理附于气,这许多却从血气躯壳上发出来。故君子不当以此为主,而以天命之理为主,都不把那个当事,但看这理合如何。'有命焉、有性焉',此'命'字与'性'字是就理上说。'性也,君子不谓性也;命也,君子不谓命也',此'性'字与'命'字是就气上说。"(《朱子语类》卷六一)②

在这里,朱子一方面说人的生理欲求乃"天理之自然",另一方面又说由于它们是从"血气躯壳"中生发出来的,君子"都不把那个当事",

---

①　朱杰人、严佐之、刘永翔主编《朱子全书》第 6 册,第 450—451 页。
②　朱杰人、严佐之、刘永翔主编《朱子全书》第 16 册,第 1980 页。

而"以天命之理为主"。可问题在于，如果承认它们是"天理之自然"，那就是必须得到满足的，怎能不把它们当回事？如果可以不把它们当回事，那它们就不是"天理之自然"。可见，朱子最终还是把"性"与"命"割裂了，把"命"视为"性"之外在限制。说到底，乃因程、朱割裂了"理"与"气"，并用被割裂了的"理"与"气"去割裂"性"，也割裂"命"。清儒陶起庠是程、朱之学的自觉继承者，他综合程、朱之说道：

> 此严性、命之辨。上节"性"字指气言，下节"性"字指理言。上节"命"字合理与气言，下节命字指气言。君子谓气质之性，不当与分定之命争衡，故必伸命以抑性；谓气数之命，不当以惟均之性自限，故必伸性以抑命。总之，只任理不任气而已。上是断制人心，欲其不敢过；下是主持道心，欲其无不及。正君子寡欲存理之学。[1]

程朱理学以"理—气"论世界、论人生，本无不可。但必须明确的是，"理"与"气"并非二物："理"以"气"为实体，并无离"气"而独存之"理"；"气"乃有"理"之"气"，"理"乃"气"之内在准则，并无无"理"之"气"。以"理—气"言人生，则"气质"者人生之"气"也，"性"者人生之"理"，亦即"气质"之"理"也。而朱子竟言"有义理之性""有气质之性"。由于"性即理"，故"义理之性"犹言"义理之理"，其说本已不通而有语病。于是，"有义理之性""有气质之性"的说法，不仅有割裂"义理"与"气质"之嫌，且又启后学人有二性之弊端。以"理—气"言"天命"，如前所述，"天命"说到底就是天让人去生的命令。正如朱子所谓"天以阴阳五行化生万物，

---

[1] 陶起庠：《四书集说·孟子》卷四〇，《清经解全编·清经解四编》第14册，第250页。

气以成形，而理亦赋焉，犹命令也"（《中庸章句》），① 此命令也是有
"理"之"气"、"理"在"气"中的。而程朱理学竟言"命"有"义
理之命""气数之命"，且言"命之正者出于理，命之变者出于气质"
（《朱子语类》卷四）②，这意味着出于气质者非正命、出于义理者方为
正命，这就在割裂理与气质的同时，把天命也割裂为正与不正。天命即
天道，而天道亦有不正者乎？对此，刘咸炘批评道：

> 夫理、气可兼言、分言，而二者固不相离。无气外之理，亦无
> 理外之气。朱子既知其相离不得矣，而又谓命有变，然则此变者理
> 耶？非理耶？既有变焉，则无惑乎世之以理与命为不相应矣。自此
> 分言，于是有义理之命、气数之命之二名。其初虽一物而二义，其
> 后则直认为二物矣。③

"性"与"命"既已分别被割裂之，则当"性"与"命"相对言之时，
就不得不把它们视同二物。于是，"性也，有命焉，君子不谓性也"，
遂被理解为"抑性扬命"之举；"命也，有性焉，君子不谓命也"，遂
被理解为"抑命扬性"之举。而归根到底，孟子的"性—命"之说不
过是"寡欲存理之学"而已。

释孟子"口之于味也"章，古人能接近其神髓者，明有姚舜牧，
清有李光地、戴震等。姚舜牧说：

> 凡说性，是人生而有的，不独仁、义、礼、智、圣人是性，耳
> 目口鼻等生来皆有欲，亦皆是性。凡说命，是天所分限的，不独声
> 色、臭味、安佚之有制是命，父子、君臣等遭遇之不齐，亦皆是
> 命……继玩两条"性"字，总是一个皆生而有之者也。然人于声

---

① 朱杰人、严佐之、刘永翔主编《朱子全书》第 6 册，第 32 页。
② 朱杰人、严佐之、刘永翔主编《朱子全书》第 14 册，第 209 页。
③ 刘咸炘：《自当》，《推十书》，第 463 页。

色、臭味、安佚所可自适者，谓天所付予也，而不知制于命。其于君臣、父子、宾主、贤者、天道有未易尽者，即谓所天制也，而诿于命。故孟子两提"性""命"而伸抑之……是"性""命"未尝不一也。知性命之分而又知性命之合，其于道也几乎！①

"人生而有"者表示人与生俱来之性能，即人之能动性；"天所分限"者表必然之限制，即人之被动性。只是常人对于耳目口鼻之欲，往往易纵而难止，故强调此类性事不能过而失其节制；对于君臣父子之伦，往往易止而难尽，故强调此类性事不能不及而当皆尽所能。不过，姚氏仍以"伸抑"为说，未能尽脱程朱割裂之弊。

李光地说：

性之不与命二，命之不与性二，是性命之真也。以穷其欲者托之性，而已非命矣；以尽其理者归之命，宁有异性乎？要须看得性命合一，则不至惑于嗜欲气质之说，而性命之理明矣。②

安溪（指李光地——引者注）云："两谓字是辨明性命之说。盖不与命合一者，非真性；不与性合一者，非正命也。不是果有两项性命，而君子有意伸抑其间。本文所谓'性也'、'命也'，乃就世俗所谓性、命言之，如《论语》野人也、君子也之比。"③

李光地明确指出，"性""命"不二（正言之，即性命合一）乃"口之于味也"章之要义。一方面，"不与命合一者，非真性"——人性固然体现人的能动性，但这种能动性亦有其必然限度，超过这个限度，人就会走向对自身生命的否定；另一方面，"不与性合一者，非正命"——

---

① 姚舜牧：《重订四书疑问》卷一一，《四库全书存目丛书》经部第 158 册，第 280—281 页。
② 李光地：《榕村语录》卷六，《景印文渊阁四库全书》第 725 册，第 96 页。
③ 参见何焯《义门读书记》卷六《孟子下》，崔高维点校，中华书局，1987，第 127 页。

必然性固然为人之能动性设定了限度，但它并未否定人之能动性，人仍然可以在顺应必然性的基础上去实现人的生命价值，或从自己的生命需要出发去顺应必然性。"性"与"命"的张力关系乃人生的内在运行机理，此即所谓"性命之理"。孟子此论并非刻意在"性""命"之间有所抑扬，更不是一会儿抑性扬命，一会儿又抑命扬性。当然，李光地之说亦未全脱理学"理—气"割裂之故习，所以他说："'口之于味'章是辨性命之说，而所以顺性命之理者在其中矣。只看两'不谓'字，可见'性也''命也'之性命，是世之所谓性命，以气言者；'有命焉''有性焉'之性命，是君子所谓性命，以理言者。"①

在中国现代学术史上，人们对《孟子》此章仍存在不少误解，就连学养深厚如唐君毅、牟宗三以及陈来诸先生，亦所不免。唐先生说：

> 清戴东原《孟子字义疏证》以《礼记》之血气心知之性释孟子，谓声色臭味之欲根于血气，仁义礼智为心知，并皆为性。乃以借口释"谓"字，说孟子立言之旨，非不谓声色臭味之欲为性，而只言人不当借口于性以逞其欲。此亦明反于孟子之"不谓性"之明言，亦与孟子他处言君子所性仁义礼智根于心，处处即心言性，不即声色臭味言性之旨相违。……
>
> ……孟子之所以不以耳目口鼻四肢之欲声色臭味安佚，以及食色等自然生命之欲等为性之理由，乃在此诸欲，既为命之所限，即为人心中所视为当然之义之所限，亦即为人之心之所限。此即见此诸欲，乃在心性之所统率主宰之下一层次，而居于小者；而此心性则为在上一层次而居于大者。故孟子有大体小体之分。此中大可统小，而涵摄小，小则不能统大而涵摄大。故以心言性之说，亦可统摄以生言性之说。此方为孟子之必以仁义礼智之根于心者，为君子

---

① 李光地：《榕村语录》卷六，《景印文渊阁四库全书》第725册，第96页。

所性，而不即此自然生命之欲以谓之性……①

唐先生所以未得其旨，在于他定要将孟子的性命一体之论与"小体—大体"之说相掺杂。其实，"小体"有小体之性命，"大体"有大体之性命，且小体受命于大体、大体施命于小体亦人之性命也；犹如科长有科长之权责，处长有处长之权责，而下级听命于上级、上级施命于下级亦管理机构之性命也。不别其性命之主体，以大体之主导小体论小体之性命，吾不知其可也。

牟宗三先生说：

> 此《集注》大体得之……孟子原意只是说：仁之表现于父子关系上有至不至，得不得（此就为父者言，若就为子者言，则当说孝）；义之表现于君臣关系上亦有至不至，得不得；礼之表现于宾主关系上亦有至不至，得不得；智之表现于贤者（贤者之表现智）亦有精熟不精熟，明达不明达；圣人之体现天道（天道之体现于圣人）亦有全尽不全尽，圆中不圆中，大不大，化不化，穷不穷，达不达，乃至有各种形态之差异（吾兹所说乃自今日扩大言之，如耶稣、释迦皆是圣。在以前只就儒家之圣言，如尧、舜与孔子之差异）。此种至不至得不得等等即所谓命也。然在此，人不应诿之于命，只应尽心尽性而已。仁义礼智之心即吾人之性，命是体现表现上的事。吾人固不应因体现表现上之命限而废尽性之功。……
>
> 前一联"性也，有命焉，君子不谓性也"，正为进一步自后一联"命也，有性焉，君子不谓命也"处说性。自后一联处说性是孟子言性之立场。自前一联处说性乃是"性者生也"之老传统，告子、荀子、道家，以及一般人皆自此言性，亦即"生之谓性"

---

① 唐君毅：《中国哲学原论·原性篇》，北京：九州出版社，2021，第18—20页。

之义。孟子与告子辨，显然不自此言人之所以异于禽兽之性。……
孟子在此，性命相对抑扬而言，意在表示此等等虽是发于生理欲望
之动物性之所欲，然有命存焉，不可借口为性，而必欲求之。在此
重视命之限制，不重视性之欲望，盖亦不欲其泛滥而无所不为也。
故"君子不谓性也"。①

牟先生虽反对"命禄"之说，但他把仁义礼智之"命"理解成人们在
实践它们时的"得不得""至不至"之最终表现，乃舍本逐末之举，实
与"命禄"之说相同，而恰与孟子之意相反。而他把耳目口鼻之欲降
格为动物性，则比唐先生的"大体—小体"之分走得更远，更难以领
会孟子的性命一体之旨。

陈来先生说：

美国②著名伦理学家威廉斯（Bernard Williams）专讲"道德运
气"，即道德实践中有一些成分属于运气，不是人能够完全决定
的。他认为，不能把道德实践活动完全看成是人能够决定的，也要
重视运气，即影响人的各种条件。这种思想似于孟子所讲的
"命"，有一些人所不能掌握的条件，但是对于人的实践可以产生
影响。孟子认为"命也，有性焉"，道德的追求和实现虽然有命的
限制，但是也有性的支撑。"有性"是指人的道德追求根于人的本
性，所以君子不从命的方面去看待它。依此，我们就能够把人性论
与道德选择、道德实践、道德工夫比较紧密地联系起来。只讲人性
善的层面，就难以与这些问题紧密连接。在人性的另一层面，即食
色天性以及感官需求等方面，如何处理性与命的关系，与人的自我
管理、自我教育、自我提升以及自我规范具有紧密联系。耳目声色

① 牟宗三：《心体与性体》（下），上海：上海古籍出版社，1999，第386—388页。
② "美国"，当为"英国"之笔误。

是追求一种感官的享受，这种享受当然是人的需求，它来自人的本性。但是人能否充分实现以得到这些享受，这是"求之于外"，即得与未得不是人自己能决定的，要受到外在限制。孟子认为这些需求虽然来自本性，可是君子并不将其视为性。因此孟子的"观性之法"有两种，而非一种，孟子不仅从本体角度来看，也从君子的意识与境界来看。①

把孟子的性命观与欧美一些学者如威廉斯的"道德运气"说结合起来进行考察，体现了陈先生开阔的学术视野。然而，认为孟子的性命合一之"命"内含"道德运气"，则有待商榷。这是因为，"道德运气"论者视道德为"理性辩护"，即人追求特定行动目标时的理性权衡与取舍的手段之一，道德乃备选项而非必选项;② 而孟子则视道德为人生的必选项，故曰"进以礼，退以义，得之不得曰有命"（《孟子·万章上》）。"道德运气"论者认为，运气能够部分地决定人是否道德;孟子则认为，运气只是人们必须面对和处理的事项，人之道德与否取决于其应对特定运气时的不同选择和行动方式，而不取决于运气本身，故曰"莫非命也，顺受其正。是故知命者不立乎岩墙之下"（《孟子·尽心上》）。至于说"孟子的'观性之法'有两种，而非一种，孟子不仅从本体角度来看，也从君子的意识与境界来看"，不知从君子的意识与境界来观性，是顺应了性命之理，还是违逆了性命之理？如果顺应了性命之理，其所观仍然是性命之本体，何来两种"观性之法"？如果违逆了性命之理，其所观已非性命之本体，安能谓之为"观性之法"？

综上所述，古今学者之所以误解"口之于味也"章，问题就出在割裂"性"与"命"上。其实，自人类生命之本源处言，人之性与人之道同属于"天命"、统一于"天命"，分而无可分。就人类的生命活

---

① 陈来：《孟子论性善与性命》，《现代哲学》2017 年第 6 期，第 118 页。
② 关于"道德运气"论者的代表性观点，可参见 B. 威廉斯《道德运气》，陈嘉映译，《世界哲学》2020 年第 1 期，第 103—116 页。

动而言，人性既为人之自由提供了条件，也为人之自由设定了限度：自由是实现人性的自由，超出人性之限度讲自由，就会沦为唯意志主义者，主动求生等于被动赴死；限度是自由地实现人性的限度，放弃了自由之权能讲限度，就会沦为宿命论者，被动去生就等于主动求死。总之，孟子的"性也，有命焉，君子不谓性也""命也，有性焉，君子不谓命也"，乃深刻揭示主动与被动、自由与必然对立统一的"性命合一"之论。

二　自当一体：人性与道德统一于人生的正常状态

人们通常认为，"性"是事实，"善"是价值；"性"是价值判断的对象，"善"则是依据既定尺度对特定事实的价值判断。而孟子"道性善"，认为人性本身已"善"，乃以事实为价值，从而混淆了事实与价值、事实判断与价值判断。如此为说，皆昧于孟子自当一体之论也。

从性命合一之论出发，孟子首先把人性理解为人生之内在法则，而非外来的强制性规则。这一内在法则又呈现于人生之中，乃人生之正常状态。

1. "有物必有则，民之秉彝也"：人性乃人生之内在法则

孟子曰：

> 乃若其情，则可以为善矣，乃所谓善也。若夫为不善，非才之罪也。恻隐之心，人皆有之；羞恶之心，人皆有之；恭敬之心，人皆有之；是非之心，人皆有之。恻隐之心，仁也；羞恶之心，义也；恭敬之心，礼也；是非之心，智也。仁义礼智，非由外铄我也，我固有之也，弗思耳矣。故曰："求则得之，舍则失之。"或

193

> 相倍蓰而无算者，不能尽其才者也。《诗》曰："天生蒸民，有物
> 有则。民之秉彝，好是懿德。"孔子曰："为此诗者，其知道乎！
> 故有物必有则，民之秉彝也，故好是懿德。"（《孟子·告子上》）

以上论说，乃孟子答公都子问性之语。古今学者诠释《孟子》此章，多把重心置于前半部分，认为末尾的"《诗》曰"之后只是引《诗》言以证孟子之说而已，忽略了正是结尾部分，特别是"有物必有则"一语，展示了孟子论性的方法论前提。观先秦典籍，作者先述己见，再引《诗》《书》之言，其所引有时是作为己说之证据，有时是作为自己立论之前提，亦有同时作为立论前提和证据者。孟子此处引《诗》，即属后者。他借孔子释《诗》之言，来表达和论证己见。

孟子认为，"天生蒸民，有物有则"就是在说"有物必有则"。"则"，即法则（段玉裁《说文解字注》）。它意味着，众民皆天所生，而民之万事万行莫不有其法则；此法则乃天所赋予、与生俱来的，因而也是万民生命、生活之内在法则。此"则"即孟子的性命合一之"命"。"彝"，本指宗庙常器，引申为"常"（段玉裁《说文解字注》）；这里首先指"常性"，即恒常不变之性。"有物必有则，民之秉彝也"，是说此"则"即众民之常性，亦即孟子的性命合一之"性"。而"民之秉彝也，故好是懿德"则意味着：正因为有此常性，众民才能自然地好善而恶恶。朱子曰："有物必有法，执有耳目则有聪明之德，有父子则有慈孝之心，是民所秉执之常性也，故人之情无不好此懿德者。"（《孟子集注》卷一一）[1] 朱子之释精当。

孟子相关说法绝非一家之私言。《尚书》曰："惟皇上帝降衷于下民，若有恒性。"（《尚书·商书·汤诰》）"衷"即"道"或"命"，"恒性"即常性。《左传》成公十三年亦曰："刘子曰：吾闻之，民受天

---

[1] 朱杰人、严佐之、刘永翔主编《朱子全书》第 6 册，第 399 页。

地之中以生，所谓命也。是以有动作礼义威仪之则，以定命也……故君子勤礼，小人尽力。""中"即有理之气，也就是"道"或"命";[1]"动作礼义威仪"之"则"虽为人所制定，但"是以"二字表明，其"则"乃承天之命而来，是人对天之命予以确认并固定化的产物。鲁成公十三年即公元前 578 年，"吾闻之"表明，其语并非刘子之说，而是前人之成说。只不过，《尚书》自天之施命而言，故曰"降衷";《左传》自人之受命而言，故曰"受天地之中以生"。由此可见，孟子之说其来有自，渊源甚古。

孟子所答公都子问性之语，已经十分清楚地表明，"有物必有则，民之秉彝也"乃孟子论性的方法论前提。这个前提就是：天命即人性，亦即人生的内在准则，其具体内容即"仁义礼智"。这既是孟子断言"仁义礼智，非由外铄我也，我固有之也"之前提，也是人们自然"好是懿德"，亦即生发"恻隐""羞恶""辞让""是非"之心的前提。

2. 即"故"之"利"以言性：人性、人道即人生的正常状态

孟子论性不仅基于人性与天道的形上思考，也基于人性与人生的现实经验。孟子曰：

> 天下之言性也，则故而已矣。故者以利为本。所恶于智者，为其凿也。如智者若禹之行水也，则无恶于智矣。禹之行水也，行其所无事也。如智者亦行其所无事，则智亦大矣。天之高也，星辰之远也，苟求其故，千岁之日至，可坐而致也。（《孟子·离娄下》）

---

[1] 杨伯峻注曰："古人以为天地有中和之气，人得之而生。命即生命。"（杨伯峻编著《春秋左传注》，北京：中华书局，1981，第 860 页）"中和之气"即有理之气，"生命"首先当指天令人生之命。

与"求其故"一样，"则故"乃动宾结构，即以"故"为标准；① "故"字，甲骨文无之，金文开始以"支""古"构形出义、表示原因，故《说文》以"使为之"为释；原因总是在先的，所以"原因"可引申出"古""旧"之义，指过去久已存在的事物；在此，"故"当为"本然"之义。清吴昌莹《经词衍释》卷五云："故，本然之辞，即常然也，犹所云故常也。孟子'故曰：尔为尔，我为我'，'故曰'犹常曰也。"② "本然"者，自有此物以来即是如此也，亦即"常然""故常"之义。就人类而言，"故常"就是人自古以来就有的正常思想情感与行为方式，简言之即人的正常生命（生活）状态；就自然物而言，"故常"就是事物运动变化的规律。如此作解，才能将前后两"故"字有效统一起来。因此，"天下之言性也，则故而已矣"意味着：天下人要探明人性问题，只能以人生的正常状态为准。"'而已矣'者，无余之辞。"③ "故者以利为本"意味着：所谓生命的正常状态，是以有利（于生命）为实质的。换言之，不利于人之生命的思想情感和生活方式，并非生命的正常状态。

考察人类的已有生活经验，把人性理解为人生的正常状态，确实是孟子"性善"论之重要维度，这在《孟子》中随处可见。"孟子道性善，言必称尧舜。"（《孟子·滕文公上》）孟子道性善所以必定要称道尧舜，乃因尧舜充分体现了人生的正常状态，是鲜活的人生标准和尺度，所谓"规矩，方圆之至也。圣人，人伦之至也。欲为君，尽君道；欲为臣，尽臣道。二者皆法尧舜而已矣"（《孟子·离娄上》）。刘咸炘深明此理，他说："'孟子道性善，言必称尧舜'，人人都晓得这两件说法是一连的：性善是尧舜的实质，尧舜是性善的实例，所以道性善是称尧舜的原因，称尧舜是道性善的手段"；④ "孟子说：'尧舜，性之也；

---

① 林桂榛：《〈孟子〉"天下之言性也"章辨正》，《国学学刊》2014 年第 3 期。
② 吴昌莹：《经词衍释》，北京：中华书局，1956，第 92 页。
③ 郝敬：《孟子说解》卷八，《四库全书存目丛书》经部第 161 册，第 172 页。
④ 刘咸炘：《舜的小传》，《推十书》，第 2528 页。

汤武，反之也.'他的意思大概是说，汤武可以作修为的标准，却不够拿来做善性自然充达的标准。而且汤武之得天下，是常态中带些变态的。这个变态容易讲错。孟子对于汤武的错讲，辨证很详，并不是不取汤武，但却不拿来做标准，其意可知。这是一个原因，但尚不止此。从尧舜以上的圣人，事实不明，心体也止约略可推。从尧舜以下的圣人，事实很详。人都止晓得他的施为，他的施为倒很显著，但有很多智慧的成分，又有些是境遇凑成。事实越详，这些因子也越明白，反把那善性的自然充达掩了。所以孟子上截顼、喾，下截禹、汤，单单取了个尧舜来做善性充达的活模子"。①

孟子还说："仁之实，事亲是也；义之实，从兄是也；智之实，知斯二者弗去是也；礼之实，节文斯二者是也；乐之实，乐斯二者，乐则生矣。生则恶可已也，恶可已，则不知足之蹈之手之舞之。"（《孟子·离娄上》）在孟子看来，仁义礼智并不只是抽象的道德概念，它们就存在于以"事亲""从兄"为实质内容的现实生活、正常生活之中；至于以事亲、从兄为乐，生命就会充满生机活力，无法遏止，而让生活如歌似舞。

孟子基于日常生活经验对人性问题的精湛论述，集中体现在他对"不忍人之心"的分析上：

> 人皆有不忍人之心。先王有不忍人之心，斯有不忍人之政矣。以不忍人之心，行不忍人之政，治天下可运之掌上。所以谓人皆有不忍人之心者，今人乍见孺子将入于井，皆有怵惕恻隐之心，非所以内交于孺子之父母也，非所以要誉于乡党朋友也，非恶其声而然也。由是观之，无恻隐之心，非人也；无羞恶之心，非人也；无辞让之心，非人也；无是非之心，非人也。恻隐之心，仁之端也；羞恶之心，义之端也；辞让之心，礼之端也；是非之心，智之端也。人之有是四端也，犹其有四体也。有是四端而自谓不能者，自贼者

---

① 刘咸炘：《舜的小传》，《推十书》，第 2529 页。

也；谓其君不能者，贼其君者也。凡有四端于我者，知皆扩而充之矣，若火之始然，泉之始达。苟能充之，足以保四海；苟不充之，不足以事父母。（《孟子·公孙丑上》）

这段话充分体现了孟子阐释日常生活经验的精湛技艺与思想穿透力。"人皆有不忍人之心"，这是任何人都能有所体会、无可否认的生活经验。那么，"不忍人之心"的实质是什么？它是如何与人性发生关联的？孟子对人们"乍见孺子将入于井"这一典型情境进行了分析。"乍见"，表明此情境之突如其来、不可预期。人一旦面对此情境，怵惕恻隐之心油然而生。此心也是不可预期、突如其来的，它超越了一切功利性算计。"不忍人之心"虽与"恻隐之心"密切相关，但并不只是恻隐，而是包孕四心乃至一切原发之情。"不忍"既有"不忍心于……"而对世界充满内在关切之义，更有按捺不住、情不自禁的自然发生之义。故郝敬曰："凡人心之灵，有感斯通，物来顺应，生生不息，皆名不忍。不但乍见孺子入井而怵惕耳。见孺子入井怵惕，只是不忍于人，故为恻隐。至于不善之感而羞恶不可忍，交际感而辞让不可忍，邪正感而是非不可忍，皆天灵神知，所谓火然、泉达，生生不已，总谓不忍之心。人之所以灵于万物，皆可以为尧舜者，此也。"[1] 一个人置身这一情境之中，四心等当机而发，应感而生，非由修习，无从伪饰，构成了人的本真情感反应。故在《尽心上》中，孟子还把此心说成是"不虑而知""不学而能"的"良知""良能"，《告子上》"牛山之木"章又以之为"良心"和"仁义之心"。"良"者，善也（《说文》），首也（《尔雅》）。[2] 因此，"良心"一词既表示此心之善，也表示此心乃原

---

[1]　郝敬：《孟子说解》卷三，《四库全书存目丛书》经部第161册，第58页。
[2]　《尔雅·释诂下》曰："元良，首也。"元监本始作"元首，首也"。王引之《经义述闻》卷二六《尔雅上》辨之曰："家大人曰：宋十行本及闽本《尚书疏》皆作'《释诂》云元良首也'。自明监本始作元首首也，此涉上文元首而误耳，乃俗本《尚书疏》之讹字，非孔冲远所见《尔雅》本作元首首也。《尔雅》所释之字与释之之字皆不同字，岂有以'首'释'首'者乎？"

发之情，它先于任何对象化状态中的作为，如"学""虑"以及各种理智计算等，故孟子谓其无关于纳交、要誉及"恶其声"①之举。在《告子上》"鱼我所欲也"章中，孟子又称其为"本心"；"本心"即本然之心，除表示其心的原发性外，还蕴含着自有人类以来即有此心之义。总之，孟子所谓"不忍人之心""良知""良能""良心""本心"等，本质上都是一个东西，皆指人类先于对象化状态的原发情感。孟子在论述了"不忍人之心"发生于人类身上的普遍性、必然性之后，又进一步分析论证道："无恻隐之心，非人也；无羞恶之心，非人也；无辞让之心，非人也；无是非之心，非人也。"这意味着，"不忍人之心"是人区别于非人的重要分水岭。若感之不通，触之不觉，麻木不仁，块然如行尸走肉，则曰"非人也"。良心生则人生，良心亡则人亡。孟子此言，用意颇深。因此，他甚至把四心视同四德："恻隐之心，仁也；羞恶之心，义也；恭敬之心，礼也；是非之心，智也。"（《孟子·告子上》）这显然是确认了四心与四德在本质上的一致性，是人性的自然发用或表现。

当然，确认四心与四德本质上的同一性，并不意味着将两者完全等同，故孟子又把四心说成是四德之"端"："恻隐之心，仁之端也；羞恶之心，义之端也；辞让之心，礼之端也；是非之心，智之端也。"这个"端"字，"有端绪义，又有始端义。端绪义，言其为'情'之缘境的当下发见；始端义，言其为扩充而成德之初始情态"。② 四端与四德间的关系，如果套用王阳明论知行合一之话语就是：四端者，四德之始；四德者，四端之成。尚未成就四德之时，四端还只是星星之火、涓涓细流，具有偶发性、散在性、间断性。只有经过"扩而充之"的修养工夫，四端方能成为具有恒常性、连续性和稳定性的思想品格。

---

① "恶其声"，前人有两解：一曰恶孺子之哭声，二曰恶不仁之名声。孺子无知，虽身处险境，何能惊惧而哭？故当从后解。

② 李景林：《从论才三章看孟子的性善论》，《北京师范大学学报》（社会科学版）2018年第6期，第119页。

"扩"者，使良知不断拓展而及于所有生活空间；"充"者，让良知使所有生活空间丰满充实。作为见端、始端的四心，就其初始状态而言虽然极其细小微弱，却是人区别于禽兽的基本标志，故孟子说"人之所以异于禽兽者几希"（《孟子·离娄下》）。在这一点上，君子与常人并无不同。君子与常人的根本区别在于，君子能存而养之，通过不间断的存心养性工夫，把四端扩充为四德，让生命之火越烧越旺，让生命之泉汇聚成江河湖海，此即所谓"庶民去之，君子存之""君子之所以异于人者，以其存心也"（《孟子·离娄下》）。

由此可见，在孟子思想中，仁义礼智之德以至人性的实现需要一个过程，一个以原发之情为起点和原动力、以原发之情的扩充为工夫实质、以仁义礼智之德的成就为目标的过程。而仁义礼智之德不是别的，就是原发之情的充分展开和完成。即此而言，人性的实现过程也就是原发之情从呈现、扩充到完成的过程。那么，孟子这种基于人生经验之人性论，具有何种理论特质呢？

第一，从确定人性事实的角度来看，孟子并未把人类的一切作为都当作人性之事实，进而从对这些事实的抽象概括中得出共同人性，而是把人生的正常状态当作人性的事实。因此，他引以为人性之事实或经验的，首先是人的原发之情，有此情才是人类，无此情必非人类，因而，有此情即是人类的正常状态。其次是人们"扩充"原发之情的修养活动，《孟子·告子上》"牛山之木"章明确提出，"苟得其养，无物不长；苟失其养，无物不消"，人和植物的生长都需要一定的条件，而人生长的根本条件就是其自觉的存养活动，因而，自觉存养便是人生的正常状态。最后是作为原发之情之充分实现的仁义礼智之德，有此德便是"君子"，亦即正常的人，无此德即非"君子"，亦即非正常的人。于是，原发之情、自觉存养和君子人格，共同构成了人生之正常状态，这个正常状态就是"故"。谈论人性当以人生的正常状态为准，这就是所谓"天下之言性也，则故而已矣"。其所以是讨论人性的正常标准，就在于"利"，即有利于人的生命之实现，所谓"故者以利为本"。总之，孟子的所谓人性，实来自对人生正常状态的概括。那种认为孟子的性善论没有经验依据，只是理论假设的说法，是经不起推敲的。

第二，从人性与人生的关系来看，孟子的所谓"人性"是对全人类、全人生之正常状态的概括，人性是善的并不意味着人生是善的。就人类而言，"性善"是对全人类正常生活状态之概括，由于并非所有人皆已进入人生之正常状态，因而，说人类的本性、本质是善的，并不意味着所有人类个体都是善的；反言之，某些恶人的存在，并不能否认人性是善的。就人类个体而言，"性善"是对整个人生过程的正常状态之概括，人生的各个阶段皆有其正常状态。因而，说人性善并不局限于人生的某个阶段，尤其不能限定于人生之初。《三字经》曰："人之初，性本善。"如果"人之初"系指人类产生之初，其语就意味着最初的人类有人性，后来的人类无人性；如果"人之初"系指个体出生之初，其语便意味着人刚出生的时候有人性，后来没有人性。由此可见，《三字经》如此总结孟子的性善论并不准确。

3. "天下之言性也"章歧解辨正

前人释"天下之言性也"章，亦存在明显分歧。毛奇龄以"故"为"智故"，并认为全章主旨在论如何用"智"：

> "天下之言性也，则故而已矣。"观语气，自指泛言性者，与"人之为言"、"彼所谓道"语同。至"以利为本"，然后断以己意。因是时俗尚智计，多用穿凿，故程子谓此章专为智发。而陆子静有云：此"故"字即《庄子》"去智与故"之故。盖"故"原有训智者，如《杂卦》"随，无故也"，是无智计；而《淮南·原道训》"不设智故"，谓不用机智穿凿之意，正与全文言智相合。是以孟子言：天下言性，不过智计耳。顾智亦何害？但当以通利不

201

穿凿为主，夫所恶于智为穿凿也。如不穿凿，则行水治历，智亦大矣。所谓专以智发以此。①

毛氏之说，有不通者三：其一，章中"故"字两出，其取义必同，"求其故"与"则故而已"两句亦当相应，而将"故"字解为贬义之"智计"，说首"故"字句尚可，说末"故"字句则不可；其二，如果全章主旨在言智，且此智首先指小智或不智，而首"故"字亦指不智，那么孟子直言"则智而已矣"即可，又何必横生枝节，以"则故而已矣"为言呢？其三，文中的言性、行水与治历为三事，孟子开口即以"天下之言性也"为言，先讲道理，然后说"如智者若禹之行水也"，这表明三事并非并列关系，而是以言性为主题，以行水、治历作为正确言性之例证。由此可见，该章主题正在于讨论言性（论性）的正确方式，即当以"大智"而不是小智论性。而毛氏以为言性只是"泛"说，并非该章本题，亦不可通也。朱子则以"故"为"已然之迹"，他说：

> 性者，人、物所得以生之理也。故者，已然之迹，若所谓"天下之故"者也。利，犹顺也，语其自然之势也。言事物之理，虽若无形而难知，然其发现之已然，则必有迹而易见。故天下之言性者，但言其故而理自明，犹所谓"善言天者，必有验于人"也。然其所谓故者，又必本其自然之势，如人之善、水之下，非有所矫揉造作而然者也。若人之为恶、水之在山，则非自然之故矣。……天下之理，本皆顺利，小智之人，务为穿凿，所以失之。禹之行水，则因其自然之势而导之，未尝以私智穿凿而有所事，是以水得其润下之性而不为害也。天虽高，星辰虽远，然求其已然之迹，则其运有常。虽千岁之久，其日至之度，可坐而得。况于事物之近，若因其故而求之，岂有不得其理者，而何以穿凿为哉？必言日至

---

① 毛奇龄：《四书剩言补》卷一，庞晓敏主编《毛奇龄全集》第16册，第179页。

者，造历者以上古十一月甲子朔夜半冬至为历元也。程子曰："此章专为智而发。"愚谓事物之理，莫非自然，顺而循之，则为大智。若用小智而凿以自私，则害于性而反为不智。程子之言，可谓深得此章之旨也。（《孟子集注》卷八）[1]

"天下之故"，语出《易传·系辞上》："易无思也，无为也，寂然不动，感而遂通天下之故。"此"故"字显然指事理；"通天下之故"，即通达天下之事理。而"已然之迹"即已有的生活轨迹，也就是人类做过的事。朱子释"故"为"已然之迹"，其诠释方向基本可取，肯定了孟子人性论的经验维度。然而，朱子的"但言其故而理自明"则语句含糊：人类已为之事有是有非、有善有恶、有正常状态也有变异之态，若不别其是非、善恶与常变，概视为人性之事实，并以之为依据归纳概括人性，自然会得出人性无善无恶、可善可恶、有善有恶、有人性善亦有人性恶之类的结论。这不符合孟子即"故"之"利"以言性的论述方式。与朱子相类似，今之著名学者梁涛先生则结合郭店楚简《性自命出》之"节性者，故也"，认为"'天下之言性也，故而已矣'是说，人们谈论的性不过是指积习、习惯而言"。[2] 其实，"习惯"也是有善恶常变之分的。

　　清代考据学大师俞樾则有另一番见地。他说：

　　　　《荀子·性恶篇》曰："凡礼义者，是生于圣人之伪，非故生于人之性也。"杨注曰："故，犹本也。言礼义生于圣人矫伪抑制，非生于人之性也。"孟子言性善，则人性本有礼义，故曰"天下之言性也，则故而已矣"，但言其本然者足矣，与《荀子》之语正相反。荀子又引舜之言曰："妻子具而孝衰于亲，嗜欲得而信衰于

---

① 朱杰人、严佐之、刘永翔主编《朱子全书》第6册，第362—363页。
② 梁涛：《竹简〈性自命出〉与〈孟子〉"天下之言性"章》，《中国哲学史》2004年第4期，第73页。

友，爵禄盈而忠衰于君。"盖以证人性之恶。乃自《孟子》言之则孝也、忠也、信也，是其故也；妻子具而孝衰，嗜欲得而信衰，爵禄盈而忠衰，非其故也。无失其故，斯可矣，故又曰："故者，以利为本。"言顺其故而求之，则自得其本也。孟子论性大旨，具见于此。[1]

俞樾认为，"故"即本然，因此，"天下之言性也，则故而已矣，故者以利为本"是说论性只是论人之本然；顺人之本然而求之，自然能获得对于本然之性的认识。依俞樾之说，本然既是顺求的依据，又是顺求的结果。其解显然有骑驴觅驴之嫌。

三 古今中外对于孟子"性善"论之相关歧解评点

明确了这一前提，则知孟子所谓"性善"意味着：人性本身就是善的，或者说善才是人性；人性本身并不是恶的，或者说恶并不属于人性、与人性无关。因而，后世关于孟子"性善"说的各种论断，如"有善"说、"可善"说、"向善"说等，皆违背了孟子本意，不能成立。

1. 关于"有善"说与"可善"说

"有善"说的主要代表人物有陈澧。他说：

> 孟子所谓性善者，谓人人之性皆有善也，非谓人人之性皆纯乎善也……盖圣人之性，纯乎善；常人之性，皆有善；恶人之性，仍

---

[1] 俞樾：《群经平议》卷三三《孟子二》，《俞樾全集》第 2 册，第 965 页。

有善而不纯乎恶。所谓性善者如此。所谓人无有不善者如此。后儒疑孟子者，未明孟子之说耳。①

孟子所谓"性善"，乃指人之所以为人之天命之性、类本质，不是人人而枚数之、就人人身上所具有之善的因素而为言。且"有善"说并不排斥人性中有恶的因素，而"性有善有恶"之说，恰恰是孟子的批判对象。故刘咸炘驳陈氏曰："澧竟谓孟子所谓人人性皆有善，非谓人人性皆纯善，遍驳诸疑孟之说，谓世（硕）、荀（卿）、董（仲舒）、扬（雄）皆不足难孟子。（《东塾读书记》）斯则大谬矣。孟子若果不谓纯善，董、王必不相难。董曰'孟子曰性已善'，王曰'孟子以为性皆善'，岂皆诬耶?"②

值得注意的是，陈澧的"有善"说同时也是"可善"说。他说：

> 《荀子》又云："涂之人可以为禹"；"涂之人者，皆内可以知父子之义，外可以知君臣之正。……其可以知之质、可以能之具"。在涂之人，"其可以为禹明矣"（《性恶篇》）。戴东原云："此于性善之说，不惟不相悖，而且若相发明。"（《孟子字义疏证》）澧谓"涂之人可以为禹"，即孟子所谓"人皆可以为尧、舜"，但改尧、舜为禹耳，如此则何必自立一说乎? ……扬子云但云"人之性也，善恶混"（《修身篇》），更无一语申明之。试问之曰："圣人之性，亦善恶混乎?"亦将无辞以对也。韩昌黎云："性之品，有上、中、下三。""下焉者，恶而已矣。"又云："下之性，畏威而寡罪。"（《原性篇》）夫畏威而寡罪，犹得谓之恶乎? 孟子曰"其情可以为善"。畏威寡罪，即可以为善之情也，不能异于孟子也。③

---

① 陈澧：《东塾读书记》卷三《孟子》，钟旭元、魏达纯点校，黄国声主编《陈澧集》第 2 册，上海：上海古籍出版社，2008，第 43—44 页。

② 刘咸炘：《内书·故性》，《推十书》，第 444 页。

③ 陈澧：《东塾读书记》卷三《孟子》，黄国声主编《陈澧集》第 2 册，第 44—45 页。

孟子虽有"乃若其情，则可以为善矣，乃所谓善也"之说，然而，孟子之说乃建立在"有物必有则，民之秉彝也"的基础之上。孟子的本意是，因为人性是善的，所以人才会有好善恶恶之情，如果顺从而非悖逆此一好恶之情，就能成就美善人格，这才是我道性善之缘故。如果排除了"有物必有则，民之秉彝也"这一根本前提，"可以为善"之说就等于视人性为人生变化之可能性。人固有沦为恶人（实即非人）甚至粪土之可能，但粪土并非人性，又怎能以人性为人生变化之可能性呢？当然，陈澧所谓"可善"更有"能善"之义，即人都有为善的能力；且观孟子"若夫为不善，非才之罪也"，其"情"其"才"实皆指为善之才具。但孟子所谓"才"，并非通常所谓才能，而是特指实现人性的能力，我们不妨称之为"性之能"。一方面，其"才"以人性的存在为前提，从逻辑上说，先有人性而后方有此才，而非相反；另一方面，此才只可以"为善"而不可以"为不善"，"为不善"恰恰是其"才"的未充分发挥乃至丧失，故孟子曰"或相倍蓰而无算者，不能尽其才者也"。陈澧不知此义，把孟子的人性之能等同于荀子所说的认知和行动能力等。正如老子所说："天下皆知善之为善，斯不善已。"（《老子》第二章）荀子的认识和行动能力，自然是可以为善也可以为恶的。难怪陈澧会认为诸儒之说皆可与孟子之说相通，他们反驳孟子纯属多余。果真如此，那孟子反驳"性有善有恶"也是多余的了。

2. 关于"向善"说

持"向善"说者可以傅佩荣先生为代表。他说：

> 人性在于人心的四端，四端代表四个萌芽或开始。四端扩而充之，就变成仁、义、礼、智。所谓的善是什么？就是仁、义、礼、智：要有仁德，要做义行，要守礼仪，要有明智。换言之，善不是生来就有的，一个人只有善的萌芽或开始，有了内在的向善力量作

为基础，然后将它实现出来，才叫做真正的善。①

　　孟子回答（公都子问性——引者注）中，"为善""为不善"的"为"字，表明善、不善是做到或做出来的。所以我一直强调，善不善不是人本来具有的性质，而是人做的善行或恶行，这是非常重要的一点，也是我无法同意"人性本善"的原因。人性的善是指做出来的善，而做出来的善是顺着本性，不善是逆着本性，如此就称为"人性向善"。②

傅佩荣"向善"说的主要论据有两条：一是《公孙丑上》的"人皆有不忍人之心"章，二是《告子上》的"公都子问性"章。傅氏在运用此二章之材料时，只抓住了"恻隐""羞恶"等四心为仁义礼智之端以及"乃若其情，则可以为善也"等论说，完全忽略了"有物必有则，民之秉彝也"这一根本前提。在"公都子问性"章中，孟子明言"仁义礼智，非由外铄我也，我固有之也"，"固有"即本来就有——自有人类即有此性，自有人生即有此性，故仁义礼智内在于人生而构成了人之所以为人之特质。至于傅氏所谓"善不是生来就有的"，要看从何种意义上理解：若就"善性"而言，不仅人人生来就有，且人之一生莫不有之；若就"善人"而言，确实并非人人生来即是"善人"，因为具体的人生存在实现与未实现人性之别。傅氏不别其义，以人生之未善说人性之未善，当然是不通的。此外，傅氏割裂"四端"与仁义礼智，也大有问题。人性的实现需要一个过程，犹如植物从萌芽到结出丰硕的果实。既然四端乃人性之见端，那它一定也是善的；其与仁义礼智之间，只有实现人性之程度之别，而无是否为人性之特质之异。反过来说，如果"四端"不善，那么，仁义礼智作为扩充"四端"的产物，怎么会是善的？因不明此理，故傅氏一方面说"四端"是"善的萌芽

----

① 《人性向善：傅佩荣谈孟子》，北京：东方出版社，2012，第 10 页。
② 《人性向善：傅佩荣谈孟子》，第 297—298 页。

或开始"；另一方面又说"善是做出来的"，萌芽的善不是善，忽矛忽盾，难以证成其"向善"之说。

3. 关于"过程"说

"过程"说的主要倡导者为美国汉学家安乐哲（Roger T. Ames），体现在其《孟子的人性概念：它意味着人的本性吗?》以及《孟子与一个经过特殊加工的有关"人的本性"的概念》两篇论文中。① 刘笑敢先生如此概括其说：

> 安乐哲特别反对用西方的 nature 来理解或翻译孟子的"性"，他认为 nature 代表的是一种古典的目的论的概念，是普遍的、本质主义的，所以不能用来翻译孟子人性。他反对把孟子的人性作目的论解释，反对把孟子的人性看做是普遍的、本质的、不变的超越。……安乐哲主张用杜威的理论来解释孟子的性，并且将之称为过程哲学。不过，笔者感觉安乐哲的思想更像是存在主义，即自己的存在决定自己的本质。大约二三十年前，他主张应该把孟子的人性翻译成 character，近年来主张把孟子的"性"翻译成 becomings，特别强调其中存在不断的变化。②

孟子的"性"当然不同于西方本质主义的 nature，后者把本质理解为理念化的纯形式，并通过这种纯形式赋予本性、本质以普遍、永恒和超越的意义。孟子之"性"虽然也具有普遍性、永恒性和必然性，正如其"凡同类者，举相似也""人皆有之""有物必有则，民之秉彝也""心之所同然者，理也，义也""义者，宜也"等语所表明的那样，但其普

---

① 见于江文思、安乐哲编《孟子心性之学》，江溪译，北京：社会科学文献出版社，2005。

② 刘笑敢：《中国哲学的取向与入径——以对孟子性善论的研究为例》，《中国社会科学评价》2019 年第 4 期，第 79 页。

遍性并非理念化的纯形式，而是人生的正常状态。这种正常状态虽可形式化为一整套礼仪乃至礼乐文化及其思想理论，但不能把后者等同于正常状态本身。这是因为正常生活状态是原型，礼乐文化只是它的仿真物，后者的主要功能是调节生活、让人从过与不及中回归正常状态；另一方面，学习、实践礼乐文化，一定要从人生的根本事项、要义出发，追求实质的"合礼"性而不是形式的"合礼"性。正因如此，孟子才会说："仁之实，事亲是也；义之实，从兄是也；智之实，知斯二者弗去是也；礼之实，节文斯二者是也；乐之实，乐斯二者，乐则生矣。"（《孟子·离娄上》）刘笑敢先生主张"用'经验世界中的普遍性'这一概念来描述和限定孟子思想中的普遍性观念，借以区别'本质主义的普遍性'概念",① 的确很有眼光。但要知道，对于孟子和先秦儒家主流来说，经验本身并不是价值，只有那些正常的人生经验才是价值，才是善。

安乐哲把孟子的性善论等同于过程哲学，甚至与存在主义的"存在即本质"相比附，可能基于他对孟子人性之实现是一个过程的过度想象。尽管孟子认为，犹如植物由种子经过生长而结出果实一样，人性的成长也是一个原发之情经由自觉存养而成就仁义之德的过程。但是，一方面，人性从人类产生之日起就已经由天地之化所赋予，所谓"此天之所以予我者"，并不是个人创造的结果，而是个人创造的前提；另一方面，人类个体的创造性活动并不是把自己创造成一个新的物类，而只是把天赋本性充分表现出来，所谓"尽其心者，知其性也，知其性，则知天矣"（《孟子·尽心上》）。

4. 关于"即情言性" 说

《孟子·告子上》之"公都子问性"章，确为体现孟子性善论之典

---

① 刘笑敢：《中国哲学的取向与入径——以对孟子性善论的研究为例》，《中国社会科学评价》2019 年第 4 期，第 82 页。

型。公都子的问题是："告子曰：'性无善无不善也。'或曰：'性可以为善，可以为不善。是故文武兴，则民好善；幽厉兴，则民好暴。'或曰：'有性善，有性不善。是故以尧为君而有象，以瞽瞍为父而有舜；以纣为兄之子，且以为君，而有微子启、王子比干。'今曰性善，然则彼皆非欤？"孟子答曰："乃若其情，则可以为善矣，乃所谓善也。若夫为不善，非才之罪也。恻隐之心，人皆有之……"首先，公都子所疑乃人性善恶问题，孟子却不言"性"而言"情"，以"乃若其情"答之；其次，既已言"情"，自当一以贯之，孟子却以"非才之罪也"而不是"非情之罪也"，进而以"恻隐之心"等而不是"恻隐之情"等为说。此举易使后人特别是今之学者困惑："性""情""才""心"四者，究竟处于何种关系之中？

（1）"乃若其情"一节之歧解

其一，为赵岐与朱子之解。赵岐曰：

> 若，顺也。性与情，相为表里，性善胜情，情则从之。《孝经》曰："此哀戚之情。"情从性也，能顺此情，使之善者，真所谓善也。若随人而强作善者，非善者之善也。若为不善者，非所受天才之罪，物动之故也。[1]

赵氏以内、外（"表里"）言性、情之关系，并解"若"为"顺"。

朱子曰：

> 乃若，发语词。情者，性之动也。人之情，本但可以为善而不可以为恶，则性之本善可知矣。……才，犹材质，人之能也。人有是性，则有是才，性既善则才亦善。人之为不善，乃物欲陷溺而

---

① 焦循：《孟子正义》卷二二，第 752 页。

然，非其才之罪也。(《孟子集注》卷一一)[1]

朱子以"情"为情感而与"性"对言，与赵氏同。所不同之处在于：朱子把性、情理解为动、静关系，且以"乃若"为发语词。[2]

其二，为戴震、牟宗三之说。戴震曰：

> 孟子举恻隐、羞恶、辞让、是非之心谓之心，不谓之情。首云"乃若其情"，非性情之情也。孟子不又云乎："人见其禽兽也，而以为未尝有才焉，是岂人之情也哉？"情，犹素也，实也。孟子于性，本以为善，而此云"则可以为善矣"。"可"之为言，因性有等差而断其善，则未见不可也。下云"乃所谓善也"，对上"今日性善"之文；继之云"若夫为不善，非才之罪也"。为，犹成也，卒之成为不善者，陷溺其心，放其良心，至于梏亡之尽，违禽兽不远者也。言才则性见，言性则才见，才于性无所增损故也。人之性善，故才亦美，其往往不美，未有非陷溺其心使然，故曰"非天之降材尔殊"。才可以始美而终于不美，由才失其才也，不可谓性始善而终于不善。性以本始言，才以体质言也。体质戕坏，究非体质之罪，又安可咎其本始哉！[3]

牟宗三曰：

> 孟子并非以仁义礼智等为性，以恻隐羞恶恭敬是非之心等为情者。孟子并无此异层异质之分别。孟子并非就可说之情推证不可说之性者。"乃若其情"之情非性情对言之情。情实也，犹言实情

---

① 朱杰人、严佐之、刘永翔主编《朱子全书》第 6 册，第 399 页。
② 关于"乃若"一词，程瑶田理解为"转语"，与赵、朱之说相比，可能更为准确。见程氏《通艺录·论学小记中·述性》，清嘉庆刻本。
③ 戴震：《孟子字义疏证》卷下《才》，第 41 页。

（real case）。"其"字指性言，或指人之本性言。"其情"即性体之实，或人之本性之实。落在文句的关联上说，当指"人之本性之实"说。"乃若其情，则可以为善"云云，意即：乃若就"人之本性之实"言，则他可以为善（行善作善），此即吾所谓性善也。至若他后来为不善的事，成为不善的人（"若夫为不善"句，其意非"性成为不善"），则非其性之实之罪，即不能因他为不善的事、成为不善的人，而牵连及其性之实而谓其性不善也。本当说"非性之罪"，但孟子何以忽然想到一个"才"字，而说"非才之罪"？此并无何严重之理由，只变换词语而说耳。"才"是材质、质地之意，即指"性"言。有此性，即有此质地。性是个形式字（笼统字），具体指目之，即恻隐羞恶等之心，此即是吾人之"性之实"（情），亦即吾人之材质、质地（才）。此说材质不是材料、材朴义，乃是质地义。它既指性说，它当然不是材料之材质（material stuff），乃是本心即理之形式的质地（formal stuff, formal ground）。孟子说此"才"字犹不只是静态的质地义，且有动态的"能"义（活动义）。但此"能"又不是一般意义上的"才能"之能，它即是"性之能"。①

戴、牟二人皆以"情"为"情实"；至于"乃若"之解，则与朱子同。此二人特别是牟氏，对于"才"字的解释具体、详细而又深入。

其三，为俞樾之说。

性与情若果有表里之分，则公都子所举三说皆自论性，孟子何独与之言情乎？盖"性情"二字，在后人言之则区以别矣，而在古人言之则情即性也……下章孟子言牛山之木则曰："此岂山之性也哉？"其言人则曰："是岂人之情也哉？"然则性情一也。以六书

---

① 牟宗三：《心体与性体》（下），第377—378页。

而论，性从心，生声；情从心，青声。而青亦从生声，故从生、从青之字，于义得通……而谓性之与情若冰炭之异，此必不然矣。《荀子·正名篇》曰"生之所以然者谓之性，性之好、恶、喜、怒、哀、乐谓之情"，此盖古义也。孟子之于荀子不能有异，特自孟子言之，性善而情亦善；自荀子言之，性恶而情亦恶，此则其说之异也。《荀子·性恶篇》引舜之言曰"人情甚不美。妻子具而孝衰于亲，嗜欲得而信衰于友，爵禄盈而忠衰于君。人之情乎！人之情乎！"杨倞注曰："引此亦以明性之恶。"是可见古人言性必言情。孟、荀虽异，要未尝区别性与情而二之也。《白虎通·情性篇》："以仁义礼智信为五性，喜怒哀乐爱恶为六情。夫无喜、怒、哀、乐、爱、恶，则仁义礼智信于何见之？'恻隐之心，仁也'，独非爱乎？'羞恶之心，义也'，独非恶乎？孟子以恻隐为仁、羞恶为义，正是以情见性。"……盖性之好、恶、喜、怒、哀、乐谓之情，故此七者谓之情可也，谓之性亦可也。后人不达此义，妄有五性、六情之说，遂以性情分属阴阳，而《孟子》此章之旨晦矣。[1]

俞氏反对赵氏分性情为内外，而力主"性即情也""以情见性"。

（2）"性""情"关系与"即情言性"说

"情"字在《孟子》中并不多见。据杨伯峻先生《孟子译注》，"情"字在其书中共出现4次，以"情实"和"性"为义者各两次。"声闻过情"（《孟子·离娄下》）以及"物之不齐，物之情也"（《孟子·滕文公上》），取前义；"乃若其情"以及"此岂人之情也哉"，取后义。

诸家之说虽有不同，但强调"性"与"情"在孟子思想中的密切关联。只不过赵岐以"内—外"说之，朱子以"静—动"（或"体—

---

[1] 俞樾：《群经平议》卷三三《孟子二》，《俞樾全集》第2册，第978—979页。

用"）说之。以"内—外"说之，确有视"性"为一物而与情割裂之
弊，俞樾非之是也。朱子的动静体用之说，有以理学思想框架反诠孟子
之嫌，虽不能算错，但易起不必要之纷争；但其以"情"为"性"之
经验表现，却与戴震、牟宗三之说相通。后者以"情实"训"情"，实
即以"情"为"性"之实际表现。

就字义而言，"情感"与"情实"确有明显差异，但就儒家的思想
实质而言，情感与情实又具有不可分割的内在联系。荀子说"性之好
恶，喜怒哀乐谓之情"，① 意为好恶以至喜怒哀乐之情，乃人性的直接
呈现。作为人性的直接呈现，一方面，好恶之情是不学而能的，所谓
"喜怒哀惧爱恶欲七者，弗学而能"（《礼记·礼运》）；另一方面，好
恶之情是自然的、真实的，无从作伪的，而诚与不诚就取决于是否从随
此情，故《大学》有"所谓诚其意者，毋自欺也，如恶恶臭，如好好
色"之说。若如俞樾所说，荀子对于"性""情"的界定乃先秦儒者之
通说，那么，言情感则"情实"必在其中。戴、牟二氏认为情感与情
实是不相干的两件事，其说不够通达；其以"人之本性之实"为说，
也相当迂曲。② 故诸家之说相较，以俞樾之说最为通达。俞氏所论详
密，本证与旁证毕举，阐明了性、情并非二物，并认为孟子正是"以
情见性"的，即"情"是"性"的直接呈现，因而人们可以通过
"情"来认识、理解、把握、表达"性"。俞说之可取，还在于其朴实
性，避免了用后世的思想框架反以释孟所带来的纷扰。总之，对"乃
若其情"一语，不管人们如何训释，从根本上说，此"情"都指向人

---

① 虽然今人多将荀子此语断为"性之好恶喜怒哀乐，谓之情"，但笔者认为，还是点为
"性之好恶，喜怒哀乐谓之情"为得。因为人的一切情感，皆可化约为"好恶"，将
"好恶"与"喜怒哀乐"并列，显属不伦。
② 在《孟子》中，"情"字凡四见。《孟子·滕文公上》曰："物之不齐，物之情也。"
今人如杨伯峻先生等，概以"情实"解之。其实，古人亦有以"性"字训之者。如
焦循《孟子正义》引高诱语云："情，性也。"笔者以为，以"性"解之，更加深
透，更符合孟子的思想。试看"万物不同，乃万物的本性使然"与"万物不同，乃
万物的实情"相比，哪个更通达？

性的实际表现，亦即人性的本质。

而从古至今都存在的"即情言性"说，若说此乃孟子言性的维度之一则可，若说此乃孟子言性之唯一维度则非。原因在于，如前所述，"即情言性"乃孟子论性的经验维度；除此以外，孟子还有基于性命合一、"有物必有则"的形上维度。两个维度共同构成了孟子言性的完整内涵，缺一不可。

（3）"心"和"性""情"之关系与"即心之生言性"说

孟子所谓"性"，系指人与生俱来、与宇宙间其他物类相区别的本性与本质，即荀子所谓"生之所以然者谓之性"。而其所谓"情"，就是人性的实际体现、直接呈现，即荀子所谓"情者，性之质也"（《荀子·正名》）。而"性""情"二字皆从"心"。其中，"心"为生命实体，"性"乃对于"心"之本性的静态抽象，"情"乃"心"感于物而动的情绪、情感状态。若以水为喻，"心"即水之实体，"性"即水之性质，"情"乃水之流动情状。故"心""性""情"并非相互外在之三物，而是从不同方面对于"心"之说明。作为"心"感于物而动的情绪、情感状态，"恻隐之心"等既可以心言，也可以情言。戴震说"孟子举恻隐、羞恶、辞让、是非之心谓之心，不谓之情"，显然是过于拘泥了。

孟子以"心之官"或"大体"为言，显然是视"心"为人之精神活动实体。"心之官"与"耳目之官"相对，前者为"大体"，后者为"小体"。只因人的生命体之各部分间有灵与不灵之异，故其地位有主次轻重之分，遂有小体、大体之分。小体服从大体、大体主导小体乃人生之正常状态。但小、大之体皆为生命的有机组成部分，不可或缺，故小体的生理需求和大体的精神需求是应该同时得到满足的。只有当两种需要不能同时满足之时，何去何从，才集中体现一个人的善与不善：

> 人之于身也，兼所爱。兼所爱，则兼所养也。无尺寸之肤不爱焉，则无尺寸之肤不养也。所以考其善不善者，岂有他哉？于己取

之而已矣。体有贵贱，有小大。无以小害大，无以贱害贵。养其小者为小人，养其大者为大人。今有场师，舍其梧檟，养其樲棘，则为贱场师焉。养其一指而失其肩背，而不知也，则为狼疾人也。饮食之人，则人贱之矣，为其养小以失大也。饮食之人无有失也，则口腹岂适为尺寸之肤哉？（《孟子·告子上》）

"兼所爱""兼所养"充分体现了孟子身心一体之观念。最后一句话大有深意：口腹之养若能得其常正之态，则它满足的不仅是肉体需要，也是精神需要，实现的不仅是肉体生命，也是精神生命。反观西方传统哲学，其每视"身—心"为性质绝异之二物，一为物质的，一为灵魂的；一个占空间、有广延，一个不占空间、无广延；灵魂属于上帝，肉体则为魔鬼所摄。[①] 孟子虽有"从其大体为大人，从其小体为小人"之说，但那是就两种需要相互对立、难以两全之时而言，非谓口腹与心灵之养总是处在对立之中；且一味"从其小体"者仍是大体，是大体之功能没有正常发挥之结果，非谓小体之需要本身即是恶的。孟子也有"杀身成仁"之说，也是就两种需要无法两全时而言；按照身心一体、心贵于身之原则，其所舍弃者乃小体之生命，成全的乃是大体之生命，其所追求的仍然是生而不是死。由此可见，孟子绝非不分青红皂白，把心与耳目之官直接对立起来，把否定肉体当作成全灵魂之前提。

因为孟子重视"心"，以"心"为大体，把"心"之功能的充分发挥作为人生之正常状态，故唐君毅先生力主孟子乃"即心言性"，更准确地说是"即心之生以言性"。他说：

孟子之即心言性，乃又即此心之生以言性。所谓即心之生以言性，乃直接就此恻隐、羞恶、辞让、是非等心之生处而言性。……

———

① 对此，龚鹏程在《中国传统文化十五讲》（第8—13页）中有精彩论述。

孟子之所谓心之由感而应之中，同时有一心之生。心之感应，原即一心之呈现。此呈现，即现起，即生起。然此所谓心之生，则是此心之呈现中，同时有一"使自己更相续呈现、相续现起生起，而自生其自己"之一"向性"上说。此生非自然生命之生长之生，而是心之自己生长之生。孟子即心言性，而心性之所以又可以为二名，其理由即在此心之性，乃克就此心之生长，或能生长而言。……所谓心能自生自长，即心能自向于其相续生、相续长，以自向于成一更充实更扩大之心。简言之，即心之自向于其扩充。由此心之此"自向"，即见心之性。此性决不可说为性质性相之性。……心之生所以为心之性，非纯自心之现实说，亦非纯自心之可能说，而是就可能之化为现实之历程或"几"说。在此历程或"几"上看，不可言人性不善，亦不可言人性已善，而可言人性善，亦可言人性之可以更为善。然此所谓可以更为善，却非须用"可以更为不善"之一语，加以补足者。谓人可以为善，亦可以为不善，此乃自外观人之未来之可能之语；而非克就人之有恻隐羞恶之情之心之表现时，以观其心之生、心之性之语。克就此等心之表现时说，此中固只有可以为善之性，而无可以为不善之性。[1]

唐先生于孟子学致思之深，在现代学者中十分罕见。"即心之生以言性"之说，就极其深邃。此说要义有三：其一，心之生长乃一历程（或过程），是原发之情起现、承续、不断扩充的无止境过程；其二，此生长是此心的自生自长，亦即心自己的内在趋向；其三，此心自生自长的内在趋向，即是人之性。

　　唐先生之说乍看起来颇似"向善"说，其实两者大有不同。"向善"是向着善去生长，毕竟有将善外在化之嫌。而此心自生自长之内在趋向，实即原发之情自身不断扩充之方向；因为此生长是无止境的，

---

　　[1]　唐君毅：《中国哲学原论·原性篇》，第23—26页。

它既不可以外在的某个东西为方向，也不可能以自己生长的阶段性成果甚至最终成果为方向。可见，比起"向善"说来，"心之生"说要深刻、微妙得多。

尽管如此，唐先生之说仍未免与孟子思想有所疏离。这是因为，即便说"心之生"乃一自生自长的无止境过程，也不能不承认其生长的阶段性，即从零星的原发之情开始，经由自觉操练、存养，最终达至"大而化之""圣而不可知之"之"圣""神"阶段。因而，有阶段就有其阶段性特征，也就是有其规律性，为什么一定要坚称"此性决不可说为性质性相之性"？难道"自向"不是心之特征、人生的正常状态？唐先生说"不可言人性不善"，这是千真万确的；但又说"亦不可言人性已善，而可言人性善"，就让人莫名其妙了——因为说"人性善"，就意味着人性无论过去、现在还是未来都是善的。即此而言，说"人性已善"有何不可？只是不能说"人生已善"，不能说无论何种活法都是善的而已。此外，"即心之生以言性"说与"即情言性"说、"向善"说一样，也存在忽视孟子言性的普遍性维度的问题，即言动不言静，言特殊不言普遍。果真如此，一味动发的"自向"已无异于存在主义者的盲目生命冲动，而与阴阳对生迭运的儒家大道相去甚远了。

5. 关于"性超善恶"

自北宋始，受佛教影响，王安石、苏轼等人已明显有超越善恶以言性之倾向，胡宏则进一步把孟子的性善说解释成超越善恶之至善：

> 或问性，曰："性也者，天地所以立也。"曰："然则孟轲氏、荀卿氏、扬雄氏之以善恶言性也，非与？"曰："性也者，天地鬼神之奥也，善不足以言之，况恶乎哉！"或又曰："何谓也？"曰："某闻之先君子曰：'孟子所以独出诸儒之表者，以其知性也。'某请曰：'何谓也？'先君子曰：'孟子之道性善云者，叹美之辞，不

与恶对也。'"①

"不与恶对",就意味着"性善"之善是超越善恶的。

此说流传甚为久远。王阳明曰:"无善无恶心之体,有善有恶意之动。"其"无善无恶",实即超越善恶。王阳明后学钱德洪申其说曰:

> 人之心体一也,指名曰善可也,曰至善无恶亦可也,曰无善无恶亦可也。曰善,曰至善,人皆信而无疑,又为无善无恶之说者,何也?至善之体,恶固非其所有,善亦不得而有也。至善之体,虚灵也,即目之明、耳之聪也。虚灵之体不可先有乎善,尤明之不可先有乎色、聪之不可先有乎声也。目无一色,故能尽万物之色;耳无一声,故能尽万物之声;心无一善,故能尽天下万事之善。②

在孟子那里,本体心性之善亦便是经验作用之善。孟子的思想逻辑是:正因为人有仁义礼智之性,故发而为恻隐、羞恶、辞让、是非之心,成而为仁义礼智之德;正因为人能顺恻隐、羞恶、辞让、是非之心而成仁义礼智之德,故可证人有仁义礼智之性。对于性超善恶说,刘咸炘说:"周濂溪超善恶以言中,胡五峰超善恶以言性,皆沿释道末流超相对以求绝对之习……其病在于必分本体之善与应物之善为二。夫应物者固亦本体也,何必分之?……既知本体之为善,是固不必动宜而后可称善,则何得云无善动之善?……'至善'一语本为赘词,若别有至善,则此与恶对者乃非其至,究何说也?要由不知一乃其常,当言一时,本无有变,二则由既变而并数之,然二之善仍一之善也。一二之疑本不难解,何须别立超对之名耶?"③刘咸炘之语,把人性理解为超越实际人生中善与恶的至善,根本谬误在于把本性的善与经验的善加以割裂。其

---

① 吴光主编《黄宗羲全集》第4册《宋元学案》(二),第678页。
② 吴光主编《黄宗羲全集》第7册《明儒学案》(上),第264—265页。
③ 刘咸炘:《善恶》,《推十书》,第452—453页。

实，本性之善就是经验之善。这可以耳目为喻：说耳聪目明乃耳目之本性，其实就是说耳听则能辨物之声章，目视则能辨物之形色。既然如此，人们何以会把本性之聪明与应物之聪明割裂开来呢？是因为不知道保持聪明与否乃耳目之用的两种状态，当耳目失其聪明之时，耳目就变异成非耳目之他物了。怎么能以他物言耳目之性呢？至于钱德洪"明之不可先有乎色、聪之不可先有乎声"之说，则纯属不通之论：耳听声而聪、目视色而明即耳目之性，亦即耳目之善，哪里存在混声色于耳目之问题？

综上所述，孟子言性善，既有其形上维度，亦有其经验维度。性命合一、"有物必有则"乃其形上维度，它确认了人性即是天道之在人者，是自然与必然，从而也是主动与被动的统一。即"故"之"利"以言性乃其经验维度，它确认了人性即人生的正常状态，人生的正常状态就是人性之实现。就是在"人生正常状态"之意义上，人性与道德以至自然与当然亦获得了统一，"性善"之说方得以成立，成为唯一正确的人性论。

与"性善"论相比，其他人性学说皆不免陷于谬误："性恶"说意味着人本来就不是人；"性无善无恶"说意味着人本来就无所谓人与非人；"性有善有恶"说意味着人既是人又是非人；"性可善可恶"说意味着人性只是人生变化之可能性；"有人性善，有人性恶"乃至"性三品"说则意味着根本不存在共同人性。

四 "事天""立命"之教化哲学

孟子究性命，道性善，最终是为了确立其"事天""立命"之教化哲学。正是孟子把先秦儒家的性命之学发展到前所未有之高度。

1. 孟子论恶之根源

按照孟子的人性论，善是人的本心、本性，恶则是本心沉沦、本性丧失的结果。那么，人性何以会沦丧呢？

《孟子·告子上》说：

> 富岁，子弟多赖[1]；凶岁，子弟多暴。非天之降才尔殊也，其所以陷溺其心者然也。今夫麰麦，播种而耰之，其地同，树之时又同，浡然而生，至于日至之时，皆熟矣。虽有不同，则地有肥硗，雨露之养，人事之不齐也。

在孟子看来，如同大麦的生长成熟一样，人性的实现也需要相应条件，包括外在条件（生活环境）和内在条件（个人的自主选择）。就外在的物质生活环境而言，无论其优越还是恶劣，都可能使人陷溺其中，特别是对于处在幼学阶段的"子弟"。生活环境对人的影响巨大："居移气，养移体，大哉居乎！"（《孟子·尽心上》）环境可以影响人的气质，奉养可以影响人的体质。而"气壹则动志"（《孟子·公孙丑上》），长期而一贯的环境影响会产生稳定的气质，而稳定的气质又会影响人的心志，使人形成不同的精神品质。

然而，身处同一环境的人为什么会有善善恶恶之不同表现呢？这就取决于个人的不同选择了。关于这一问题，孟子在与公都子的著名对话中阐述如下：

> 公都子问曰："钧是人也，或为大人，或为小人，何也？"
> 孟子曰："从其大体为大人，从其小体为小人。"
> 曰："钧是人也，或从其大体，或从其小体，何也？"

---

[1] "赖"字有歧解。赵岐曰："赖，善也。"朱子曰："赖，藉也。丰年衣食饶足，故有所顾藉而为善。"（朱杰人、严佐之、刘永翔主编《朱子全书》第 6 册，第 400 页）阮元则以"赖"为"懒"，即懈惰之义："赖即懒也。……子弟多赖，即是子弟多懈也。赖与暴俱是陷溺其心。若谓丰年多善，凶年多恶，未闻温饱之家皆由礼者矣。"（焦循：《孟子正义》卷二二，第 760 页）三说相较，阮义为长，故焦循、杨伯峻皆取之。

　　　　曰：“耳目之官不思，而蔽于物，物交物，则引之而已矣。心之官则思，思则得之，不思则不得也。此①天之所予我者。先立乎其大者，则其小者弗能夺也。此为大人而已矣。”（《孟子·告子上》）

人的生命由小体和大体共同构成。耳目之官为小体，代表生命的生理层面；心之官为大体，代表生命的精神层面。目司视，耳司听，心司思而主导耳目之视听。“孟子谓‘心之官则思，先立乎其大者’，谓心能主乎耳目，非离乎耳目之官而专致力于思。”② 虽说耳目司视听，但耳目自身缺乏自主性，声来则听，色来则视，随物流荡，往而不返，故曰“耳目之官不思，而蔽于物。物交物，则引之而已矣”。心官以“思”主导耳目之用，心在视听上，则目视而明、耳听而聪，故曰“心之官则思，思则得之，不思则不得也”。由此可见，一个人之为善还是为恶固然深受环境影响，但环境并不能直接决定之，其影响最终要通过人的自主选择发挥作用，此所谓“先立乎其大者，则其小者弗能夺也”。换言之，人之为恶，说到底乃心官之能未能充分发挥作用的结果。

2. 关于心官之“思”

　　“思”之一字，据杨伯峻先生统计，在《孟子》一书中共出现 27次。杨先生将其字义归纳为两种：一指“思考”或“想”之义，共 25次；一为语词，无实义，共 2 次。③ 按照这种归纳，实义之“思”皆取

---

① “此”字有异文异解。朱子曰：“‘此天’之‘此’，旧本多作‘比’，而赵注亦以‘比方’释之。今本既多作‘此’，而注亦作‘此’，乃未详孰是。但作‘比’字，于义为短。姑且从今本云。”（朱杰人、严佐之、刘永翔主编《朱子全书》第 6 册，第 407 页）俞樾则认为当以“比”为是，只是不作“比方”解，而应解为“比次”：“盖心与耳目皆天之所与我者，必比次之，然后知孰为大、孰为小，然后能先立乎其大。”（《俞樾全集》第 2 册，第 980 页）简言之，就是理顺大体、小体之间的关系。朱子之释，使“此天之所予我者”一语在上下文中显得有些突兀。而俞氏之说甚为通畅，理据充分，当从之。
② 程瑶田：《通艺录·论学小记上·诚意义述》。
③ 杨伯峻译注《孟子译注》，北京：中华书局，2010，第 378 页。

思考义。这样理解，可能并不准确。比方说，"诚者，天之道也；思诚者，人之道也"（《孟子·离娄上》）之"思"，就不能解为"思考"，只能以"追求并实现"为义。相似的话题，在《中庸》中却被表述为"诚者，天之道也；诚之者，人之道也"。张祥龙先生注意到了孟子论诚与《中庸》的差异，他说："孟子用诚来讲天道，'诚者，天之道也'，确实是子思的传统，有这一系的独家特色。'诚'在《大学》里已经出现了，《中庸》把'诚'变成一个中心的话题，孟子的特点是将《中庸》以'诚之'（即'之诚'或'使之诚'）来讲的'人之道'改为'思诚'。孟子在《告子上》中说：'心之官则思，思则得矣。①[心的功能是思，通过思得到，孟子对思寄予厚望]。'可见讲'思诚'已有孟子自家的心学特色了。"② 那么，"心之官则思，思则得之，不思则不得也"之"思"，又该如何理解呢？

杨先生仍以"思考"译之，③ 这也值得商榷。在《孟子》中，与心官之"思"紧密相关的，还有"公都子问性"章："仁义礼智，非由外铄我也，我固有之也，弗思耳矣。故曰'求则得之，舍则失之。'"（《孟子·告子上》）由后面的"求则得之，舍则失之"反推，可知"弗思"之"思"亦为"思求"，有自觉追求、切实履行之义。这说明，孟子的"心之官则思"之义，确有值得推敲之必要。

明儒郝敬曰："思者，心之官，心存即思。《礼》云：'俨若思。'思则神存，有感必通，而善端呈露，所谓'知皆扩而充之'，百为尽善矣。求即思，舍即不思。"④ 郝敬又说：

　　心官之思，非计较揣摩，即《诗》云"无邪"之思，《书》

---

① "思则得矣"为笔误，当为"思则得之"。
② 张祥龙：《先秦儒家哲学九讲——从〈春秋〉到荀子》，桂林：广西师范大学出版社，2010，第212页。
③ 杨伯峻译注《孟子译注》，第250页。
④ 郝敬：《孟子说解》卷一一，《四库全书存目丛书》经部第161册，第244页。

云"睿圣"之思，《礼》云"俨若"之思，《易》云"何思"之思。一窍虚灵，万象普现。……圣人谓之"明德"，其妙用为思，静而虚者其神也，动而灵者其几也。……至贵至灵，故曰"天之所从与我者"，非私智人力。函六合为量，备万物为体，故曰大也。其宅不越径寸，其承载不离血气，其所以能大者，惟存乎思。心不能思，与耳目同。所以能得其官者，存乎先立。苟不立，则汩没于物而旷厥官，无以表帅百体而使之徙；苟不先立，则造次袭取，物为主而我为客，物先而我后，便是从其小体矣。①

郝敬认为，"心存即思"。"心存"即主体意识功能的正常发挥。孟子尝引孔子之言以论心："孔子曰：'操则存，舍则亡，出入无时，莫知其乡。'惟心之谓与？"（《孟子·告子上》）"操"者，把持也；"舍"者，弃置也；"出"者，心不在也；"入"者，心之存也。"思"即操存舍亡之主体意识之觉醒，乃情、意、知之统一体；盖心乃虚明灵觉之体，常人因用心未熟，故有时作时辍、出入无常之患。君子能存心，故耳目得其聪明，百体皆效其能。张祥龙也说："之所以会认为'心之官则思'，多半是因为中国古人不把思想、觉识和身体对立起来，如柏拉图等西方人所设想的，而是看作广义的身体的一个中枢性的、特别有感受力的或虚灵的功能。"② 孟子所重视的，确为心的特别感受力或虚灵功能。他说："口之于味也，有同耆焉；耳之于声也，有同听焉；目之于色也，有同美焉。至于心，独无所同然乎？心之所同然者何也？谓理也，义也。圣人先得我心之所同然耳。故理义之悦我心，犹刍豢之悦我口。"（《孟子·告子上》）孟子确认了"心"与"理""义"间的密切联系，但这种联系首先不是理智化的思与所思之关系，而是情感化的悦与所悦之关系。不仅如此，在悦与所悦的关联中，心不仅对理义具有

---

① 郝敬：《孟子说解》卷一一，《四库全书存目丛书》经部第 161 册，第 266—267 页。
② 张祥龙：《先秦儒家哲学九讲——从〈春秋〉到荀子》，第 214 页。

特别的感受性，它本身就涵摄着理义，有趋向于理义的天然特质。正是在这一点上，可以看出孟子与荀子思想的根本分歧。尽管荀子也视"礼义"为人类社会区别于动物界的根本标志，但在荀子那里，心与礼义只是思与所思的对象化关系；礼义为圣王的创造物，乃外在于人心、人性之规范，人们选择礼义，主要源于心思的利害判断。

就为学工夫而言，孟子的存心之思主要包括两个方面。其一，"先立乎其大者"，即确立主体意识在生命和生活中的主导地位，发挥其统帅作用。其二，自觉地将原发之情扩而充之，让其充分实现，所谓"凡有四端于我者，知皆扩而充之"（《孟子·公孙丑上》）；反过来说，就是能自觉地让放失了的本心、良心重新归位，所谓"学问之道无他，求其放心而已矣"（《孟子·告子上》）。

3. "事天""立命"之学

《孟子·尽心上》开篇即曰：

> 尽其心者，知其性也。知其性，则知天矣。存其心，养其性，所以事天也。夭寿不贰，修身以俟之，所以立命也。

孟子继承了《中庸》思想，并以自己的方式确认了天命与人性的一体性、一致性："尽其心者，知其性也。知其性，则知天矣。"尽管人们对"尽其心者，知其性也"有不同的理解，[①] 但对"知其性，则知天矣"则几无异议："知其性"就是"知其天"。这意味着，人性即是

---

① 郑玄注口："性有仁义礼智之端，心以制之。惟心为正，人能极尽其心以思行善，则可谓知其性矣。"（《孟子注疏》卷一三上，阮元校刻《十三经注疏》，第2764页）这是以"尽其心"为修养工夫，以"知其性"为"尽其心"之自然结果。朱子注曰："能极其心之全体而无不尽者，必其能穷理而无不知者也……以《大学》之序言之，知性则物格之谓，尽心则知至之谓也。"（《孟子集注》卷一三，朱杰人、严佐之、刘永翔主编《朱子全书》第6册，第425页）这是以"知其性"为"尽其性"之工夫。郑、朱之解，取义正好相反。

天命。只不过"天命之谓性，率性之谓道，修道之谓教"乃由本体顺推出工夫，"尽其心者，知其性也。知其性，则知天矣"，则是由工夫而逆觉体证其本体（本性）。例如，爱亲敬长乃人之良心，尽其爱以事亲，尽其敬以事长，就是尽其心。能尽此心，则知仁义即人性；知仁义即人性，则知人性即在人之天道、天命。可见，知天即在知性之中。

正因为人性即天命，所以，保存其本心良知、涵养其善良本性，也便是在奉事天命、天道。"存其心，养其性，所以事天也"，其中"所以"二字表明，事天即在存养之中，离开存养则无以事天。而存心养性之极致，便是"夭寿不贰，修身以俟之，所以立命也"。"修身"，即存心养性之事；"不贰"，即不二其心，不变其存心养性以事天之志。"立命"之"命"，既是"天命"，也是"生命"和"命运"。这是因为，对于人类来说，所谓"天命"说到底便是生之命令，而"命运"则不过是生命的运行过程及其结局。故孟子曰"莫非命也"（《孟子·尽心上》），人之生命所在，便是天命、命运之所在。一定要把此"命"说成是"命运"，那么，人的根本命运也是人作为生命降临世界，而人又必须面对、无法逃避这一根本事实。"立"，成也；孟子的"立命"之说意味着，人在命运面前并非全然被动，而是有其自主权能。比方说，人有生即有死，这是人的根本命运，无人能逃，但如何去生或死却取决于人的自主选择。而人的选择有正当与否之分，正当的选择使生命以至天命得以完成，虽死犹生；不正当的选择，则是否定生命、背弃天命。故孟子曰："莫非命也，顺受其正。""顺"，不逆也；"受"，不辞也；"正"，不邪也；"顺受其正"，就是用正当的方式去顺应、承担以至完成自己的生命或天命。而正当的方式，说到底就是"修身"，就是存心养性、居人位而履人职。其最高境界，便是不以寿夭二其心、惑其志，在存心养性之中从容等待生命的终结。

孟子的"事天""立命"之说，与先秦儒家各种典籍深相贯通。刘咸炘述之甚详：

曾子述孔子言曰："天之所生，地之所养，无人为大。父母全而生之，子全而归之，可谓孝矣。"《郊特牲》曰："万物本乎天，人本乎祖。"凡事亲如天，事天如亲，圣人飨帝，孝子飨亲，《孝经》《祭义》《哀公问》诸篇言之详矣。孟子曰："存其心，养其性，所以事天也。"又曰："事孰为大？事亲为大。守孰为大？守身为大。"明乎人居宇宙，以本身言，必有所守；以对他言，必有所事。诸动物只全其身，以物养物，是谓事物。人之稍上者，更全其情，以心交心，是谓事人。其最上者，更全其性，尽性合天，是谓事天。此三者如算数然，后数该前而最高也。事天以全归为终。《老子》亦言治人事天，全而归之，而以归根复命为宗，与《礼》之以反本复始为大义同也。[①]

总之，孟子以其"事天""立命"之说，进一步申发了《中庸》"与天地参"之教化精神。

4. 存心养性工夫以"扩充"为要义

"存其心，养其性"，乃孟子修身工夫论之基本命题。存心者，存其原发之情而勿失之也；养性者，养其仁义礼智之性而勿害之也。其实，存心与养性并非二事，存心即是养性。如前所述，存心养性之工夫，要义在"扩充"，即"凡有四端于我者，知皆扩而充之"。对于"扩充"工夫，清儒陈澧言之甚详：

> 孟子道"性善"，又言"扩充"。性善者，人之所以异于禽兽也。扩充者，人皆可以为尧、舜也。"人能充无欲害人之心，而仁不可胜用也；人能充无穿窬之心，而义不可胜用也；人能充无受尔汝之实，无所往而不为义也。"此三言"充"，即"扩充"之

───────────

① 刘咸炘：《人道》，《推十书》，第 423 页。

"充"也。"充实之谓美",亦即"扩充"之"充"也。此外,扩充之义,触处皆是。"亲亲敬长,达之天下",扩充也。"推恩保四海",扩充也。"集义""养气""尽心""知性""知天",扩充也。"博学详说""增益不能",皆扩充也。取譬言之,则"山径之蹊间介然,用之而后成路也","原泉混混,不舍昼夜也"。若乡原"自以为是",则不扩充者也。"苟失其养,无物不消",不扩充则"梏亡之"也。"枉尺直寻",梏亡之端。"垄断""墙间",梏亡之极也。①

"扩"者,大而全其量也;"充"者,满而实其体也。孟子重"扩充",乃因原发之情为人生一切修为的出发点、原动力和原始生机。唯有存续、扩充这一原始生机,人之道德生命才能迸发出无限活力,如点燃的火苗、开通的泉眼,沛然莫之能御。故孟子论"浩然之气"曰:"其为气也,至大至刚,以直养而无害,则塞于天地之间。其为气也,配义与道;无是,馁矣。是集义所生者,非义袭而取之也。行有不慊于心,则馁矣。我故曰:告子未尝知义,以其外之也。"(《孟子·公孙丑上》)浩然之气之所以能至大至刚,乃因它"以直养之""配义与道""集义所生"。从孟子以批判告子"义外"之说作结来看,其所谓"直""义""道"均非指外在而抽象的道德原则和规范,而是首先指向"亲亲""敬长"等的本心、良知,故曰"心有不慊于心,则馁矣"。不仅如此,原发之情的存续,还能使人始终保持人性的高度敏锐性。孟子非不重"知",强调"知言",所谓"诐辞知其所蔽,淫辞知其所陷,邪辞知其所离,遁辞知其所穷"(《孟子·公孙丑上》),但"知言"首先不是思辨理性的逻辑论辩,而是对于出言者之心的敏锐洞察,所谓"生于其心,害于其政;发于其政,害于其事"(《孟子·公孙丑上》)。

---

① 陈澧:《东塾读书记》卷三《孟子》,黄国声主编《陈澧集》第 2 册,第 52 页。

　　无可避免的人生与社会困境，注定使存心养性、扩充本心之过程不会一帆风顺，而使其面临艰难困苦之考验。孟子说："天将降大任于斯人也，必先苦其心志，劳其筋骨，饿其体肤，空乏其身，行拂乱其所为，所以动心忍性，曾益其所不能。人恒过，然后能改①；困于心，衡于虑，而后作；征于色，发于声，而后喻。"（《孟子·告子下》）生活和历史经验告诉我们，越是品格高洁、志向远大的人，越易遭受外来之挫折与磨难。而与其将挫折磨难归咎于外在环境的单向逼迫，不如归结为主体与环境的相互激荡。是其高远追求，激起了来自环境的强大阻遏力量；又是来自环境的强大阻遏力量，使其退无可退、困思衡虑，激发出超乎寻常的创造力，让其心志经受磨砺而更加坚定，才能得到锻炼而更加卓异，情意得到净化而更加纯粹，甚至整个容貌声色也会发生深刻改变，具有感发人心的神奇力量。总之，正是艰难困苦，将一个人从庸常之态中超拔出来，使其拥有卓绝饱满的精神气概。这再一次说明，在孟子思想中，无论何种环境，即便是极端恶劣之环境，也无法直接决定人的精神方向；能够直接决定人的精神发展方向的，只能是人的自主抉择。

　　当然，孟子深知，能够经受住极端环境考验的只能是少数豪杰，普通人仍在很大程度上依赖先知先觉者之教化和良好环境之熏陶。他说："待文王而后兴者，凡民也。若夫豪杰之士，虽无文王犹兴。"（《孟子·尽心上》）因此，他总是告诫统治者要实行仁政，通过创设良好的经济、政治和文化制度，如正经界、制田禄（《孟子·滕文公上》），"五亩之宅，树之以桑，五十者可以衣帛矣。鸡豚狗彘之畜，无失其时，七十者可以食肉矣。百亩之田，勿夺其时，数口之家可以

---

　　① 对于"人恒过，然后能改"，杨伯峻先生译作"一个人，错误常常发生，才能改正"（杨伯峻译注《孟子译注》，第276页）；张祥龙则认为，"前面讲了舜、傅说、百里奚等人的事迹，好像不是讲他们的过错，而是讲人总是处在一个过分的、对自己不利的形势之中，比较困苦艰难。我理解它的意思是：人总是处在一个过分的、不利的形势之中，然后能改进"（张祥龙：《先秦儒家哲学九讲——从〈春秋〉到荀子》，第218页）。后一种理解似乎更有道理。

无饥矣。谨庠序之教，申之以孝悌之义，颁白者不负戴于道路矣"
（《孟子·梁惠王上》），认为民无恒产必无恒心。希望士君子能担负
起教化之责，"贤者养不贤，才者养不才"，极推崇伊尹以天下为己任
之精神："（伊尹曰:）'天之生此民也，使先知觉后知，使先觉觉后觉
也。予，天民之先觉者也，予将以斯道觉斯民也。非予觉之，而谁
也?'思天下之民，匹夫匹妇不被尧舜之泽者，若己推而内之沟中，
其自任以天下之重如此……"（《孟子·万章上》）其教化之所重，仍
在启发和唤醒人人本有的良知良能，使所有人成为有人格尊严之人。

第五章

教化模板：孔子的学与教

作为儒学的创始者，孔子的学思与教行深刻地形塑了儒家思想，成为儒家教化哲学的思想模板。《史记·孔子世家》说："天下君王至于贤人众矣，当时则荣，没则已焉。孔子布衣，传十余世，学者宗之。自天子王侯，中国言六艺者折中于夫子，可谓至圣矣。"本章将通过诠释孔子的学思与教行，来呈现先秦儒家的教化哲学。

一 "学而不厌"的一生

暮年之时，孔子曾这样总结自己的一生："吾十有五而志于学，三十而立，四十而不惑，五十而知天命，六十而耳顺，七十而从心所欲，不逾矩。"（《论语·为政》）这句话已成为千古名言，广泛渗透于中国人的日常言谈和学术论说之中。在《论语今读》里，李泽厚先生说："由年岁来描述个体成熟的不同阶段及状态，是很有意思的。"① "意思"在哪里？

不用说，孔子这段话之所以传诵千古，在于他把自己的人生阅历浓缩、提炼成深刻的人生哲理，在极其个性化的体验中，呈现出每个人生

---

① 李泽厚：《论语今读》，北京：生活·读书·新知三联书店，2004，第24页。

命历程中所经历的普遍问题。而孔子所以能做到这一点，则在于其学问
与人生相融为一、相得益彰：他的学问就是他的生命觉解和生命言说，
带着人生的困惑与思考、情感与体验；他的生命就是他对于自己所体认
的学问的不断践履，生命也在这践履中不断丰富和升华。当学问与生命
相融为一的时候，学问因切近生命而真诚、朴实，生命因融入了学问而
澄明、深沉。自十有五而至于六十、七十，是孔子在自然年轮之中所展
开的文化、精神之旅，每个阶段都同时关联着他的人生困惑、学问进境
和精神境界。而贯穿一生的，则是始而志之、终而化之的"学"之一字。

孔子出生在一个没落贵族家庭，幼年丧父，少年丧母，"贫且贱"
是其早年生活的真实写照。孔子早年的生活细节，我们现在能知道的已
经很少了，但从孔子幼时其母导之"陈俎豆，设礼容"（《史记·孔子
世家》）的情形来看，这个没落贵族家庭仍然对后代抱有深深的期待，
希望他能学好贵族文化，将来重回贵族行列。只是，这种贵族文化的修
习，只能在贫且贱的境遇中进行：不能成为世袭的贵族，那就从做精神
贵族开始。这种家庭生活的熏陶，或许对孔子人格的形塑影响匪浅，他
有一种平民的心态，同时又充满了精神贵族的气质：他能同时容纳
"先进于礼乐"和"后进于礼乐"，尽管他更愿"从先进"；他要培养
的是"君子"，却力倡"有教无类"；他不排斥，有时甚至钦羡富贵，
却终能安贫乐道，不愿意沦落为一个仅为稻粱谋者；他精于六艺、博学
于文，但那主要不是服务于直接的功利性目标，而是首先指向内在精神
的丰富和收获成长的快乐。所以，如果要问15岁左右的孔子所志何学，
我们有理由说，那便是君子（贵族）之学。此追求同于常人者，贵族
也；异于常人者，精神也！

验之以孔子"志学"时期的行事作风，他的超脱精神顿时跃然纸
上。据《孟子》和《史记》记载，他20岁后的一段时间里，曾当过小
吏委吏和乘田："孔子尝为委吏矣，曰：'会计当而已矣。'尝为乘田
矣，曰：'牛羊茁壮长而已矣。'"（《孟子·万章下》）他能充满自
信、轻松愉快地把卑贱之事干得井井有条且出色。他向师襄学琴，学了

十几天还总是弹唱同一个曲子：学完了曲调学技巧，学完了技巧还要体会志趣神韵，体会到了志趣神韵还要领会作曲者的为人气度……这种着魔般的全身心投入，已完全超越了单纯的技艺习得而进入怡神悦志的境界。正因如此，孔子才会充满自信而又不无骄傲地说："十室之邑，必有忠信如丘者焉，不如丘之好学也。"（《论语·公冶长》）在孔子看来，学知识、学技能、做事情，学得会、做得好固然重要，更重要的则是学和做的态度——严肃认真、好学乐为，故曰："知之者，不如好之者；好之者，不如乐之者。"（《论语·雍也》）果如此，则学者所收获的，就不只是知识、技能和做事的成绩，还有那日趋丰富的精神世界和成长快乐。

经过十余年的做事与问学，不知不觉间，孔子已到了而立之年，所谓"三十而立"。《汉书·艺文志》把此"三十"之数坐实，说"古之学者耕且养，三年而通一艺，存其大体，玩经文而已，是故用日少而畜德多，三十而五经立也"，已为古之解经者所不取。这个"三十"自然是虚指而非实指，意为"三十左右"或"三十余岁"。既为虚指，却要以实数名之，是因为三十之年确实具有某种象征意义。《礼记·曲礼》说"三十曰壮，有室"，即三十之人已能娶妻生子、独立门庭了，这也便是"立"。只是孔子把这生理成熟、生活独立的"立"，进一步引向人的精神生活，使之成为精神成长中的关键一环——"学成德立"，即学问与人格的成熟。

孔子的学成德立，不只是他的自我期许，也在当时社会对他的肯定中得到了确证。鲁昭公二十年（前522，孔子30岁），齐景公适鲁，曾问孔子秦穆公称霸之道。若非孔子已有令名，恐绝难如此。他在30岁至35岁间开始设学授徒，其间不仅有他最早的弟子颜由（小孔子6岁）和子路（小孔子9岁），就连鲁国贵族孟僖子也让自己的两个儿子拜孔子为师，孔子时年三十有四。也是在这一年，孔子受鲁君委派，适周问礼于老聃，归而弟子"稍益进焉"。35岁那年，孔子避鲁国内乱，欲用其道而到了齐国，一待就是两年。其间，曾与齐景公论治，得景公激赏，景公甚至欲赐予封地；与齐国的太师论乐，"三月不知肉味"。其学行颇为齐人称道。

那么，在而立之年，孔子所成何学、所立何德？大体说来，他的所成所立皆在于"礼"。这倒不只是因为孔子曾经说过（尚不知其何年所说）"兴于《诗》，立于礼，成于乐"（《论语·泰伯》）和"不学礼，无以立"之类的话，而且是因为他此时的行事和时人对他的评价皆指向礼：适周，问礼于老聃；与齐景公论治，所言与所欲行者，皆在于"君君臣臣，父父子子"之礼；齐大夫晏婴阻拦景公予孔子封地，以批评孔子所倡之礼为言；孟僖子让自己的儿子从学于孔子时，还赞扬孔子"好礼"。这当然与当时的社会氛围有关：春秋时人们本就好礼，鲁国又是周礼的重要渊薮（所谓"周礼尽在鲁矣"），再加上母教熏陶和孔子所好，孔子重礼、知礼且长于礼，自在情理之中。从"子入太庙，每事问"事件中孔子答时人之语，还可看到孔子对于礼的反思、深刻理解。对于孔子来说，礼不但可作为谋生的手段（孔子做过"相礼"，这大概也是春秋时代很多知礼者除出仕之外的重要谋生手段），更是修身之本和"拨乱反正"的治天下之道。

与"礼"紧密相连的，是"仁"。根据杨伯峻先生的《论语译注》所附《论语词典》，《论语》中出现频率在 20 次以上的词语为 10% 左右。如果去除其中大量虚词、人名和指示代词等，作为孔子重要思想范畴频繁出现的，一是"仁"（109 次），二是"君子"（107 次），三是"礼"（74 次），四是"学"（64 次）。

前人释"仁"，往往过于抽象、高远。其实，"仁"这个词，无论在孔子之前还是之时，其基本的含义都是与礼治文化和秩序相辅而行的人的内在品格。孔子认同"礼"，自然也会认同并承续这个"仁"。只是到了孔子，才用"爱人"（爱己、爱人又爱众）之心之情统摄之。孔子以"仁"为"爱"思想的形成，当不晚于昭公二十年。该年，郑国那位"不毁乡校"、颇为孔子赞赏的子产去世了，"仲尼闻之，出涕曰'古之遗爱也'"。对此，王念孙解释说："爱即仁也，谓子产之仁爱，有古人之遗风。"①《论语·公冶长》载："子谓子产，'有君子之道四焉：其行己也恭，其事上也敬，其养民也惠，其使民也义。'"这里的"恭""敬""惠""义"，即是孔子称子产"古之遗爱"的注脚。孔子为异国他乡一个陌生人之死潸然泪下，不正是一位仁者痛悼另一位仁者的仁爱之心的真实表露吗？正是到了这时，其十五所志之学，才获得了具体、明确的精神内涵。

"四十而不惑"，在字面意义上，"不惑"自然是"不疑惑"，它代表的首先是"知"与"智"。朱熹在《论语集注》中解作"于事物之所当然皆无所疑，则知之明而无所事守矣"。说40岁左右的孔子有了更高的智慧，则可；若说他无所不知，则非。那么，这个更高的智慧究竟为何？黄式三在《论语后案》中说："立必先不惑，而言不惑于立之后者何也？夫子曰：'可与立，未可与权。'立，守经也。不惑，达权也。"② 张载说编著"志学然后可与适道，强礼然后可与立，不惑然后可与权。"③ 以"不惑"为"权"，属以经解经，颇为得当。如果说此前的孔子已经确立了以仁、礼为代表的世界观、人生观，有了坚定的立场和信念，那么，已届不惑之年的孔子，则在坚持原则、坚定自己的立场和信念的同时，更放异彩，拥有了明经达变的本领，即做到了原则性和灵活性的高度统一。明经达变，也是孔子中庸之道的核心内涵。据此，我们似乎又可以说，孔子的中道思想大致也确立于这个时期。

不过，"不惑"与其说是理论智慧，不如说是实践智慧，即孔子所说的"知人"（《论语·颜渊》）之智。而且，这种知人之智，固然有客观、全面地了解他人（其中也包括知人善任，这是实行贤人政治的前提）之义，但又不只是工具性的技能、技巧，非如法家惩奸除恶的政治权谋，亦非如庄子那略显冰冷的人世绝望，而是厌恶时又充满同情、失望中却不乏希望，以仁者之心观照人情世态的产物。其中精义，

---

① 杨伯峻编著《春秋左传注》，第1422页。
② 黄式三：《论语后案》，张涅、韩岚点校，南京：凤凰出版社，2008，第26页。
③ 《张载集·正蒙·中正篇第八》，章锡琛点校，北京：中华书局，1978，第29页。

"忠恕"二字有以当之。这个"忠"就是尽心竭力待人处事（其中包括忠于自己的原则、立场和信念）；"恕"，则是推己及人，即在对他人的关爱、理解、同情和宽容中推行己之所是。"忠"和"恕"结合，就是以人性化的形式去为仁行礼。孔门高足曾子对孔子引而不发的"吾道一以贯之"心领神会，十分肯定地将其归结为"忠恕而已矣"，绝不是没有道理的。"忠恕"贯通了什么？贯通了仁和礼、经和权。

那位曾用侮辱性语言将少年孔子拒之于季氏门外，三十年后又以"陪臣执国命"方式窃取鲁国执政大权的阳虎，于孔子声名日隆之际，极尽巴结拉拢之能事。在孔子心目中，他即便不是一个彻头彻尾的小人，也绝非光明正大的君子。可是，面对这样一个人的出仕邀请，孔子仍然依礼婉拒，不曾严词厉色。通观《论语》，除了"始作俑者，其无后乎"这句带有诅咒性的言论（那是出于人道精神对非人道之行的深恶痛绝，不得不发）之外，孔子的言谈举止绝无过激之处。即便是批评他人的过错，也时时充满了同情和仁爱之心。孔子以中道行之的仁道精神，入情入理，拥有了近乎宗教家的慈悲之心。唯其如此，"不惑"才构成了孔子精神发展的更高阶段。

在孔子那个时代，学和仕不再像西周学在官府时代那样一体不分，而是出现了某种程度的分离：学者未必能仕，仕者也未必有学。但对于学者来讲，重要而直接的目标仍然指向仕：其卑者，仕而谋其食；其高者，仕而行其学、行其道。孔子当然不能例外。早在"而立"时期，他就求仕于齐而未果。到了"不惑"阶段，虽有了出仕的机会，但他不愿与当权的阳虎同流合污，遂把主要精力用于教和学。直到51岁，孔子才开始了仕鲁生涯。从做中都宰开始，经小司空而做到大司寇。其间，孔子颇有政绩，特别是他以上卿的身份摄相礼参与了鲁与齐的夹谷之会，充分显示了一位政治家和外交家的政治才能和胆略，也大大提高了他的社会威望。加之孔子以礼律己，敬上爱下，办事认真，得到了鲁君和权臣季桓子的普遍信任，与季氏之间还一度出现了"三月不违"的良好关系。但好景不长，孔子与鲁国贵族之间难以调和的矛盾，终于在他基于忠君尊王思想而发动的堕三都过程中暴露出来。堕三都的失败，使孔子不得不辞去在鲁国的官职。其后，为了施展政治抱负，他只好率领部分弟子，走向了周游列国之途。时在鲁定公十三年（前497），孔子已经55岁了。根据钱穆先生的考证，"孔子自定公十三年春去鲁，至哀公十一年而归，前后十四年，而所仕惟卫、陈两国，所过惟曹、宋、郑、蔡"。① 其中，第一阶段主要在卫国（前497—前493）。与此前的仕于鲁合在一起，正是孔子所说的"知天命"阶段。那么，"知天命"意味着什么？

前人对这一问题的解释亦复纷繁，刘宝楠之说近之："《说文》曰：'命，使也。'谓天使己如此也……知天命者，知己为天所命，非虚生也。盖夫子当衰周之时，贤圣不作久矣。及年至五十，得《易》学之，知其有得，而自谦言'无大过'，则知天之所以生己，所以命己，与己之不负乎天，故以天知命自任。"② 具体说来，"知天命"在学问上对应着孔子对周易的进一步修习；在行事上，对应着他对自己求学为官经历的反思。

《论语·述而》记曰："子曰：'加我数年，五十以学《易》，可以无大过矣。"相似的记录亦见于《史记·孔子世家》。此语向来难解：其一，它为孔子何时所言？其二，说"可以无大过"显然是承认自己已酿成大错，那么"大过"究竟何所指？今人郭沂参之以帛书《要》所言孔子学《易》历程，做出了颇为近理的解释。③ 孔子学《易》，早在"而立"之年前已经开始。此言"学《易》"，实为进一步修习，当发生在孔子周游列国期间的第一阶段：不早于55岁，不晚于59岁（去卫适陈之前）。"大过"，则是指自己求用于鲁国不成而求仕于列国，没有认识到自己的政治抱负在当时的列国根本无法实现，从而对自己新开辟的事业——学与教——有所荒废。他早年是完全把《易》作为卜筮之书来看的，此时的"晚而喜《易》，韦编三绝"，则已视《易》为安身立命之书而求"德

---

① 钱穆：《先秦诸子系年》，北京：商务印书馆，2015，第57页。
② 刘宝楠：《论语正义》，高流水点校，北京：中华书局，1990，第45页。
③ 参见郭沂《郭店竹简与先秦学术思想》，上海：上海古籍出版社，2001。

义"于其中："赞而不达于数，则其为之巫；数而不达于德，则其为之史。……后世之士疑丘者，或以《易》乎！吾求其德而已，吾与史巫同途而殊归者也。"（帛书《要》）这个"德义"的精髓即"知天命"。

从根本上讲，"知天命"就是在认识到客观必然性的同时，充分而有效地把握偶然性。行年五十以后，"命"之一字在孔子言谈中频频出现。其间虽因政治上的己志不得伸、己道不得行而发出无奈悲叹，但更多地则表达了一种以谨惧敬畏的态度，去承担生命之偶然性的刚健有为精神，即：在个人有限的生命和此时此地有限的条件下，把自己能为、当为和乐为之事，当作上苍赋予自己的神圣使命加以落实。大概就是从这时起，孔子从学与仕的游移中走出，矢志于学与教，尽管为环境所迫，他还无法立即返回鲁国，只能继续数年的流浪生涯。

"自知曰明。"思想一经澄明，境界亦随之提升。此后的孔子，已完全沉浸于学与教的快乐之中："其为人也，学道不倦，诲人不厌，发愤忘食，乐以忘忧，不知老之将至。"（《史记·孔子世家》）并能以一种非凡的自信，去面对一切逆境和外来的困扰："天生德于予，桓魋其如予何！"（《论语·述而》）"不怨天，不尤人，下学而上达。知我者，其天乎！"（《论语·宪问》）这种以有限来承担无限、建立自我，把一己的生命融入大化流行之中的精神，不正是儒者所特有的既现实而又超现实的宗教情怀吗？

"六十而耳顺。""顺"，从也：耳从于心，己从于人。到了60岁这个阶段，孔子自认他已能容受各种批评和不同意见了。在尚齿尊老的文化中，年高德劭的老者，总会成为年轻人颂扬甚至奉承的对象。在这种情况下，老者也容易陶醉于一片颂扬声中，以有知有德者自居，听不进对自己的批评和不同意见。其甚者，贪恋已有之名利禄位，患得患失，迎合当朝，连已有之德也丧失殆尽，难以全身而退。或许有鉴于此，孔子才说："及其老也，血气既衰，戒之在得。"（《论语·季氏》）这个"得"，既可以是精神上的自居其德，也可表现为物质上的贪得无厌。

孔子是抱着学习的态度，来面对年老之时的生活境况的。《论语·述而》："子曰：'默而识之，学而不厌，诲人不倦，何有于我哉！'"从《孟子·公孙丑上》所提供的线索来看，孔子这话是针对子贡"夫子圣矣乎"的赞美而发的："圣则吾不能，我学不厌而教不倦也。"这里所表现的，主要不是孔子的谦逊，而是终生为学、学以为己的精神。心有此念，则对别人的批评乃至冷嘲热讽，也能坦然承受，在不断的自我反省中，取于人以为善。《史记·孔子世家》载：

> 孔子适郑，与弟子相失，孔子独立郭东门。郑人或谓子贡曰："东门有人，其颡似尧，其项类皋陶，其肩类子产，然自要以下不及禹三寸，累累若丧家之狗。"子贡以实告孔子。孔子欣然笑曰："形状，末也。而谓似丧家之狗，然哉！然哉！"

这段实录，相当传神。"若丧家之狗"，是很严重的嘲讽，且出自一个较有学问的郑人之口。孔子欣然而笑，并略带自我调侃地加以引申，说"丧家之狗"不仅是外表、形体方面的，也是精神上的无所归依。而他笑得出、侃得来，既说明他已能正视自己曾有过的那个精神上无所归依的阶段，也意味着此时的他已经从迷茫的状态中踱出。于是，回想起来，不禁对自己有几分天真的迷茫哑然失笑，对他人颇有见地的评点心领神会、心悦诚服。

68 岁那年，孔子结束了流浪生涯，返归故国。从精神到形体，都回到了家中。"鲁终不能用孔子，孔子亦不求仕。"（《史记·孔子世家》）他把自己的全部精力投入整理文献和教授弟子当中。此时的他已臻化境："七十而从心所欲，不逾矩。"抽象地讲，这是自愿与自觉高度统一的自由境界；或者说，外在的律令已化作他内在的精神欲求："德之不修，学之不讲，闻义不能徙，不善不能改，是吾忧也。"（《论语·述而》）具体说来，此时的他已能从心所欲地从事自己的志业（学与教），那是自主的选择和自立的规矩，也是上苍所赋予自己的神圣使命。所谓"不逾矩"，也可说是不辱使命。暮年的孔子删《诗》《书》，订《礼》《乐》，序《周易》，作《春秋》，把自己的人生和社会理想，寓于对历史文献的述作之中并传授于弟子，立命以俟来者："吾道不行矣，吾何以自见于后世哉？"去世前七日，孔子扶杖而出。知道自己将不久于人世，歌而叹曰："太山坏乎！梁柱摧乎！哲人萎乎！"（《史记·孔子世家》）孔子带着对生命的眷恋，对己道不行的悲愤，怆然涕下。他把自己的去世比作泰山崩颓、梁柱摧折，悲情中仍然透露出非凡的自信和对未来的希望。

清儒李二曲在《四书反身录》中说："此章真夫子一生年谱也。自叙进学次第，绝口不及官阀履历事业删述，可见圣人一生所重惟在于学，所学惟在于心，他非所与焉。盖内重则外自轻，所性不存故也。……事业系乎所遇，量而后入。著述生于明备之后，无烦再赘，何所容心焉！"① 孔子"一生所重惟在于学"，此乃不易论；至于说"所学惟在于心"，则稍显绝对。实际上，孔子的"学"，有学知识、学技能、学做事、做学问等多种不同内涵，而归结到底，则是"学做人"。

二 "学"：修身与学艺

"学"之一字，在先秦文献中因语境不同而含义各别。程树德先生在阐释"学而时习之，不亦说乎"之"学"时说：

> "学"字系名辞，《集注》（指朱熹的《论语集注》——引者注）解作动辞，毛氏（指清儒毛奇龄——引者注）讥之是也。惟其以后觉者必效先觉之所为为学，则精确不磨。今人以求知识为学，古人则以修身为学。观于哀公问弟子孰为好学，孔门身通六艺

---

① 李二曲：《四书反身录·上论语》，《续修四库全书》第165册，第262—263页。

者七十二人，而孔子独称颜渊，且以不迁怒、不贰过为好学，其证一也。孔子又曰："君子谋道不谋食。学也，禄在其中矣。"其答子张学干禄，则曰："言寡尤，行寡悔，禄在其中矣。"是可知孔子以言行寡尤悔为学，其证二也。大学之道，"壹是皆以修身为本"，其证三也。[①]

程树德此论相当雄辩。以"学而时习之"之"学"为动词还是名词，关涉极大。以"学"为动词，则"学"与"习"构成了先后相继的两种行为，"学而时习之"就成了习其所学的过程，自然会把"学"导向"未知未能而求知求能"的对象化活动。此种古已有之的解说，极易与今人以对象化知识活动为基础的教育教学观共鸣，因而成为教育史研究中的流行见解。以"学"为名词，则"习"成了"学"的内在规定，"学"就在"习"中，离开了"习"便无所谓"学"。此即王阳明"知行合一"之说的经典依据之一。而"学"也好、"习"也罢，都不是与日用常行相隔绝的孤立活动；毋宁说，它就在日用常行之中，甚至就是日用常行本身。于是，"学"与"修身"具有了内在关联。程先生所举的三个证据，有力地支撑了以"学"为名词的理解。

所谓"今人以求知识为学，古人则以修身为学"，当然不是说古人不把求知识、做学问看作学，它仅仅意味着，对于古人特别是儒家来说，具有根本意义的"学"只是"修身"。只是，对于"修身"这个概念的理解，不可过于道德化。先秦儒家所言"修身"，有广狭二义。狭义的"修身"是对于人的身体的修治和整饬，如《礼记·冠义》"正容体，齐颜色，顺辞令"。而《大学》"自天子以至于庶人，壹是皆以修身为本"中的"修（身）"，是相对于"齐（家）""治（国）""平（天下）"而成为"本"的，所谓"天下之本在国，国之本在家，家之本在身"；因而，其所修之身囊括了人的精神和身体，其义与《中

---

① 程树德：《论语集释》，程俊英、蒋见元点校，北京：中华书局，1990，第4页。

庸》"为政在人，取人以身，修身以道，修道以仁"是相通的，皆属广义用法，"修身"即"完善我这个人"。"学而时习之"以至修身之学，何以会让人愉悦？李泽厚先生在阐释《论语》首章时说道：

> 本章开宗明义，概而言之："学"者，学为人也。学为人而悦者，因人类即本体所在，认同本体，悦也。[①]

"人类即本体所在""认同本体"等或许会让我们这些疏于思辨哲学的人略感晦涩。其实，李先生的意思是说：在"学为人"的过程中展现出生命的意义，自然会产生深远而持久的快乐。在"学为人"的意义上，"修身"和"学"确实是一回事。

总而言之，对于先秦儒家，至少是孔、曾、思、孟一系而言，"学做人"或"修身"之"学"，首先不是一种对象化的知识活动，而是以人与人、人与世界的一体互感为前提，在自我兴发之中，不断开显"仁—生"之境的意义体认和升华过程。

《大学》八条目是以"修身"为主轴展开的。何以"修身"？格物、致知、诚意、正心，即其重要环节。它集中展现了儒者修身之学的意义与思维脉络。

作为修身的首要环节，"格物致知"历来众说纷纭。在中国现代学术界，以把近代自然科学特别是物理学训作"格致学"为先导，学者大都倾向于按照近代经验科学的认识论思想解释之：从寻求具体事物的理开始，进而借综合而得最后的启迪。其实，"格物"并不是随便拿来某个身外之物，把它当作对象来操弄或研究一番。"格物"之"物"乃当下生活中与你一体同举的关系性人伦物事。郑玄以来，古注向以"物，事也"为训，即使在今人看来颇有客观认识论倾向的程朱一系，亦本此训。古语中的"物"与"事"虽时有混用，但在比较严格的用

---

① 李泽厚：《论语今读》，第27页。

法中，"物"可以兼"事"，"事"不可以兼"物"。王阳明"意之所在便是物"之"物"即指"事"，它是构成人的意向对象、被纳入人的意义世界而与人相感通之"物"，这便是《大学》"格物致知"之"物"。"格物"之"格"，既有你与之相遇而来、而至之义，又有你与之互动、感通之义。故严立三先生在《礼记大学篇通释》中说：

> 身者，己也……心者，身之主，而情之所聚也。意者，情之注也。知者，情之感也。物者，感之应也。正者，是也。是者，直也。诚者，实也。致者，极也。格者，通也。通物而感，极感而实有诸己，则情动而直，德至而道凝矣。[①]

此解相当精审。"心者……情之所聚也"，"知者，情之感也"，"意者，情之注也"，"心""知""意"三者，皆关联着"情"。"情"者，性之动也，是人依其本性与外部世界相感应时表现出来的各种情意状态，与现代心理学对应着意志和认知的"情感"之"情"不同；"心者……情之所聚也"，是将"情"逆推于心的说法，在这个意义上也可以说"心者，性之所聚也"；"所聚也"，即性和情居处之地也。按照动和静、已发和未发来说性、情关系，则性为未发之情、情为已发之性。说到底，"格物"即是异己同体之物的相遇与感通，"致知"则是顺承互动感通中的自明之知并使其充分呈现。

很显然，最本原之物乃超越功利性关系的亲子之伦，最本原之知（也是"明德"）乃前对象化状态的亲子之情、之爱。故其所致之"知"并非对象化的知识，而是生成于"亲亲之家"中的"身—亲"感通，是合情感与理智于一体、处于前对象化状态的"仁—生"直觉。它本身就充满诗意、情趣盎然，生成"仁—生"的意义，具有兴发生命的力量。以之为人生的向导、言说行事的先导而不自我欺瞒，使

---

① 严立三：《礼记大学篇通释》，《梁漱溟全集》第 4 卷，第 65 页。

"如好好色""如恶恶臭"，自然会带来生命的充实感与满足感——"自慊"，此即"诚其意"。顺此意而不被对象化的情绪状态所左右，物来顺应、感而遂通，始终保持中正不偏、居间引发的精神状态，即是"正其心"。

一体、感通和兴发，是领会儒家修身之学的关键。非一体则无以感通，非感通则无以兴发——在为亲亲之情所兴发的同时，又在"心—身"相守中自我兴发，以进入"仁—生"之境。而儒者修身之学的根本要义，最后就落实在这个自我兴发上。《中庸》说："诚者自成也，而道自道也。""自道"之"道"，既有"行走"义，又有"引导"义，是自己（心）导引着自己（身）走在"仁—生"之路上。《中庸》接着说："诚者非自成己而已也，所以成物也。成己，仁也；成物，知也。""诚"是心身相守相随、相通为一的生命状态。"成己"何以被许为"仁"？就在于心身相通为一，身兴发着心，心带动着身。儒家所以能把一切"心理—精神"现象都归结为"情"，就在于它发现并强调：人的心理、精神现象一定是有身体感的，有身体感是其共同特征。故君子的修身之学必然是"诚发于中而形于外"的，在心与身、知与行、情与理的互发中，成就生动、鲜活而饱满的人格形象。荀子说：

> 君子之学也，入乎耳，箸乎心，布乎四体，形乎动静。端而言，蝡而动，一可以为法则。（《荀子·劝学》）

荀子大概是原始儒家学者中最强调"礼法"，因而也最重视外在知识研习之人了，但即便在他那里，礼法之知也一定要通于情、贯于身，充满了身体化的人格美。孟子也说：

> 浩生不害问曰："乐正子何人也？"孟子曰："善人也，信人也。""何谓善？何谓信？"曰："可欲之谓善，有诸己之谓信。充实之谓美，充实而有光辉之谓大，大而化之之谓圣，圣而不可知之

之谓神。乐正子，二之中、四之下也。"（《孟子·尽心下》）

　　君子所性，仁义礼智根于心。其生色也睟然，见于面，盎于背，施于四体，四体不言而喻。（《孟子·尽心上》）

"善"体现为一种"欲而可—可而欲"的张力状态，若落在一边则无所谓"善"。"有诸己"即善存在于己身，而非隔绝于身的单纯的观念性物事。"充实"即充盈于身体的各个部分，生命灵动而和谐，不言而栩栩如生，故"美"。此和美之身熠熠生辉而超越了一个有形物体的边界，沟通着外在的世界，不断向身体外的世界渗透、延展，故"大"。大而能兴发、感化别人，就是"圣"。别人受到了他的感化却感受不到他的存在，就叫作"神"。有学者把孟子如上之言视为"说大话"，实在是由于我们在把道德问题知识化的路上走得太远、太久，已难以感通原始儒学的意义世界，反以荀学的继承者自任，不亦异乎？

　　当然，以身心合一、自我兴发为主旨的修身之学，并不排斥对象性知识、技能的学习。否则，孔子的"子入太庙，每事问"、"行有余力，则以学文"、"多识于鸟兽草木之名"、教以六艺等行事与说法，都成了无根而外在于儒学的东西，儒者之生命也会因此而走向偏狭与干枯。强调知识的重要性，儒家与其他各家相比毫无逊色之处。关键在于，知识、学问在儒家思想中，别有其意义与思想脉络：知识、学问为"仁—生"之境所开启，又可兴发、反哺"仁—生"之境。《中庸》说：

　　诚者，天之道也。诚之者，人之道也。诚者，不勉而中，不思而得，从容中道，圣人也。诚之者，择善而固执之者也。博学之，审问之，慎思之，明辨之，笃行之。……人一能之，己百之；人十能之，己千之。果能此道矣，虽愚必明，虽柔必强。自诚明，谓之性；自明诚，谓之教（此"教"亦是"学"——引者注）。诚则明矣，明则诚矣。

对于其中的"博学之"，朱子以为"天地万物之理，修己治人之方，皆所当学"；陆象山和王阳明则以"之"为"心"，让学、问、思、辨、行皆围绕着"心"打转，所谓"博学者，学此者也……"其实两家之说各有所得，但皆为一偏：依前者，儒者成了欲遍知天、地、人、万物的博物君子；依后者，儒者成了枯守其心的寂寞之人。按《中庸》上下文，学、问、思、辨、行皆关乎"诚"。一个开始步入"仁—生"之境的人，会为自明之情、之知所激发，自能闻鸡起舞，对映入其境的人、物、事生出天然的兴趣，去学、问、思、辨而实践之、持守之，此由诚以开"明"。反过来，学、问、思、辨、行又能使学者在更高层次上身心相守、物我感通，此由"明"以至"诚"。孔门高徒子夏所说的"博学而笃志，切问而近思，仁在其中矣"（《论语·子张》），即是此意。何以谓"仁在其中"？那是因为博学广记与切问近思构成了一种张力关系——"博广"因切近人生而不流于外驰，"切近"因博广而不流于偏枯——学问与"仁—生"处于互融互发之中。今日之教育、学术所以易使学者生厌，就在于远离了古来圣贤所倡导的这一自我兴发的为己之学，教者与学者大都围绕着外在的功利性目的而忙碌，知识既难以兴起人生的意趣，也无以介入生命的内在节律。

至于儒家之重视经籍性知识，亦与"仁—生"之境中的兴发和相互兴发密切相关。关于《诗》《书》《礼》《乐》《易》《春秋》之要义与功用，先秦典籍多有涉及且说法不尽相同。唯《庄子·天下》所述邹鲁之士、搢绅先生之学最为显明，且可与《礼记·经解》首章引述孔子之言及《荀子·儒效》相发明。《庄子·天下》曰：

> 古之人其备乎！……其在于《诗》《书》《礼》《乐》者，邹鲁之士、搢绅先生多能明之。《诗》以道志，《书》以道事，《礼》以道行，《乐》以道和，《易》以道阴阳，《春秋》以道名分。

其所以能显明，在于巧妙地运用了"道"字而得其神韵。"道"者，"通"也、"言"也，亦"导"也，数条通贯。[①]如"《诗》以道志"，此"道"可分作两节来理解：一方面，是言说、表达和呈现，是作者"身—物"感通之思想情感的自然呈现；另一方面，是导引、导出和兴发，是作者之志兴发起读者之志，使后者进入"身—物"感通之境。"言说"所以能够"导引"，就在于其共同根基是"通"：不通则无以言，所言也无以导。孔子说："《诗》可以兴，可以观，可以群，可以怨。迩之事父，远之事君，多识于鸟兽草木之名。"（《论语·阳货》）"兴"者，起也；既是起情，也是起始，是在起情中起始，取象于四人共举一重物。[②]"兴"乃《诗》之主要创制与表现手法，近于"比"而深于"比"，更加委婉而深沉，所谓"兴者，托事于物，则兴者起也……《诗》文诸举草木鸟兽以见意者，皆兴辞也"（《毛诗正义》）；而《诗》的主要功能，也在于"兴"，兴发人的思想情感，体现了表达与导引的统一。"观""群""怨"则是"兴"的派生形式；而"多识"之"识"，通"志"，有类于"默志心通"，乃是"身—物"感通中的识别与记忆，"鸟兽草木"因而成为跳动着的"仁—生"音符。孔子还说"不学《诗》，无以言"（《论语·季氏》），又说"温柔敦厚，《诗》教也"（《礼记·经解》）。按照《诗》的方式去表达，首先不是一种语言的技术与技巧，而是基于温柔敦厚之心的"身—物"感通：虽怨而刺之，却能兴发他人，并为他人欣然领受。《诗》《书》《礼》《乐》《易》《春秋》等虽各有所重，但其基本要义与功用概莫外于感通与兴发。

　　进而需要分析的，是儒家关于"仁"和"艺"（实用技能）的关系问题。孔子说："志于道，据于德；依于仁，游于艺。"（《论语·述而》）在孔子那个时代，"艺"主要指以礼、乐、射、御、书、数为代表的知识技能。作为知识技能，它们必有其实用性，与日用常行、维持

---

① 王叔岷：《庄子校诠》，北京：中华书局，2007，第1297—1298页。
② 张祥龙：《孔子的现象学阐释九讲——礼乐人生与哲理》，上海：华东师范大学出版社，2009，第83页。

生存的实用目的有关。但是，儒者学"艺"并不止于此，故清儒李二曲在《四书反身录》中说："古之所谓艺，如礼、乐、射、御、书、数，皆日用而不可缺者，然古人不以是为'志'，必体立而后用行。"[1]李二曲此论虽未免乎道学家气息，但指出儒者学"艺"始终关联着人生意义的开显，则十分准确。也就是说，"君子追随的是比较纯的'意'或'意义'，而不是对象化的'利'：'君子喻于义，小人喻于利。'（这句不要一上来就做道德化的理解）"。[2]艺之所以成为艺，在于其手脑并用、身心协同，具有身体感。"游于艺"之"游"，乃"玩物适情"——此心在物、在事又能超脱之，有游动空间，能自如发挥。艺而能游，就让技艺的学习超越了对象化、功利性活动而上升为生活的艺术，使人进入身心共举、主客一如、自我兴发的人生境地。"艺"而能"游"，与"仁"有关。所谓"依于仁"，"依"者，倚也、偎也〔如同稚子依偎着慈母的身体，让亲亲之家中荡漾着"仁—生"之意，他（她）会满怀意趣和好奇去注视、感知和抚弄在手之物，忙于家中之事，繁忙而不烦恼〕，"艺"遂依仁而兴起，一开始便对功利性目的有所超离；至于艺精而熟、适情悦志，"仁—生"进一步激活于艺境，为艺境所兴发。《礼记·学记》曰：

> 大学之教也，时教必有正业，退息必有居学。不学操缦，不能安弦；不学博依，不能安诗；不学杂服，不能安礼。不兴其艺，不能乐学。故君子之于学也，藏焉，修焉，息焉，游焉。夫然，故安其学而亲其师，乐其友而信其道。是故虽离师辅而不反也。

今人解此，因未深入儒家学"艺"的"亲—艺"之境，而是基于现代学校教育之课堂教学与课外活动想象之，虽无大错，却不太切近历史语

---

① 李二曲：《四书反身录·上论语》，《续修四库全书》第 168 册，第 282 页。

② 张祥龙：《孔子的现象学阐释九讲》，上海：华东师范大学出版社，2009，第 269 页。

境。"居学"虽与"正业"相对而言，但所重在一"居"字，即亲亲之家中的日常生活；其所谓"艺"亦非泛指一切技艺，而是与日用常行密切相关者。"不兴其艺"之"兴"乃"喜也，欤也"，实即"亲近"之义。家中之艺因近而亲，亦因亲而愈近，因以开启通向"正业"之途，学得而安、师得而亲、友得而乐、道得而信。安、亲、乐、信，说到底都是"身—心""身—物"一体感通中的自我兴发，故虽离师辅仍进进不已，断不至于故态复萌、学而同于未学。

一言以蔽之，一体、感通和自我兴发，乃儒者修身之学的根本要义。孔子说："兴于《诗》，立于礼，成于乐。"（《论语·泰伯》）这是用比兴手法所表达的孔子式的为学阶段论——兴起、行立、成就。其内在节律一如孔子之说乐："乐其可知也。始作，翕如也；从之，纯如也，皦如也，绎如也，以成。"（《论语·八佾》）始作之翕如，相当于兴起之境，恰如一只雄鹰锁定目标，全神贯注，敛翅欲飞；从（纵）之，相当于行立之境，如雄鹰展翅凌空，紧随目标、顺应情势，时疾时徐、纵横驰骋；成之境，如同猎物在手，雄鹰气定神闲、细细品味。这是为乐之境，也是为学之境，二者皆统一于"仁—生"之境中。

三 "诲人不倦"：在成人中成己

《论语》中以"学"与"诲"对言。"诲人不倦"，确实构成了孔子人生事业的另一重要方面。

在孔子心目中，做人是"学"的根本。学做人，不能离群索居，必须在人群中，在群体生活和人际交往中进行，尽管现世人群可能充满问题、缺憾甚至罪恶。① 《论语》以"学"开篇，未必具有深意，却也并

---

① 《论语·微子》"鸟兽不可与同群，吾非斯人之徒与而谁与"那段回应隐者时的怃然长叹，同时表达了孔子对社会充满忧虑、希望与责任感的复杂心情和深沉关切。

非完全随意之举，它体现了孔门后学对于孔子之道的某种理解和安排。

《论语·学而》曰："学而时习之，不亦说乎？有朋自远方来，不亦乐乎？人不知而不愠，不亦君子乎？"这段话，从自修讲到共学（共学也是互学、互教），再从共学讲到教学，提示出儒者之学的三种基本途径。而曰"说"、曰"乐"、曰"不愠"，则意味着无论何种途径的学，都伴随一种积极的情感体验。那情感不只是"学"的支持力量，也是为学境界的展现和确证。

对于"有朋自远方来，不亦乐乎？"李泽厚先生在探寻其意蕴时这样说："有朋友从远方来相聚会，旧注常说'朋'是同学（'同门曰朋'），因此是来研讨学问，切磋修养；在古希腊，'朋友'也是关于哲学、智慧的讨论者。其实，何必拘泥于此？来相见面，来相饮酒，来相聊天，不也愉快？特别又从远方来，一定是很久没有见面了，在古代，这就更不容易，当然更加快乐。"① 对于任何人，朋友关系总是基于共同志趣爱好的情感共通和依恋关系，这正是其超越普通关系的地方。由于人的生活和需求是多方面、多层次的，一个人所拥有的朋友也可以是多种多样的：有酒友，有棋友，当然也会有业友、学友。孔子绝不至于迂执到如此程度：非学无友，非谈学问、论修养，他人休想进入我的生活世界。然而，《论语》论友，确实主要从学出发，讲的是修业、进德之友。唯其如此，孔子才会说："群居终日，言不及义，好行小慧，难矣哉！"（《论语·卫灵公》）即同学、朋友相聚一堂，当以正当之事（学问道义）相切磋，不可在无聊之事上玩小把戏、耍小聪明。这大概是孔子针对门下诸生群居时某些现象的有感而发。也是出于同样的理由，孔子的得意门生曾子才会说："君子以文会友，以友辅仁。"（《论语·颜渊》）即此而言，古来旧注倒不失其准确性与合理性。这种共学之友，在现实上对应着孔子所开创的儒者学团的群体生活，在思想上对应着他对这种生活理想的想象与追求。

---

① 李泽厚：《论语今读》，第25页。

由于视朋友为进德修业的伴侣，孔子在择友方面颇为讲究。他说："主忠信，无友不如己者。"（《论语·学而》）"如"，似也；"如己者"，即与自己志趣相投、才智相似之人。何以要与"如己者"为友？胜己者，己当师之，怎敢以友视之？"不如己者"，缺乏共同的志趣与爱好，怎能成为朋友？选择朋友，孔子最看重的还是品质；结交不同品质的朋友，会使人或受益，或招损："益者三友，损者三友。友直，友谅，友多闻，益矣！友便辟，友善柔，友便佞，损矣。"（《论语·季氏》）

忠信为百行之主，自然也是交友的根本原则。忠信意味着充分敞开自我，尽自己的本分，以诚相待，言而有信：忠于自己，也忠于朋友；信任朋友，也让朋友能信任自己。基于忠信原则，当发现朋友有过时，我们理应承担起谏告的责任。"子贡问友。子曰：'忠告而善导之，不可则止，毋自辱焉。'"（《论语·子路》）"忠告"是作为朋友应尽的义务；"善导"是善于告导，因而要讲求方式、方法和技巧，让朋友易于接受；"不可则止"，则要求很好地把握劝导朋友的分寸，也就是度，否则，不仅不能导朋友于善，还会与朋友反目成仇、自取其辱，伤了彼此的感情。"可与言而不与之言，失人；不可与言而与之言，失言。知者不失人，亦不失言。"（《论语·卫灵公》）"失人"，是没有尽到自己的责任；"失言"是没有把握好尽言的对象、时机和方式。所以，"以友辅仁"，即同学、朋友之间的互学、互教，不仅需要仁，也需要智；不仅要有责任感和使命感，也要讲求分寸和艺术。

"人不知而不愠，不亦君子乎？"古来注解此语，大致可分两种：一是置于一般人际关系中理解之，"人"泛指我之外的一切他人；二是就师生关系、教学关系立论，"人"特指师者教导的对象。其实，何必如此拘泥，即使就一般人际关系立论，它作为一般原则，也会渗透于教学关系之中。论及教学中的"不愠"，晋人李充在《论语集注》中说："君子忠恕，诲人不倦，何怒之有乎？"此解未必切合孔子那段话的特定语境，却真实地反映了孔子的教育精神。若不以辞害意，则"不厌""不倦""不悃"以至"乐",彼此都是相通的,是同一种精神和境界的不同表达。

"爱之,能勿劳乎? 忠焉,能勿诲乎?"(《论语·宪问》)对于孔子来说,仁爱、忠信并不只是一种姿态,不是一句道德的空话,它就落实并体现于劳心、忠诲的实践之中。对于一个以仁为己任的君子来说,学和诲(或教)是一体两面的:对己而言是学,对人而言是教;学是成己,教是成人。但成己离不开成人,成人亦所以成己。也就是说,学和教,是互为目的和手段的。任何人为的割裂,都会使学和教失真走样。

同当年的孔子一样,中国近代大儒梁启超也生活于文化失序、社会转型的动荡年代,也走过了由学而政、由政而学的人生之路。在由政而学后的 1922 年,他体会到作为一个教育家的真正快乐,对作为教育家的孔子也能感同身受。其时,应东南大学暑期学校之邀,梁启超做了题为《教育家的自家田地》的演讲。他说:

> 孔子屡次自白,说自己没有别的过人之处,不过是"学而不厌,诲人不倦"。……孔子特别过人处和他一生受用处,的确就在这两句话。
>
> ……
>
> 教育家日日做的终身做的不外两件事,一是学,二是诲人。学是自利,诲人是利他。人生活动目的,除却自利利他两项外,更有何事? 然而操别的职业的人,往往这两件事当场冲突……教育这门职业却不然,一面诲人,一面便是学,一面学,一面便拿来诲人,两件事并作一件做,形成一种自利利他不可分的活动,对于人生目的之实现,再没有比这种职业更为接近更为直捷的了。[1]

梁启超此文颇多借题发挥之处,并不是在对"学而不厌,诲人不倦"命题进行历史的诠释,但他把学和教看作自利和利他(用儒家自己的话

---

[1] 《梁启超全集》第 7 册,北京:北京出版社,1999,第 4010—4011 页。

语来说，就是"成己"和"成人"）的统一，确实捕捉到了孔子为教的真精神。因为成己以完善自我为前提，以成物、成人为归宿，一己的生命才能融入大化流行之中，孔子才能以"仁以为己任""死而后已"的精神，永不满足地去"学"、去"成己"，所谓"学而不厌"；因为成人同时关联着自我成就和自我实现，孔子才在诲人中体验到了寻常教者难以获得的幸福、快乐和充实之感，"不知老之将至"地去"诲"、去"成人"，所谓"诲人不倦"。这是一种很高的教者境界，故子贡才会说"学不厌，智也；教不倦，仁也。仁且智，夫子既圣矣"（《孟子·公孙丑上》），公西华才会说"正唯弟子所不能学也"（《论语·述而》）。

　　"诲人不倦"本身也是仁、智合一的：它不仅需要仁，也需要智。无智，不能行仁，更无以成仁。孔子是在诲人不倦过程中获得其教育智慧和教育艺术的。这个智，首先是知人。宰我是孔子的大弟子之一，以"言语"见长。一日，宰我昼寝，孔子予以责备的同时，也做了深刻的自我反省，最后总结说："始吾于人也，听其言而信其行；今吾于人也，听其言而观其行。于予与改是。"（《论语·公冶长》）人内在品性的表现从而对于人的认识，不外乎言、行两端。言为心声，亦所以饰情，以言取人，则易为文饰之言所惑而不得其情。由于言行是否脱节是人的道德品性的集中体现，故在言与行的统一中去考察、了解人，一个人道德上的真伪、虚实便顿显无遗，是十分高明的知人之术。孔子对自己的很多学生了如指掌，常常用一两个字，就能把学生的性格、特点生动地刻画出来，这与他高明的知人之术有很大关系。

　　知人在言与行，诲人也不外乎言、行两端。谨言慎行、言行一致、以身示教，这是孔子提倡并实践的为师之道。此层意思，前人时贤多有所言，兹不具论。我们更加关注的，是孔子对于教者之言的独特理解和创造性运用。《论语·阳货》载："子曰：'予欲无言。'子贡曰：'子如不言，则小子何述焉？'子曰：'天何言哉？四时行焉，百物生焉，天何言哉？'"李光地在《论语札记》中解释说：

> 四时行喻教，百物生喻学。盖四气默运，莫非天地一元之心，
> 万物受之，皆若嘿喻乎天地之心，而变化滋益，其机有不容已者，
> 此岂化工谆谆然命之乎？①

如同天地变化、万物生长乃自然生机的贯通流布一样，教者和学者之间，在根本上也是生命感应、精神感通的关系。如果说语言也能通达生命，它也不过是作为其中的一个环节发挥作用。孔子说："有德者必有言，有言者不必有德。"（《论语·宪问》）言是在与言说者生命和精神的关联中获得真实意义的。对于他人之言，尽管我们应该采取正确的态度，即不以言取人，也不因人废言，但是，对于一个仁道精神的探寻者来说，却不能在言与所言、言与言者的割裂中从事。

故孔子提倡"默而识之"。这个默，是以神遇而不以目视的默识心通，是在言思路断之际，用生命来体证生命——体认言说背后的那个言说者的完整精神世界。孔子自称"述而不作，信而好古，窃比我于老彭"（《论语·述而》）。"述"是"传旧"（朱熹这样注释），但这个"传"并不是口耳之间的传，而是以心传心。所以，"述"不仅需要言、需要知，更需要"信"、需要"好"，一言以蔽之，需要整个生命的投入和体会。唯其如此，"述"的过程才是一个"学"的过程，是一个人在深入历史、文化世界的同时，不断开拓和丰富自己的精神成长空间的过程。唯其如此，这"述"才能传神，具有教和诲的价值。故孔子又说："温故而知新，可以为师矣。"（《论语·为政》）"故"可以是历史，可以是旧知，也可以是习见、习闻的常事（因而也是故事，"博学而笃志，切问而近思"就是指向日常故事的）；"知新"不仅是所知者日新，更是这个知者在温寻故事的过程中，"日知其所亡，月无忘其所能"的日新月异的精神世界。因此，"温故而知新，可以为师矣"其实是说，一个有述的本领而又具有日新精神的人，方堪当师者之任。这个

---

① 程树德：《论语集释》，第1229页。

"温"字用得很妙，同时表达了情感体贴和思维寻绎的丰富内涵。同样，一个学习者，只有超越教者语言的束缚，才能领会孔子这般教者的真精神。所以，当子贡发出"子若不言，则弟子何述焉"的疑问时，孔子才会以"天何言哉"开示之。

既然言语关联着言者的精神世界和文化世界，那么，好的言语也必定是能传神喻志之言。孔子说："不学《诗》，无以言。"在他心目中，《诗》无疑是最佳的言语著作。何以如此？因为《诗》能够感发志意，激活情感，调动人的精神力量，所谓"兴于《诗》"（《论语·泰伯》）。《诗》所以能感发志意，与诗传情达意的方式有关。孔子说："小子何莫学夫《诗》？《诗》可以兴，可以观，可以群，可以怨。迩之事父，远之事君；多识于草木鸟兽之名。"（《论语·阳货》）"兴"作为诗的创作与表现手法，立足于真实的情感和体验，融周代乐教的"赋""比""兴"为一体，以引譬连类的方式，表达自己，感化他人。故焦循在《毛诗补疏序》中说：

> 夫《诗》，温柔敦厚者也。不质直言之，而比兴言之，不言理而言情，不务胜人而务感人。自理道之说起，人各挟其是非以逞其血气。激浊扬清，本非谬戾，而言不本于情性，则听者厌倦，至于倾轧之不已，而忿毒之相寻……①

以《诗》为言、以《诗》为教，这种成人、成己之学，"都远非知性理解，而是情意培育即情感性、意向性的塑造成长，此非理性分析或概念认知可以达到，而必直接诉诸体会、体认、体验；融理于情，情中有理，才能有此人性情感及人生境界"。② 而"多识于鸟兽草木之名"，并不只是对于自然物的认识。鸟兽草木是进入人的价值世界、附着人的情

---

① 参见刘宝楠《论语正义》，第 689 页。
② 李泽厚：《论语今读》，第 231 页。

感和灵性的生命音符，是展现于人与物、文化与自然的类比、联想之中的价值体验对象。因为看重《诗》的化育功用，《论语》中孔子与弟子论学，不仅常引《诗》以明心，孔子的言说本身，就是如诗的散文：入情入理，平易顺畅，跳动着生命的节律，充满了人性的光辉。此中神韵，非熟读不足以通之，非诚敬无以体之。

对于孔子来说，高明的教者之言，不仅是为了表达自我、沟通情感，还要介入学者的精神世界，使之情达理顺、闻言而悟。仔细观察、比较《论语》与《理想国》，我们很容易发现其言说方式的不同。后者常常把言说引向刚性的逻辑和概念化的抽象知识，前者则在顺性达情之中，相机而动，游于无方。"仁"是孔门的精神奋兴中心，自然也是孔子和弟子日常谈论的重要话题。但同样"问仁"，对于不同学者，孔子所言各异：答樊迟，曰"爱人"；应颜回，曰"克己复礼"；语仲弓，曰"己所不欲，勿施于人"；告司马牛，曰"其言也讱"。（《论语·颜渊》）即便是对于同一个学者的相同问题，在不同场合孔子所答亦灵活多变。《论语》中樊迟问仁凡三见，除"爱人"说外，尚有"居处恭，执事敬，与人忠，虽之夷狄，不可弃也"（《论语·子路》）和"仁者，先难而后获，可谓仁矣"（《论语·雍也》）之说。这些不同的言说，却表达了相同的精神气质：实践指向，即事言理，因人设教，相机而动。这一切，无非都是为了有效地介入学者的精神世界，在情、知、意、行的联动中促进学者的精神转化和成长。这也正是孔子式的"启发"与苏格拉底的"助产术"的区别所在。对于孔子的"不愤不启，不悱不发"（《论语·述而》），朱熹的注释最为传神："愤者，心求通而未得之意。悱者，口欲言而未能之貌。启，谓开其意。发，谓达其辞。"今人每以知识（特别是逻辑化的知识）言教学，已不能达孔子之意。其实，"愤"和"悱"代表着为学者上下求索过程中痛苦、憋闷、郁结的精神状态。这种状态可能来自某种知识问题或因知识问题而起，却又不止于知识，也可能来自做事的茫然、人生的困惑或情感的困扰。而此时的教者之言，发挥的是"启"和"发"的作用，即打通精神阻隔、抒发郁结之气。故孔子的启发理应被看作精神导引的艺术，而苏格拉底的"助产术"则是按照逻辑生产知识的技术。

《论语》中，颜渊总是以一个缄默、愚讷、信从者的面貌出现，"不违如愚"，对孔子之言"无所不悦"。然而，正是颜渊对孔子的师者风范和境界体会最深，充满崇敬："仰之弥高，钻之弥坚，瞻之在前，忽焉在后。夫子循循然善诱人，博我以文，约我以礼。欲罢不能，既竭吾才，如有所立卓尔。虽欲从之，末由也已。"（《论语·子罕》）正所谓日新之师造就日新之徒。颜子以"欲罢不能"回应老师的"诲人不倦"，这不正是学者和教者结合的最佳状态吗？在孔子门下，大概也只有颜子和曾子少数几个人，远远超越了"学而优则仕"的为学目标，超越了言语知解的为学层次，在行动和精神上，与孔子那拯救灵魂的教者事业和情怀深契无间。所以，当年小孔子30岁的颜渊先孔子而去的时候，孔子悲恸欲绝，连连发出"天丧予！天丧予"的悲号。

近世大儒刘咸炘说："教亦学也，政亦教也。政，正也；教，效也。先知觉后知，先觉觉后觉，纵之俟百世，横之友天下，而本于一身……正心、修身、齐家、治国、平天下，成己而后成人也；取诸人以为善，成人亦即成己也。"[1] 这是对孔子"学—教"之道的最精准阐释。

---

① 刘咸炘：《一事论》，《推十书》，第21—24页。

参考书目
（以作者及著作名汉语拼音为序）

陈来：《有无之境——王阳明哲学的精神》，北京：人民出版社，1991。

陈来：《朱熹哲学研究》，北京：中国社会科学出版社，1993。

陈来、王志民主编《大学解读》，济南：齐鲁书社，2019。

陈澧：《东塾读书记》，黄国声主编《陈澧集》，上海：上海古籍出版社，2008。

程颢、程颐：《二程集》，王孝鱼点校，北京：中华书局，1981。

程树德：《论语集释》，程俊英、蒋见元点校，北京：中华书局，1990。

程瑶田：《通艺录》，清嘉庆刻本。

戴震：《孟子字义疏证》，北京：中华书局，1982。

杜维明：《〈中庸〉洞见》（中英文对照本），段德智译，林同奇校，北京：人民出版社，2008。

冯时：《文明以止：上古的天文、思想与制度》，北京：中国社会科学出版社，2018。

《高拱论著四种》，流水点校，北京：中华书局，1993。

耿宁：《人生第一等事——王阳明及其后学论"致良知"》，倪梁康译，北京：商务印书馆，2014。

龚鹏程：《中国传统文化十五讲》，北京：北京大学出版社，2006。

顾明远、边守正主编《陶行知选集》，北京：教育科学出版社，2011。

郭静云：《天神与天地之道：巫觋信仰与传统思想渊源》，上海：上海古籍出版社，2016。

郭象注，成玄英疏《庄子注疏》，北京：中华书局，2011。

郝敬：《礼记通解》，《续修四库全书》第 97 册，上海：上海古籍出版社，2002。

郝敬：《孟子说解》，《四库全书存目丛书》经部第 161 册，济南：齐鲁书社，1997。

郝懿行：《荀子补注》，《四库未收书辑刊》陆辑第 12 册，北京：北京出版社，2000。

黄绍箕、柳诒徵：《中国教育史》，福州：福建教育出版社，2011。

惠栋：《周易述》，《儒藏》（精华编）第 8 册，北京：北京大学出版社，2013。

江文思、安乐哲编《孟子心性之学》，梁溪译，北京：社会科学文献出版社，2005。

焦循：《孟子正义》，北京：中华书局，1987。

黎立武：《大学本旨》《中庸分章》《中庸指归》，《景印文渊阁四库全书》第 200 册，台北：台湾商务印书馆，1986。

李光地：《榕村语录》，《景印文渊阁四库全书》第 725 册，台北：台湾商务印书馆，1986。

李景林：《教化的哲学——儒家思想的一种新诠释》，哈尔滨：黑龙江人民出版社，2006。

李景林：《教化视域中的儒学》，北京：中国社会科学出版社，2013。

李零：《郭店楚简校读记》（增订本），北京：中国人民大学出版社，2007。

李颙：《二曲集》，陈俊民点校，北京：中华书局，1996。

李泽厚：《论语今读》，北京：生活·读书·新知三联书店，2004。

《梁启超全集》，北京：北京出版社，1999。

凌廷堪：《校礼堂文集》，王文锦点校，北京：中华书局，1998。

刘宝楠：《论语正义》，高流水点校，北京：中华书局，1990。

刘咸炘：《推十书》，成都：成都古籍书店，1996 年影印本。

刘笑敢：《老子古今——五种对勘与析评引论》，北京：中国社会科学出版社，2006。

刘沅：《槐轩全书》，成都：巴蜀书社，2006 年影印本。

马瑞辰：《毛诗传笺通释》，陈金生点校，北京：中华书局，1989。

毛奇龄：《大学问》，庞晓敏主编《毛奇龄全集》第 18 册，北京：学苑出版社，2015。

毛奇龄：《大学证文》《大学知本图说》《中庸说》，庞晓敏主编《毛奇龄全集》第 15 册，北京：学苑出版社，2015。

毛奇龄：《四书改错》，胡春丽点校，上海：华东师范大学出版社，2015。

毛奇龄：《四书剩言》《四书剩言补》，庞晓敏主编《毛奇龄全集》第 16 册，北京：学苑出版社，2015。

毛奇龄：《四书索解》《论语稽求篇》，庞晓敏主编《毛奇龄全集》第 14 册，北京：学苑出版社，2015。

梅汝莉等主编《中国教育通史·先秦卷》（下），北京：北京师范大学出版社，2013。

默公：《说文解字教本》，北京：中华书局，2019。

牟宗三：《心体与性体》，上海：上海古籍出版社，1999。

欧阳哲生主编《傅斯年全集》，长沙：湖南教育出版社，2003。

钱大昕：《潜研堂文集》，陈文和主编《嘉定钱大昕全集》，南京：凤凰出版社，2016。

钱大昕：《十驾斋养新录》，上海：上海书店出版社，1983。

钱穆：《中国思想史》，北京：九州出版社，2012。

钱穆：《中国学术思想史论丛》（2），北京：生活·读书·新知三联书店，2009。

全祖望：《经史问答》，《续修四库全书》第 1147 册，上海：上海古籍出版社，2002。

《人性向善：傅佩荣谈孟子》，北京：东方出版社，2012。

《儒藏》（精华编）第 281 册，北京：北京大学出版社，2007。

阮元等撰集《经籍籑诂》，北京：中华书局，1982 年影印本。

阮元校刻《十三经注疏》，北京：中华书局，1980 年影印本。

上海人民出版社编《章太炎全集》第 1 辑《太炎文录续编》，上海：上海人民出版社，2014。

上海人民出版社编《章太炎全集》第 2 辑《演讲集》，上海：上海人民出版社，2015。

邵晋涵：《尔雅正义》，李嘉翼、祝鸿杰点校，北京：中华书局，2017。

舒大刚、杨世文主编《廖平全集》，上海：上海古籍出版社，2015。

唐君毅：《中国哲学原论·原性篇》，北京：九州出版社，2021。

陶起庠：《四书集说》，《清经解全编·清经解四编》第 13—14 册，济南：齐鲁书社，2016。

王夫之：《读四书大全说》，北京：中华书局，1975。

王夫之：《礼记章句》，长沙：岳麓书社，2011。

王夫之：《周易内传》，李一忻点校，北京：九州出版社，2004。

王夫之：《周易外传》，李一忻点校，北京：九州出版社，2004。

王艮：《重刻心斋王先生语录》，《续修四库全书》第 938 册，上海：上海古籍出版社，2002。

王力：《同源字典》，北京：商务印书馆，1982。

王念孙：《读书杂志》，南京：江苏古籍出版社，1985 年影印本。

王叔岷：《庄子校诠》，北京：中华书局，2007。

王引之撰，虞思徵、马涛、徐炜君校点《经义述闻》，上海：上海古籍出版社，2018。

卫湜：《礼记集说》，《景印文渊阁四库全书》第 120 册，台北：台湾商务印书馆，1986。

卫湜：《中庸集说》，杨少涵校理，桂林：漓江出版社，2011。

魏了翁：《重校鹤山先生大全文集》，《四部丛刊初编》集部，上海书店出版社，1989。

魏启鹏：《马王堆汉墓帛书〈德行〉校释》，成都：巴蜀书社，1991。

吴昌莹：《经词衍释》，北京：中华书局，1956。

吴光等编校《王阳明全集》（新编本），杭州：浙江古籍出版社，2010。

吴光主编《黄宗羲全集》，杭州：浙江古籍出版社，2012。

吴光主编《刘宗周全集》，杭州：浙江古籍出版社，2012。

吴光主编《马一浮全集》，杭州：浙江古籍出版社，2013。

徐复观：《中国人性论史·先秦篇》，北京：九州出版社，2014。

杨伯峻编著《春秋左传注》，北京：中华书局，1981。

杨伯峻译注《孟子译注》，北京：中华书局，2010。

姚舜牧：《重订四书疑问》，《四库全书存目丛书》经部第 158 册，济南：齐鲁书社，1997。

于述胜编著《中华传统文化经典教师读本〈大学〉》，济南：济南出版社，2015。

俞樾：《古书疑义举例》，《俞樾全集》第 6 册，杭州：浙江古籍出版社，2017。

俞樾：《群经平议》，《俞樾全集》第 1—4 册，杭州：浙江古籍出版社，2017。

张祥龙：《孔子的现象学阐释九讲——礼乐人生与哲理》，上海：华东师范大学出版社，2009。

张祥龙：《先秦儒家哲学九讲——从〈春秋〉到荀子》，桂林：广西师范大学出版社，2010。

张振渊：《四书说统》，明石镜山房刻印，日本国立公文书馆藏本。

章锡琛点校《张载集》，北京：中华书局，1978。

章学诚著，叶瑛校注《文史通义校注》，北京：中华书局，1985。

真德秀：《大学衍义》，朱人求校，上海：华东师范大学出版社，2010。

中国文化书院学术委员会编《梁漱溟全集》第 4 卷，济南：山东人民出版社，1991。

朱杰人、严佐之、刘永翔主编《朱子全书》，上海：上海古籍出版社，合肥：安徽教育出版社，2002。

附　录

孟子"道性善"的方法论意义[*]

"孟子道性善，言必称尧舜。"（《孟子·滕文公上》）这句话，凡研读《孟子》者莫不熟知。然而，对于孟子"性善"论之义旨，自古异解纷出。今有学者将其总结为十种观点：心善说、善端说、可善说、向善说、有善说、人禽说、本原说、本体说、总体说、成长说。^① 这些说法都能在《孟子》书中找到某些依据，但那些依据并不具有根本性，不能代表孟子的根本观点。

在孟子的论述中，涉及方法论的根本观点主要有两句话：一是"有物必有则，民之秉彝也，故好是懿德"；二是"天下之方性也，则故而已矣。故者以利为本"。孟子人性论的其他具体说法，都是建立在上述方法论基础上的，是上述原则在不同方向上的具体引申。撇开上述方法论原则，只依据其个别说法总结其性善论，就会舍本逐末、陷于一偏。以下尝试从方法论的角度，阐明孟子性善论的理论价值和意义。

1. 人性探究的逻辑前提："有物必有则，民之秉彝也，故好是懿德"

在《孟子·告子上》第六章中，孟子因公都子之问，针对其时流

---

* 此文原发表于《教育研究》2022 年第 4 期。此处略有改动。

① 方朝晖：《如何理解性善论》，《国学学刊》2018 年第 1 期。

行的几种有代表性的人性学说，集中阐述了自己的性善论，故此章历来为孟子研究者所重。此章最后引用了《诗经》"天生烝民，有物有则。民之秉彝，好是懿德"，并以孔子对《诗》言的解释——"为此诗者，其知道乎！故有物必有则，民之秉彝也，故好是懿德"——作结。对于孟子引《诗》及孔子释语之用意，古今学者多认为此乃孟子为自己前面关于"性""情""才"关系论述寻求的经典例证。如张振渊曰："情、才、性，前已发明。此节只重引孔子赞的《诗》词，揭出一个证佐。"① 在先秦典籍中，引《诗》《书》及孔子之言作结，固不乏以之为例证者，但亦有以之为立论前提者。在此，孟子就是把《诗》之言特别是孔子的《诗》说作为立论前提来使用的。

　　何以知其为立论前提？《诗经》说"天生烝民，有物有则"，孔子承其言而用之，以"故有物必有则"论定其义。孔子在原诗上加一"必"字，既用以表明"物"与"则"之间的内在必然联系，即有一物类必有此一物类之"则"；同时也意味着，"有物有则"是探讨人性问题之确定不移的思想前提。"'则'字多见西周金文，从'鼎'从'刀'会意以刀铭鼎，开载于鼎者为则也、法也。此为'则'之本义……又引申作常也，《尔雅》'则，常也'。"② 可见，"则"即"法"，《毛诗传》曰："则，法。"而"法"与"常"又可互训："凡事之可常行者，垂之为法，故法即为常，此互训之也。"③ 所谓"法"，指事物运动变化的内在法则；所谓"常"，指事物运动变化的常行、常态。其实，"法"与"常"是一回事，只不过，"法"表示必定如此、不得不如此之必然限制，"常"代表总是如此、不会不如此之稳定特质。

　　在"有物必有则"后面，孔子紧接以"民之秉彝也"，这显然是说，民之"则"就是民之秉彝。《毛诗传》曰："彝，常。"以"彝"为常，乃确定不移之释。然而"常"有常行、常态、常道、常性等具

① 张振渊：《四书说统》卷三四。
② 默公：《说文解字教本》，北京：中华书局，2019，第1157页。
③ 邵晋涵：《尔雅正义》，李嘉翼、祝鸿杰点校，北京：中华书局，2017，第40页。

体含义，此处究系何指？郑玄笺云："秉，执也……民所执持有常道。"可见，他把"彝"理解为常道。但清儒马瑞辰不认同郑玄之说："按《广雅》：'常、性，质也。'……《逸周书·谥法解》：'秉，顺也。''民之秉彝'即谓民之顺其常耳。笺训'秉'为'执'，失之。"[①] 且不管《诗》本义如何，仅就孔子论定《诗》义的语气来看，"秉彝"只有被理解为"秉性"，才是通透的；而"彝"之为"常"，即指常性。这种用法，还可在《尚书》中找到旁证："惟皇上帝降衷于下民，若有恒性。"（《尚书·商书·汤诰》）"恒性"即常性，指稳定不变之本性。总之，"有物必有则，民之秉彝也"意味着，人这个物类的生活法则或规律，便是人之秉性。故陶起庠释"民之秉彝"时也说："此民所秉执之常性也。"[②]

紧承"有物必有则，民之秉彝也"，孔子又言"故好是懿德"以结之。这个"故"字表明，"民之秉彝"与"好是懿德"之间乃因果关系，即谓人类因有此秉性，所以才会"好是懿德"。"懿"，美也（《毛诗传》），故"懿德"即美德。郑玄笺"好是懿德"云："莫不好有美德之人。"郑氏之笺释，当然是就字面意义而言的。通观此章上下文可知，孟子实际上是借"好是懿德"来表达其以"四心"为代表的良心。故张振渊曰："谓之'好'者，就其行于恻隐、羞恶、恭敬、是非之中，油然顺适，略无勉强，真有欢欣畅洽之意，故曰'好'，即所谓礼义之悦心，非好善之好。"[③] 也就是说，良心乃人性的自然呈现；人类因有此本性，故感于物而动，自然呈现出恻隐、羞恶、恭敬、是非之心（情）。

孟子引《诗》与孔子之言，是为了说明人何以会有良心之发。因此，"有物必有则，民之秉彝也"乃孟子探讨人性之基本理论前提。它意味着：探讨人性，就是在探讨人生的内在法则或正常状态，而正常状

---

① 马瑞辰：《毛诗传笺通释》，陈金生点校，北京：中华书局，1989，第 997 页。
② 陶起庠：《四书集说》卷一一，《清经解全编·清经解四编》第 14 册，第 157 页。
③ 张振渊：《四书说统》卷三四。

态就是人生之善。这是孟子人性论的方法论原则。而"向善"说的主张者以"民之秉彝也，故好是懿德"为根据证成其说，却忽视了"有物必有则，民之秉彝也"这一根本前提。这显然是舍本逐末。"善端"说也是如此。

2. 人性与非人性之判定："天下之言性也，则故而已矣。故者以利为本"

"有物必有则，民之秉彝也"，还只是对于人性的抽象规定。如何从生活经验层面去确定人性的具体内容，即如何区分实际生活中正常与非正常状态，就成为一个无法回避的问题。为此，《孟子·离娄下》第二十六章曰：

> 孟子曰："天下之言性也，则故而已矣。故者以利为本。所恶于智者，为其凿也。如智者若禹之行水也，则无恶于智矣。禹之行水也，行其所无事也。如智者亦行其所无事，则智亦大矣。天之高也，星辰之远也，苟求其故，千岁之日至，可坐而致也。"

"故"字在该章中共出现两次："则故而已矣"，"苟求其故"。两个"故"字都是名词，其含义应该是一致的；且"则故"与"求其故"一样，均属动宾结构。"则故"即以"故"为则，亦即以"故"为标准之义。"故"字不见于甲骨文，金文始以"攴""古"构形出义、表示原因，故《说文》以"使为之"为释；原因总是在先的，所以"原因"可引申出"古""旧"之义，指久已存在的事物。在此，"故"当为"本然""常然"之义。清吴昌莹《经词衍释》卷五云："故，本然之辞，即常然也，犹所云故常也。孟子'故曰：尔为尔，我为我'，'故曰'犹常曰也。"[①] "本然"者，自有此物以来即是如此，也是"常

---

① 吴昌莹：《经词衍释》，第 93 页。

然""故常"之义。就人类而言，"故常"就是人自古以来就有的正常思想情感与行为方式，简言之即人的正常生活状态；就自然物而言，"故常"就是事物运动变化的规律。如此作解，才能将前后两个"故"字有效统一起来。由此可见，"有物必有则"之"则"与"则故而已矣"之"故"，基本内涵是相通的，皆指向人生的正常状态。因此，"天下之言性也，则故而已矣"意味着：人们讨论人性问题，只不过是在谈论人生的正常状态。"'而已矣'者，无余之辞"，[1] 即只能以"故"为准，不能以非"故"为准。"故者以利为本"意味着：所谓生命的正常状态，是以有利（于人的生命和生活）为实质的；换言之，不利于人之生活的思想情感和活动方式，并非生命的正常状态，因而也就不是人性之事实。这是《孟子》此章首节的基本内涵。

从"所恶于智者"至"则智亦大矣"，为第二节。"智者"，指持有错误人性观之人。"凿"，甲骨文中屡见，为象形字，像手持锤子击打凿具，在物体上开凿孔窍。《说文》曰："凿，穿木也。"此为本义。因为"凿"是在没有孔窍的地方开出孔窍，故凡无中生有、强加于事物之上者皆可视为穿凿。于是，朱子在《孟子集注》中释此字为"穿凿"。"所恶于智者，为其凿也"是说，那些错误地谈论人性的人之所以令人不快，是因为他们穿凿附会，把不是人性的东西当作人性。如此一来，桀纣一类祸国殃民、自取灭亡的恶人恶行，也都被视为人性之表现，而不知其人其行既损人又害己，是不利于人类生存的。诠释"禹之行水也，行其所无事也"两句，关键在如何理解"行其所无事也"。正如焦循所说，"禹凿山穿地，不能无事，正所以使水行所无事"。[2] 更准确地说，"其"指水，"行其所无事"即行水之所无事，也就是引导水朝着无害于人的方向流动。同样，"如智者亦行其所无事"即"如智者亦行民之所无事"。故该节最后两句是说：如果智者也能引导人们朝

———

① 郝敬：《孟子说解》卷八，《四库全书存目丛书》经部第161册，第170、172页。

② 焦循：《孟子正义》卷一七，第587页。

着不危害人的方向生活，那么，他们的智慧也就很了不起了。总之，"行其所无事"也就是"利"。说到底，此"利"就是使万物各遂其生的"生生"之利。

"天之高也"以下，为第三节。此节进一步申明了准确把握"故"的重大意义。天体虽极其高远，但若能准确把握天体运行的故常之态，便能准确推算出千年以前或千年以后的日至。其言外之意是，极其高远的天体运行之道尚可即"故"而推，切近的人事和人性之理，就更不在话下了。

3. 性与善的内在关联：人性既是人生之事实，也是判断人生价值的根本尺度

孟子"道性善"有一个根本前提，就是把人性限定在人生的内在准则和故常之态，也就是人生的正常状态上。把人性把握为人生的正常状态，此举具有重要的方法论意义。古往今来，人们在人性论问题上的根本失误，就在于没有充分认识和把握这一根本观点，而把人生的非正常状态也视为人性。

非正常状态也就是变态。当一物处于变态之中时，此物已变为另一物而非此物了。比如，耳、目之常态为聪与明，此即耳目之本性；当耳聋目盲之时，耳目便丧失了其聪、明本性，与其他没有视听功能的器官一样，不再是耳目了。同理，处在人生之非正常状态（变态）中的人，已经沦为非人了。故曰：变态之人非人。此即孟子以人生之正常状态界定人性的根本道理所在。不明此理，把人生的非正常状态也视为人性，就如同以非耳为耳、以非目为目、以非食物为食物一样，实际上就是以非人为人。这就违背了人类思维的基本逻辑。

进而言之，一物之正常状态即是一物之善，而一物之非正常状态（变态）即是一物之恶。换言之，善表示事物本性之实现，恶代表事物本性之丧失。这就涉及价值论的基本理论问题。在中国现代学术史上，基于"事实—价值"二分法，学者大多已不再纠结于人性善恶之争，

而以"性无善无恶"为主张。其理由是：人性乃人是什么的事实判断，而人性之善恶则是基于特定标准对人性的价值判断；根据休谟原理，"应该是什么"的价值判断从来都不可能直接从"是什么"的事实判断中推导出来；因此，把"性"与"善"（或"恶"）直接关联在一起的一切命题，都是不合理的。事情果真如此吗？

价值有两种：外在价值与内在价值。所谓外在价值，是此物对于彼物之价值。其价值提供者与享用者是相互外在的，故谓之外在价值。在外在价值中，此物是作为彼物之工具而存在的，故外在价值又被称为工具价值；随彼物之不同，此物对于彼物之价值亦呈现出相对性和不确定性，故外在价值又可被称为相对价值。所谓内在价值，是一物对于此物自身的价值。其价值提供者与享用者是相互内在的，故谓之内在价值。在内在价值中，价值的提供者与享用者是同一的，都是此物本身，故内在价值又被称为本身价值；由于价值的提供者与享用者都是确定的，因而其价值也是确定不变的，具有唯一性和绝对性，故内在价值又被称为绝对价值。

休谟所谓不能从事实直接推导出价值的论断，仅适用于外在价值，不适用于内在价值。而孟子所谓"性善"，恰恰是就内在价值而言的。在这里，"人是什么"和"人应该成为什么"是统一于人自身的，后者可以直接从前者推导而来：我们是人，所以我们应该成为人。就内在价值而言，一切事物之价值，无非是其本性的充分实现而已，此即西方哲学所谓"是其所是"（to be as it is），也即庄子所谓"彼至正者，不失其性命之情"（《庄子·骈拇》）、"以道观之，物无贵贱"（《庄子·秋水》）。猫成其为猫，狗成其为狗，人成其为人，就是各自的内在价值。

同样，人类的各项事业都有其内在本性，因而也都有其内在于自身的绝对价值。学者是追求真理的人，故学者应该追求真理；农民是生产粮食的人，故农民应该多打粮食、打好粮食；政治家是能有效治理国家的人，所以政治家应该把国家治理好。诸如此类，皆为内在价值。在这里，事实（"是"）与价值（"善"）是完全同一的，事实本身就是衡量价值的尺度（如学者之所是，即学者之所当为）。因此，就内在价值而言，事实与价值二者间并不存在不可逾越的鸿沟，无须用另一外在标准作为中间变量来联结事实与价值。

由于世间万物皆有其本性，亦皆以实现其本性为内在价值，因此，不仅人性善，一切物类之性皆善。本性之善乃根本的善、绝对的善，它是其他一切价值（道德）规范得以确立的基本前提。

总之，孟子"道性善"是就人生的内在价值而言的。在这里，人性既是人生之事实，也是对人生进行价值判断的根本尺度；善内在于人生之中，否定了人性之善，就等于否定了人生。因此，"性善"论是唯一正确的人性论。除此之外的一切人性善恶之说，既违背人性探究的方法论原则，也违背人类思维的基本逻辑。"性恶"论意味着，人本来就不是人；"性无善无恶"论意味着，人无所谓是人还是非人；"性有善有恶"论意味着，人既是人又非人；"有人性善，有人性恶"论意味着，有人是人，有人不是人；"性三品"说意味着，有人是人，有人不是人，还有人处于人与非人的两可状态中；"性超善恶"论意味着，人本为超人。

4. 人性与道德：二者皆以人生之正常状态为实质

孟子所说的"仁""义""礼""智"，既是人性，也是道德。于是，现代学者常常把孟子的人性论归结为"道德人性论"，以与"自然人性论"相对。这种说法本身已经把"自然"与"道德"割裂了，它意味着，"道德"是非"自然"的，"自然"是非"道德"的。

严格说来，"事实—价值"乃西方哲学话语。在中国哲学中，与之类似的话语是"自然—当然"。这两套话语虽密切相关，却不能直接画等号。一方面，"自然"不同于"事实"：在中国哲学中，"自然"指事物自己的样子（与他物相区别）、本来的样子（世间自有此物以来，此物就是如此），故"自然"的根本含义就是事物之本性；在西方哲学中，"事实"系指事物的实际活动状态，它既可以是正常的（合乎本性的），也可以是非正常的（违背本性的）。另一方面，"当然"也不同于"价值"：在中国哲学中，与"自然"相对应的"当然"，系指"自然"（即本性）被恰到好处地实现，仅指内在价值；在西方哲学中，"价值"既可指内在价值，也可指外在价值。《孟子》的"诚者，天之道也；思诚者，人之道也"（《孟子·离娄上》），《中庸》的"诚者，天之道也；诚之者，人之道也"，其实都是说：诚是自然（人的本性），求诚、实现诚是当然（道德）。《中庸》将其浓缩为一个命题，那就是"率性之谓道"。确认当然之道德乃自然之人性的实现，乃思孟一系儒家思想的基本共识。

作为人性之实现，道德无疑属于内在价值，为人生所固有，所谓"仁义礼智，非由外铄我也，我固有之也"。不少人把这个"固有"理解为人初生时所有，这是一个天大的误会！其典型就是《三字经》的"人之初，性本善"。所谓"人之初"，无论被理解为个体人生之初还是人类产生之初，都与孟子思想毫无关联。在《孟子》中，与现今"道德"概念相近的，有"道""义""仁义""理义""仁义礼智"等。论及"浩然之气"，孟子说："其为气也，配义与道。无是，馁也。是集义所生者，非义袭而取之也。行有不慊于心，则馁矣。"（《孟子·公孙丑上》）"配义与道"的"配"字、"与"字，皆为动词，皆以"合"为义。孟子指出，浩然之气内含着道义，天然地与道义为一体；没有浩然之气，人之生命便失去了内在的力量；就其形成途径来说，浩然之气是人遵循良心行事的过程中自然生长出来的，而不是把外在规条输入人生命之中的结果；人一旦愧对良心，浩然之气便会消散。孟子如此论述浩然之气，是为了强调首先是内在于此生命之气的。故他紧接着说："告子未尝知义，以其外之也。"告子之所以不懂得道德，就在于他把道德视为外在于人性、人生之物。

告子的"义外"之说，集中体现在其如下论述中："性犹杞柳也，义犹桮棬也。以人性为仁义，犹以杞柳为桮棬。"（《孟子·告子上》）"杞柳"与"桮棬"实为二物。前者是有其本性从而也有其内在价值的自在之物，后者则是人们为了饮食所造之器具。告子把人性比作杞柳，把仁义比作桮棬，实际上就是视人性与道德为相互外在之物：人性是自然的，而道德则是人为的。在把杞柳制成桮棬的过程中，杞柳作为树木的生命被破坏、被阻断了。按照告子这一逻辑，人成为有道德的人，也必定是破坏和否定人性、人生的结果。故孟子反问道："如将戕贼杞柳而以为桮棬，则亦将戕贼人以为仁义与？率天下之人而祸仁义者，必子之言夫！"（《孟子·告子上》）如果道德是破坏人生和人性的产物，那便意味着人性与道德是对立的，只有否弃道德才能成就人生。割裂人性与道德的告子，要么用人性来反对道德，要么用道德来反对人性，最终必将走向既否定人生也否定人性的道路上去。此即孟子所谓"率天下之人而祸仁义"。

当然之道德乃自然之人性的实现，意味着自然与当然以至人性与道德是一体相连、内在于人生之中的。有何种自然之人性，就必然有何种当然之道德以实现之。如果说人性是人生之正常状态，那么，道德就是人生正常状态之实现。本质上，人性与道德都指向人生之正常状态。当然，人之生命是由不同层面构成的。大体说来，人之生命由两个基本层面构成：肉体生命与精神生命。孟子因而有"小体"（耳目口鼻之官）与"大体"（心之官）之分。于是，人之自然，便有肉体生命之自然（生理本性）与精神生命之自然（精神本性），而实现人之生理本性与精神本性的正常生活方式，皆属道德。因此，不仅爱家、爱国、爱天下为道德，珍爱自己的生命，好好吃饭，好好睡觉，以健康的生活方式去实现生理本性，也是道德。它们都是人生所必需的，都属于人生的内在价值，不能说实现生理本性是外在价值，实现精神本性才是内在价值。只不过，由于人固有一死，生理性价值总是有限的，而精神性价值却可以超越肉体生命而具有永恒性。因此，精神性价值要高于生理性价值，更能体现人之所以为人、人与其他存在物相区别之根本特性。故孟子说："耳目之官不思，而蔽于物……心之官则思，思则得之，不思则不得也。"（《孟子·告子上》）这两种价值之实现，通常可以并行不悖，不必去此取彼。但在有些情况下，两者却可能发生尖锐冲突，不可兼得。故孟子曰："鱼我所欲也，熊掌亦我所欲也；二者不可得兼，舍鱼而取熊掌者也。生亦我所欲也，义亦我所欲也；二者不可得兼，舍生而取义者也。"（《孟子·告子上》）"舍生而取义"并非抛弃一切生命，而是舍弃肉体生命，成全精神生命。道德境界之高下，最终取决于在两种价值尖锐对立时何去何从："从其大体为大人，从其小体为小人。"（《孟子·告子上》）

生理性价值与精神性价值都植根于人性（自然），都是人生的内在价值（道德），都是人生必须实现的。它们之间的区别不是内、外价值之分，而是人生不同层面的内在价值之大小、高下之别。因此，那种把人性区分为自然人性和道德人性的做法，实际上是把人的生理本性视为自然，把人的精神本性视为非自然；把实现精神本性的价值视为道德，把实现生理本性之价值视为非道德。果真如此，则服务于衣、食、住、行之需的经济事业以及满足生理健康之需的医疗事业，都是非道德之事业了；孟子也就不会把"制民之产"作为必不可少的仁政举措而予以张扬了。须知，孟子所谓"大人""小人"都是"人"，只是其为人的格局有大小、境界有高下而已。

值得商榷的是，有学者大倡"道德工具论"，说道德是人类生存和发展的工具；简言之，道德乃人生之工具。他们不知道，道德乃人生正常状态之实现，也就是人性之实现。一个人若不讲道德，就等于没有实现人之本性，完成人之生命。就方法论而言，"道德工具论"的致命缺陷，在于把人性与道德置于"目的—手段"的理论分析框架之中。而"目的—手段"框架只适合于分析此物服务于彼物之外在价值，不适用于分析此物与彼物之实现的内在价值。我们既不能说人性、人生是道德的工具，也不能说道德是人性、人生的工具。如果人生是道德之工具，那么，人生就失去了内在价值，人既可以生，也可以不生；如果道德是人生的工具，那么，人既可以讲道德，也可以不讲道德。道德为人生所必需意味着，道德在任何时候都是人生的必选项，而非备选项。从20

世纪六七十年代起，英、美伦理学界曾流行一种理论，叫作"道德运气"论。21 世纪以来，它在我国也有所流传。该理论认为，人的道德状况受运气影响，而影响人做出道德选择的关键因素，则是"理性审思"；在"理性审思"中，道德只是人们诸多可能的行为选择之一。其理论实质是把道德变成了人生的备选项，与"道德工具论"异曲同工。

　　总之，孟子"性善"论告诉我们：人性乃人生的正常状态，而人生的正常状态即人生之善，故人性即善、善即人性，恶非人性；道德乃人生正常状态之实现，道德与人性同归于人生的正常状态，也就是同归于人生之善；人性既是人生之事实，也是对人生进行价值判断的根本尺度，人性之善乃内在的善、绝对的善，是一切道德规范得以确立的基础。这些基本观点具有重要的方法论意义，是准确把握和阐明人性及人性与道德关系的原理性知识。离开了这些基本观点，一切道德哲学及道德教育哲学就丧失了坚实的理论根基。正是在这个意义上，我们可以说，"性善"论是唯一正确的人性论，是孟子对人类思想宝库的重大贡献。

图书在版编目（CIP）数据

先秦儒家教化哲学研究：以"四书"为中心／于述胜，周少明著.--北京：社会科学文献出版社，2023.12（2025.9 重印）

ISBN 978-7-5228-2556-4

Ⅰ.①先… Ⅱ.①于… ②周… Ⅲ.①儒家教育思想-研究-中国-先秦时代 Ⅳ.①G40-092.2

中国国家版本馆 CIP 数据核字（2023）第 184228 号

先秦儒家教化哲学研究

——以"四书"为中心

著　　者／于述胜　周少明

出 版 人／冀祥德
责任编辑／宋荣欣
文稿编辑／徐　花
责任印制／岳　阳

出　　版／社会科学文献出版社 · 历史学分社（010）59367256
　　　　　地址：北京市北三环中路甲 29 号院华龙大厦　邮编：100029
　　　　　网址：www.ssap.com.cn
发　　行／社会科学文献出版社（010）59367028
印　　装／唐山玺诚印务有限公司

规　　格／开　本：787mm×1092mm　1/16
　　　　　印　张：17.5　字　数：251 千字
版　　次／2023 年 12 月第 1 版　2025 年 9 月第 2 次印刷
书　　号／ISBN 978-7-5228-2556-4
定　　价／98.00 元

读者服务电话：4008918866